Duanna Mund

Kanada wie es im Buche steht
der Westen

Poesie des Reisens

Aus der Reihe

Poesie des Reisens

Band 4

Duanna Mund

Kanada
wie es im Buche steht

Poesie des Reisens

der Westen

Verlag: BoD • Books on Demand GmbH, In de Tarpen 42,
22848 Norderstedt
Druck: Libri Plureos GmbH, Friedensallee 273, 22763 Hamburg
ISBN: 978-3-7597-8574-9

Inhaltsverzeichnis

Imagination – Realisation / die Anreise.................10
Vancouver / die erste.................17
Die Metropole an der Westküste 18
Born to be wild.................31
Cloverdale Rodeo.................34
Vancouver Island.................41
Victoria am Victoria Day – britischer als britisch 42
Eine Wunde, die sich nur langsam schließt.................46
Orca Spirit.................54
Englische Gartenkunst.................60
Im Reich der Totempfähle / Strait of Georgia.................63
Das unzugängliche Herz / die Mackenzie Range.................76
Der Regenwald des wilden Ozeans / Pacific Rim NP.......83
Leckereien versüßen das Leben.................95
Sea to sky.................101
On the road – in den Coast Mountains.................102
Wildwestromantik am Cariboo 110
Die Hitparade der Wasserfälle – im Wells Gray.................119
Jasper.................123
In den Rocky Mountains.................129
Durch die Steinigen Berge – der Icefields Parkway.........130
Das Schönste an Lake Louise ist der Lake Moraine.........150
Teezeremonie auf Kanadisch 155
Banff und Spektrolith – Halbedelsteine der Rockies.......160
Vom Feuer gezeichnet, mit roter Erde geschrieben.........175
Bahngeschichten: Kicking Horse / Letzter Nagel 181
Unerreichte Gletscher und Wiesen im Himmel.................187
Der mit dem Bison tanzt.................200
Die Mär vom bösen Wolf.................217
Der Süden – im Okanagan Valley.................223
Das Seenland – Kanda wie es nicht im Buche steht 224
The Best of ... Was sonst? Osoyoos.................236
Die Krähennest-Autobahn.................247

5

Berge im Regen..255
Vancouver / die zweite................................259
    In the City again..................................260
    Spurensuche – Indigenous People Day.............267
    Kanada wie es im Buche steht.....................282
Übersetzungen der englischen Texte...................287
Bildbeschreibung.....................................296

Exkurs-Verzeichnis

British Columbia und seine Indianer..................49
Totempfähle in der Kultur der Westküstenindianer.....64
How to tread a Black Bear............................89
Die sieben Riten der indianischen Mythologie.........201
Der Wolf als blutsverwandter Bruder..................220

A new page of life
is about to turn
and my finger is licked
to flip the corner

Emily Carr
Hundreds and Thousands / Februar 1940

7

Pazifischer Ozean

Coast Mountains

Vancouver Island

Strait of Georgia

BRITISH

Whistler

Squamish

Vancouver

Tofino

Port Alberni

Nanaimo

Ucluelet

Chemainus

Duncan

Victoria

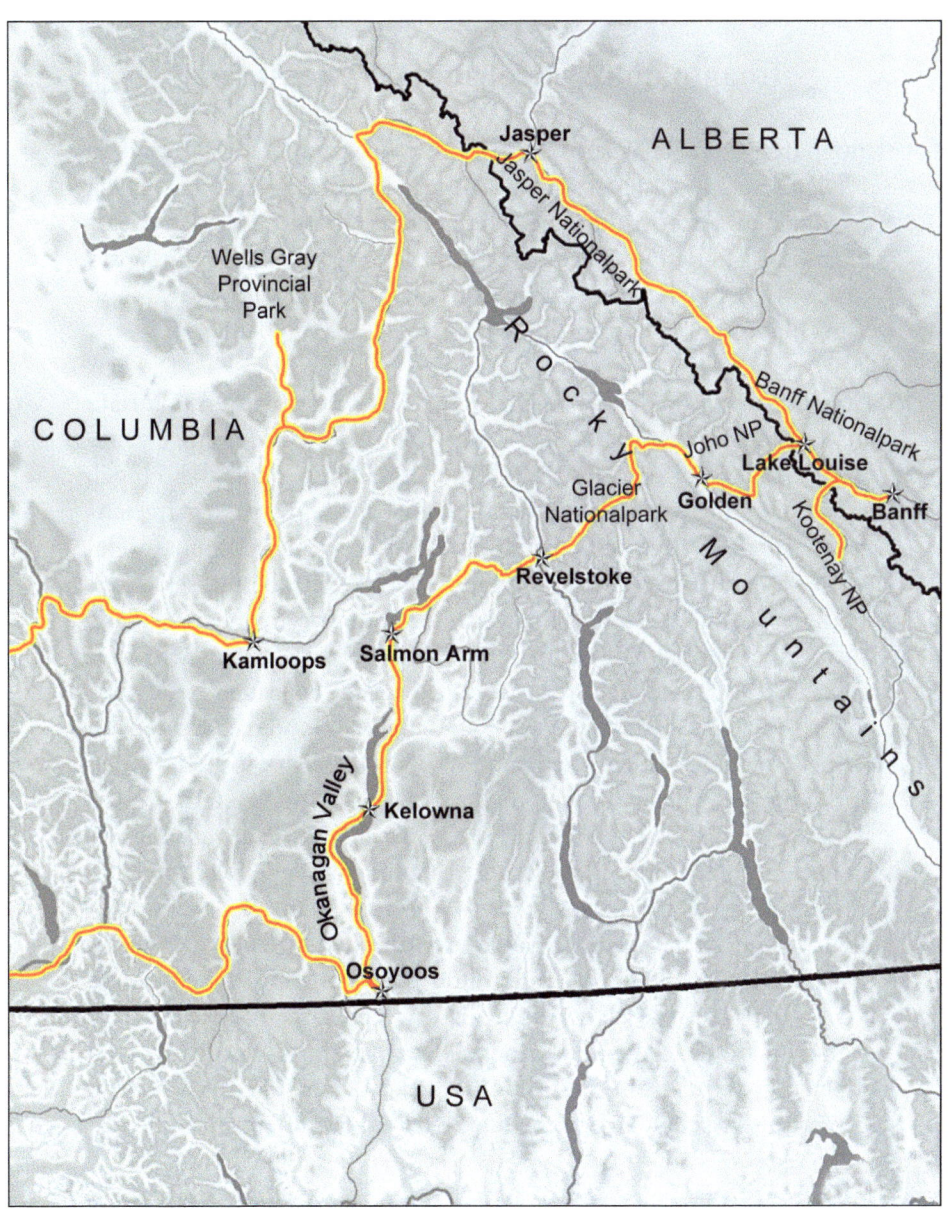

INTRO

Imagination – Realisation / die Anreise

Flughafen Graz Thalerhof, sechs Uhr früh; nach dem Dauerregen der letzten Tage zeigt sich der Himmel aufgeklart. In der Halle des kleinen Airports ist die Menge der Abzufertigenden überschaubar. Ehe ich mich versehe, sitze ich im Flugzeug. Ein Wind aus Nord erfordert den Start über die eben erwachende Stadt. Verschlafen reibe ich mir die Augen.

Imagination: Ich freue mich, denn Graz liegt wie ein Bausatz aus bunten Holzwürfeln unter mir. Die Straßenzüge, eingeschlagen in das grüne, an den Rändern aufgefaltete Tuch der Hügel, kenne ich und dennoch sehen sie aus wie eine Buntstiftzeichnung. In ihr haben sich wichtige Kapitel meines Lebens abgespielt, von ihr aus bin ich in die Welt gegangen, physisch wie mental. Die Stadt da unten ist eine Kartografie meines Denkens und Fühlens, oder zumindest ein erstes Netz, das sich mehr und mehr in die Ferne dehnte und heute weite Teile der Erde umspannt. Während das Flugzeug in einer gekippten Geraden an Höhe gewinnt, schiebt sich eine Wolkendecke zwischen Boden und Himmel, als wolle sie meine Bezüge zum Gestern verwischen. Sie wird sich bis Frankfurt nicht heben, daliegen wie die erste Seite eines ungeschriebenen Buches, das geduldig, zugleich unnachgiebig wartet. Das Blatt steht mal plan, mal schuppig, dann wieder strukturiert in Oktaeder, die denen eines Salzsalars[1] gleichen. Ich schließe die Augen und packe meine Wolkenschuhe aus. Die Poetin hat sich früher als erwartet zu mir gesellt. Murmelnd heiße ich sie willkommen. Hand in Hand wagen wir den Absprung gemeinsam, den Flug über die Fläche der Imagination. Unvermittelt schält sich diese aus der Realität, noch ohne die Su-

---

1 *Salzsalar: die Sole eines ausgetrockneten Sees, bildet an der Oberfläche charakteristische Oktaeder;*

perzeit, den eingelösten Top-Tipp, das unvergessliche Erlebnis. Alles das kommt noch und auch die Tiefpunkte, die Enttäuschungen, da bin ich mir sicher. Denn die Reise muss geführt werden, ehe sie in Worte fließt. Beim Betreten des zum Bersten vollen Flughafens von Frankfurt formen sich Gedanken zu ersten Sätzen. Es geht los – das Buch, noch ohne Namen.

An diesem verlängerten Wochenende scheinen alle Menschen verreisen zu wollen. Egal wohin, Hauptsache weg. Die Eindrücke stürzen bunt, um nicht zu sagen grell, auf mich ein. Nach fünf Stunden im Menschenmix aus aller Welt ist unsere zweite Maschine endlich startklar. Dieses Mal werden wir zuerst den Atlantik queren, dann den nordamerikanischen Kontinent bis hinüber zum Pazifik. In der Enge der bis auf den letzten Sitz ausgebuchten Boeing 747 staune ich, wie jedes Mal, wenn ich in einem doppelstöckigen Jumbojet sitze, über die Leichtigkeit, mit der das so schwer erscheinende Flugzeug die Anziehungskraft der Erde überwindet. Auf der Rollbahn dauert es, bis die Maschine abhebt, aber letztlich tut sie es unaufgeregt, in einer verwirrenden Bescheidenheit, die den ersten Moment des Fliegens im Unklaren lässt.

Nach wenigen Sekunden beschränkt sich der Blick aus dem Fenster auf nahtloses Weiß. Wolken schichten sich zu einem diffusen Nebel, der bis an die Grenze des Wettergeschehens reicht. Es gibt also vorerst nichts zu beobachten, nur einiges auszuhalten: Die Enge der Economy Class, Kopfpolster und Decken im Kreuz, im Nacken, bald auf dem Boden, gemeinsam mit dem Müll, meine verletzte Schulter, die sich schmerzend in Erinnerung ruft. Auf halber Flugstrecke endlich ein Haarriss im Wolkenschild. Siehe da! Die Westflanke Grönlands erklärt dem Weiß, was weiß zu sein wirklich bedeutet. Und weiter geht es mit Eisschollen, die mit dem arktischen Meer um die Wette glitzern, mit der runzligen, ja schrundigen Haut der Tundra auf dem Kanadischen Schild und zuletzt mit den tief verschneiten Gebirgszügen im Westen des amerikanischen Kontinents. Ich bin müde vom nicht enden wollenden Tag. Wer ist schneller, frage ich in naiver

Verspieltheit – die Sonne oder unser Flugzeug? Beide rasen wir scheinbar von Ost nach West. Meine Augenlider sinken herab. Unter den Wimpern wird die Erde eine Scheibe, keine Kugel, wie die Animation des Displays auf der Rückseite des Vordersitzes mir einzureden versucht. Der Bildschirm zeigt den dunklen Schatten der Nacht, der eben das kleine Europa verschlingt. Nein, die Erde ist eine Scheibe unter ausgeatmetem Licht, bestätigt mir ein letzter blinzelnder Blick auf die Inszenierung im Bullauge. Dann schließen meine Wimpern den Vorhang. Ich nicke ein.

Nach beinahe zehn Flugstunden ab Frankfurt landen wir in einem großen Bogen über die Gulf-Islands am Flughafen von Vancouver. Mein Kopf, meine Glieder sagen, es ist Zeit schlafen zu gehen. Aber hier hat der Nachmittag eben erst begonnen, denn der Zeitunterschied zwischen Westkanada und Mitteleuropa beträgt neun Stunden. Tapfer nehme ich auf, was mein erschöpfter Geist noch registriert und verarbeitet. Unwillkürlich färbt dieser alles ein, bereichert es mit Fiktion und verortet sich dennoch im vordergründigen Geschehen.

Am Beginn meines vierten Reisebuches stellt sich mir nicht mehr die Frage, ob ich sachorientiert informieren oder einfach nur unterhalten soll. Es erscheint mir nebensächlich, wie weit ich meine persönliche Sichtweise einbringen darf, ob ich autobiografische Bezüge sowie Aspekte der Selbstfindung ausdrücken oder im Allgemeingültigen verharren soll. Ob ich den roten Faden führen oder diesen schlingen lassen werde, verheddern, verstricken mit dem Zufall aus Begegnungen und Ereignissen. Ich verlasse die großen Flughafenhallen mit seinen machtvollen Totempfählen und beginne eine Reise in der Reise. Sie ist es, die ich niederzuschreiben gedenke – ein Roadmovie, das sich zu weiten Teilen in meinem Selbst aufrollen wird.

Die Eckpfeiler der Erzählung:

Protagonisten: mein Mann Franz, meine Tochter Monika und ich

Setting: der Westen Kanadas, Mai / Juni 2023

Art der Reise: individuell, insgesamt fünf Wochen, vier davon mit dem Wohnmobil, Fahrtstrecke: 3500 Kilometer

thematische Schwerpunkte: Wildnis, First Nations, spannende wie schwierige Landesgeschichte; kanadisch-amerikanischer Lebensstil – urban und ländlich; Natur, Natur, Natur – geografisch, poetisch, spirituell

Realisation: Das Laufband rotiert – die von zahlreichen Reisen gezeichneten Koffer, noch mehr zerschlagen als vor sechzehn Stunden aufgegeben, glücklich entgegengenommen; aus der Cashmachine die ersten kanadischen Dollars gezogen; mit der Metro Canada-Line zur Station Waterfront gefahren, in die Expo-Line umgestiegen und nahe unserer Airbnb-Unterkunft angekommen; erleichtert registriert, wie sehr die West-Ost verlaufenden Avenues und Nord-Süd gerichteten Streets die Orientierung erleichtern; das Gelände aber dennoch herausfordernd, deshalb mitsamt der schweren Koffer im hügeligen Terrain verirrt; die Hilfe einer freundlichen Lady in Anspruch genommen. Warmherzig von ihr im Pickup zum Quartier kutschiert. Die Einladung zu einem Willkommensbier dankend, weil restlos erschöpft, abgelehnt.

→ ÜN: Air BnB / Bed and Breakfast / Avenue 27th, East 2447

DER PLOT

Das Roadmovie läuft, das Buch beginnt …

Vancouver / die erste

Die Metropole an der Westküste
Chinatown, Gastown, Harbour Front, Stanley Park, Vancouver Aquarium

Zu den Vorzügen unserer für Vancouver-Verhältnisse recht günstigen Unterkunft zählen die ruhige Lage, die wenigen Gehminuten zur Metro, die Sauberkeit und der gut gefüllte Kühlschrank. In ihm finden wir bis auf Brot alles vor, was wir zum Frühstück brauchen, zudem Obst und Naschereien. Unsere Bewertung: Daumen hoch!

Für die Fahrt zu den Sehenswürdigkeiten der Innenstadt nutzen wir den Skytrain. Bei ihm handelt es sich um ein computergesteuertes, fahrerloses Zugnetz, das überwiegend als Hochbahn angelegt ist. Mit einer Schienenlänge von fast 70 Kilometern war es das längste vollautomatische Transportsystem der Welt, ehe es im Jahre 2011 von der Dubai-Metro übertroffen wurde. Wenngleich wir heute viel zu Fuß unterwegs sein werden, zahlt sich eine Tageskarte für den öffentlichen Verkehr aus, denn der Preis für das Ticket erweist sich mit 11 C\$ (umgerechnet aktuell 8 €) als überaus günstig. Offenbar gehen die Kanadier, zumindest in Vancouver, einen anderen Weg als die US-Amerikaner in ihren autoverliebten Großstädten. Erwartungsvoll fahren wir zum Expogelände 86 am Ende des Falls Creek. Dieser ist ein Meeresarm, der in einem Stumpf endet. Die Stahlkuppel der Science World, eines der architektonischen Wahrzeichen Vancouvers, verdoppelt sich malerisch im Wasser.

Schon mit dem ersten Schritt beginnt der Genuss, denn auf der gegenüberliegenden Seite des Inlets[2] leuchten in der Morgensonne das Olympiastadion und die ersten futuristischen Hochhäuser. Auf den Wiesen und kleinen Parks grasen zahllose Wildgänse in Gefolgschaft halbwüchsiger Küken. Warnschilder weisen darauf hin, dass mit den Vögeln nicht zu spaßen ist: „There are Canadians, who are *not* friendly". Launig nehmen die Worte Bezug auf

---

2   *Inlet: englischsprachiger Begriff für einen schmalen Meeres-, bzw. Flussarm*

die Freundlichkeit, die den Stadtbewohnern, sowie den Kanadiern im Allgemeinen als guter Ruf vorauseilt. Eine durchwegs aufgeschlossene Haltung, Hilfsbereitschaft und, wie wir bald merken, das gut verständliche Englisch werden uns den Aufenthalt im Land erleichtern. Wir hoffen, dass sich am Ende unserer Reise ein Besuch im Science-Center ausgehen wird, und beginnen mit der Erkundung der Halbinsel Burrard. Auf ihr liegt Vancouvers Innenstadt mit einer Reihe historischer Viertel und den Glaspalästen, die der Stadt den selbstbewussten Beinamen „City of Glass" gaben.

Es dauert nicht lange und ich verstehe den Stolz der Bewohner Vancouvers. Kanadas einzige Metropole an der Westküste braucht den Vergleich mit anderen architektonisch bemerkenswerten Städten der Welt nicht zu scheuen. In Vancouver leben aktuell an die 600.000 Menschen, im Großraum 2,1 Millionen. Dies entspricht wiederum der Hälfte aller Bewohner des Bundesstaates British Columbia. In den zahllosen Wolkenkratzern der Innenstadt hat man sich für Glas als künstlerisches Ausdrucksmittel entschieden. Die Ästhetik der spiegelnden Fassaden scheint in manchen Bauwerken der Funktionalität übergeordnet worden zu ein. Sie reflektieren das Licht des Tages, das Rot der untergehenden Sonne und, des Nachts, die Illumination der angrenzenden Bauwerke. Nicht enden wollend ist die Formenvielfalt der offenbar überaus wohlhabenden Stadt. Ihre architektonischen Glanzstücke sind derart geschickt gesetzt, dass sie einander nicht die Show stehlen. Selbst die Durchmischung von Alt und Jung erweist sich als ästhetisch überaus reizvoll, wobei der Bezeichnung „alt" hier eine völlig andere Bedeutung zukommt, als in der oft mittelalterlichen Bausubstanz europäischer Stadtkerne. Das Konzept der gewissenhaften Stadtentwicklung, mit dem sich die Verantwortlichen Vancouvers dem Wildwuchs vieler amerikanischer Städte entgegen stellten, ist in der drittgrößten Stadt Kanadas wahrlich aufgegangen. Regelmäßig findet sich Vancouver in dem Ranking der „Big 7" unter den sieben lebenswertesten Städten der Erde.

21

Schönheit und Lebensstil haben allerdings auch ihren Preis: die Immobilien der Innenstadt sind aktuell die viertteuersten der Welt. Dass hier auch Menschen unter weniger bequemen Umständen, viele sogar am Rande der Gesellschaft leben, zeigen die beiden ersten Stadtteile, die wir uns zu Fuß erschließen: Chinatown und Gastown.

Längst bewohnen in dem multikulturellen Vancouver die chinesischen Zuwanderer nicht nur Chinatown. Menschen aus dem Reich der Mitte zog es bereits früh an die Küste des amerikanischen Kontinents. Sie kamen im Jahr 1858 zum Fraser Gold Rush, 1862 zum Cariboo Gold Rush. Ab 1880 verdingten sich an die 16.000 chinesische Männer als Arbeiter für den Bau der Trans Candada Railway und verrichteten in der Folge die schwersten Arbeiten um einen Bruchteil des Lohns der Weißen. Deshalb kam es immer wieder zu Aufständen – unsichere Zustände, die die Bevölkerungszahl Vancouvers bis zum 2. Weltkrieg auf 6000 Menschen reduzierten. Bis 1923 untersagte die Regierung wegen der Unruhen die Zuwanderung aus China. Mit der 1997 erfolgten Wiedereingliederung der britischen Kronkolonie Hongkong in den autoritären Staat China stieg der Zustrom chinesischer Zuwanderer erneut. Er hält bis in die Gegenwart an. Dass der Schwerpunkt bei Menschen aus Taiwan und Hongkong liegt, ist angesichts der aktuellen Entwicklungen in China und der Bedrohungsszenarien im imperialen Machtstreben des Staates verständlich. Die Chinatown Vancouvers ist die zweitgrößte auf dem amerikanischen Kontinent und älter als die Stadt selbst.

Als wir hier eintreffen, ist es noch zu früh, um das geschäftige Treiben des Viertels zu erleben. Auf uns wirken die Straßenzüge, als hätten sie ihre beste Zeit längst hinter sich. Viele offensichtlich Arbeitslose, die Heilsarmee bei der Essensausgabe, der allgegenwärtige Opiumdunst und der von Müll und Urin ausgehende Gestank stellen Vancouvers Chinatown in extremen Kontrast zur funkelnden Moderne der City. Die Straßenzüge wirken wenig einladend, trotz der historischen Backsteinfassaden und dem Millenium Gate, dem bunten, mit Drachen geschmückten Eingangstor.

Aber das ethnische Viertel ist urtümlich und auf gewisse Weise ehrlich, wie ich meine. Zudem gibt es einen Vorgeschmack auf die multikulturelle Vielfalt Vancouvers.

Laut einschlägiger Literatur kommen die Stadtbewohner mit der Buntheit ihrer Zusammensetzung besser zurecht als anderswo. Kanada ist generell für seine Willkommenskultur bekannt: Diese zeigt sich allerdings strengen Regeln unterworfen. Viele der Zuwanderer Vancouvers stammen aus Asien (neben China vor allem aus Indien und der südostasiatischen Inselwelt), aber auch aus Europa (Deutschland, Ukraine, Skandinavien) und Afrika. Die First Nations, wie die Indigenen des Landes im korrekten Sprachgebrauch genannt werden, gehen im Kaleidoskop der Stadtbewohner unter. Die Funktion als Melting Pot[3] schenkt Vancouver eine hochrangige Kultur- und bekannte Food-Szene. Interessant finde ich, dass keine der praktizierten Religionen in Vancouvers Menschenmix vorherrscht. Kirchen fehlen bis auf wenige Ausnahmen im Stadtbild. Aufgrund der relativ kurz zurückliegenden europäischen Besiedlung des Landes sind historische bzw. architektonisch wertvolle Sakralbauten selten. Dies hat zur Folge, dass die geringe Zahl der Kirchen die weitgehend aufgeklärte Gesellschaft des Landes eher abbildet, als dies in Europa geschieht. Wie wir auf unserer Reise sehen werden, unterscheiden sich die christlichen Gotteshäuser sehr oft nur wenig von gewöhnlichen Wohnbauten.

Zurück zur Chinatown: Kultivierter als in deren Geschäftsstraßen geht es in dem am Rand des Viertels gelegenen „Dr. Sun Yat-Sen Classical Chinese Garden" zu, denn hier zelebrieren die Chinesen die ritualisierte Gartenkultur ihrer Heimat. In Mauerwerk integrierte Yin und Yang-Symbole, Mondtore, Zick-Zack-Gänge, Gingkobäume, von Bonsai- und Felsarrangements eingefasste Teiche verbinden sich zu einem meditativen Ort inmitten der geschäftigen Stadt. Die Teilnahme an einer der nachmittäglichen Teezeremonien gefiele mir, passt aber leider zeitlich nicht in un-

---

3 *Melting Pot: Schmelztiegel*

seren ersten Tag in Vancouver. An ihm wollen wir uns einen Überblick über das Zentrum verschaffen. Somit zieht es uns weiter in die ehemalige Textilstadt Gastown. Hier wuchs während der Zeiten des Goldfiebers um den Saloon des Kapitäns Gassy Jack (geschwätziger Jack) das älteste Viertel der Stadt. Kopfsteinpflaster, Backsteinhäuser und andere Gebäude aus dem 19. Jahrhundert zieren somit die Gassen. Viele der Lokale sind nach den ersten Schlachthöfen benannt.

An der Ecke Water Streeet / Cambie Street steht die berühmte „Steamclock“, eine kunstvoll gearbeitete Standuhr, die viele Touristen anlockt. Ihr von Dampf betriebenes, musikalisches Big-Ben-Zitat erklingt viermal in der Stunde, allerdings dreimal unvollständig. Viertelstündlich kommen jeweils Töne dazu, bis zur vollen Stunde die gesamte Melodie zu vernehmen ist. Sehr gut gefallen mir auch die Verkaufsgalerie „Hill´s Native Art“ und ein Lederwarengeschäft mit schier unglaublichen Cowboystiefeln und -hüten, beide nahe der Steamclock.

An der Waterfront öffnet sich der Blick zum Industriehafen und zum Canada Place, wo eine futuristische, Segeln gleichende Konstruktion wie ein Schiff in die Meeresstraße Strait of Georgia hinausragt. Das aufsehenerregende Bauwerk wurde als kanadischer Pavillon der Expo des Jahres 1986 eingeweiht. Es beherbergt das Pan Pazific Hotel und erinnert daran, welch große Bedeutung die Stadt seit jeher in der Seeschiffahrt einnimmt. Im Terminal liegt ein Alaska-Kreuzfahrtschiff. Hungrig nehmen wir unseren Lunch in der „Steamworks Brewery“, nahe der Waterfront ein und speisen vorzüglich: Fish and Chips, Steamworksburger und eine Kreativ-Pizza mit viel geschmacksdominantem Grünzeug (vor allem Kerbel); die Bedienung überaus freundlich, die Einrichtung gediegen, wuchtige Vollholzmöbel. So stelle ich mir einen Western-Saloon vor, der viel aushalten muss. Im Untergeschoß sitzt man vor kupfernen Braukesseln.

Der Vancouver Lookout auf dem 40 Stockwerke zählenden Harbour Tower bietet sicher eine fantastische Rundumsicht. Die Fahrt hinauf mit dem Glasaufzug ist uns aber zu teuer. Gratis zu besichtigen, jedoch weniger aufsehenerregend, zeigt sich die Pink Alley. Sie ist ein schäbiger Straßenzug mit brüchigem Asphalt, dem ein zuckerlfarbener Anstrich verpasst wurde, und ebenso bunten Hausfassaden – wenig Ästhetik und Phantasie, einfach nur Farbe.

Vom Canada Place aus verläuft die Uferpromenade zum Coal Harbour und weiter über die Marinas bis zu dem auf einer Halbinsel gelegenen Stanley Park. Im Einbahnsystem, gegen den Uhrzeigersinn lässt es sich hier herrlich Radfahren, E-Scootern, Skaten und Joggen. Es geht dabei 9 Kilometer auf dem asphaltieren Seawall um die 400 Hektar umfassende, grüne Lunge der Stadt. Sie ist von natürlichem Küstenregenwald bedeckt. Majestätische Zedern, Douglastannen und Kiefern erfreuen mein Herz. Es sind mächtige Baumgestalten von augenscheinlich hohem Alter. In jedem Fall lebten die meisten von ihnen schon lange bevor die Glastürme der Stadt hochgezogen wurden. Der Blick auf die vergleichsweise junge Skyline der City direkt gegenüber ist berauschend. „Hallelujah Point" heiß vielsagend einer der Fotopunkte auf dem Weg. Wir finden allerdings nicht heraus, welche der Stopps nun wirklich diesen Namen trägt, denn der Blick vom Küstentrail ist generell überwältigend. Schöne Strände, unter ihnen der Third Beach, eine Kanone mit dem Namen „Nine O´ Clock Gun" und ein Leuchtturm warten auf heimische Spaziergänger wie auf Gäste.

In der heute gezähmten Wildnis lebten bis in die 30er-Jahre des 20. Jahrhunderts noch Indianer. An ihr Erbe erinnert eine Sammlung von Totempfahl-Replikationen, deren historische Vorlagen zur Kultur der Haida-Indianer gehören. Diese Volksgruppe besiedelte ursprünglich den gesamten Nordwesten von British Columbia. Der Thunderbird (näheres zu ihm später im Buch) thront auf der Spitze der im Halbkreis aufgestellten Pfähle, die von unten nach oben zu deuten sind. Fasziniert stehe ich vor den kraftvollen Schnitzereien der mehr als 10 Meter hohen Poles[4], in denen die Tierwelt des Landes eine bedeutende Rolle spielt. Bär, Fischadler, Orca, Wolf, Frosch und Schlange wachsen aus dem orangebraunen Zedernholz und zeigen eine überaus menschliche Mimik. Ihre Bedeutung erschließt sich nur Menschen, die in die Geschichte des Stammes eingeweiht sind. Poles sind meist nicht sakraler Natur. In jedem Fall dürfen sie nicht mit Totems[5]

---

4 *Poles: englischsprachiger Begriff für Totempfähle*
5 *Totems: Symbole, die eine mythisch-verwandtschaftliche Verbindung zwischen Menschen und bestimmten Naturerscheinungen wie beispielsweise Tieren, Pflanzen, Bergen, Flüssen, und Quellen darstellen*

verwechselt werden. Mit Marterpfählen haben sie schon gar nichts zu tun. Die meisten Pfähle erzählen Geschichten einer Familie bzw. eines Stammes. Manche tragen Wappen oder wurden zum Gedenken an bedeutende Persönlichkeiten errichtet. Der Bär kann beispielsweise einfach die Geschichte eines realen Bären erzählen oder eine Eigenschaft des Bären symbolisieren bzw. ein Familienwappen darstellen. Manche Pfähle erinnern an denkwürdige Ereignisse, wie beispielsweise Naturkatastrophen.

In dem bei unserer Ankunft leider geschlossenen „Museum of Anthropology" wird die Geschichte der Stadt und Region aufgerollt, in der die First Nations eine untergeordnete Rolle spielten. Grund für die monatelange Sperre sind Revisionsarbeiten, aber auch die Unzufriedenheit der Indigenen mit der gängigen Art der Präsentation ihres kulturellen Erbes. Auch von Aneignung ist die Rede. Bereits 10.000 Jahre, bevor die europäischen Siedler das Land für sich beanspruchten, wussten indianische Stämme die wilde Natur zu nutzen, ohne dabei ihre eigene Lebensgrundlage zu gefährden. Hier ein kurzer Überblick über die Geschichte der Region:

Als der englische Kapitän George Vancouver, im Übrigen der Namensgeber der Stadt, 1792 im sicheren Gewässer hinter Vancouver Island anlandete, traf er auf Indianer. Zuvor waren hier bereits Spanier angekommen und hatten die Region für sich reklamiert. Die Briten aber trieben die Erforschung der Westküste zielstrebiger voran. Als Goldfunde Glücksritter von Kaliforniern in den Norden lockten, kam es zu schweren Auseinandersetzungen mit indigenen Stämmen. Nach Erschöpfung der Goldfunde zogen die Abenteurer weiter. Nur eine kleine Sägemühle und einige Häuser blieben. Im Jahre 1887 wurde die Pacific Railway eröffnet. Tausende europäische und asiatische Auswanderer machten Vancouver in der Folge zu einer blühenden Kleinstadt. 1886 erfolgte die Verleihung der Stadtrechte. Wenige Jahre später wütete ein großes Feuer in der aus Holz errichteten Siedlung. Doch auch dieses konnte das Aufstreben Vancouvers nicht bremsen. Sägemühlen, der Schiffsbau und letztlich der Handel mit Asien brachten Wohlstand, zuletzt schillernden Reichtum.

Die Geschichte der Stadt tritt auf unserer kleinen Wanderung durch den prachtvollen Stanley Park in den Hintergrund. Schwarzbraune Eichkätzchen, hier Squirrel genannt, beeindruckende Raben, Wildgänse und vor allem die zahllosen, von aufmerksamen Gans-Nannies beaufsichtigten Küken gefallen mir ungemein. Mein Körper aber ist müde nach dem mehr als zehn Stunden dauernden Streifzug durch die interessante Stadt. So sind wir abends froh, dass uns der Bus 19 direkt bis zur Haltestelle Nanaimo Street bringt, die nahe unserem Quartier liegt.

Am folgenden Tag zieht es uns noch einmal in den Stanley Park. Wer das weite Freizeitareal durchstreift, kommt unweigerlich an Vancouvers berühmtem Aquarium vorbei. Weil es den Schwerpunkt auf die heimische Unterwasserwelt setzt, interessiert es mich besonders. Die Küstengewässer hier sind nämlich extrem artenreich und zählen deshalb zu den schönsten Tauchgründen außerhalb der Tropen. Meine Erwartungen werden übertroffen. Zwischen Anemonen, Seesternen und Seeigeln schweben in raumhohen Aquarien Quallen von graziler Schönheit. Die Farbenpracht und Formenvielfalt der heimischen Korallen begeistern und überraschen mich, weil ich Vergleichbares bisher nur von den Tropen her kenne. Seehundfütterung und Seelöwentraining sehen wir nicht das erste Mal, aber an den liebenswerten Kerlen kann man sich ohnehin nie sattsehen.

Vor dem Aquarium bestaunen wir gemeinsam mit zahlreichen Touristen Bill Reids[6] „Chief of the Undersea World", einen Orca aus Bronze. Während seiner Arbeit an der fünfeinhalb Meter hohen Skulptur schrieb der Künstler das untenstehende Gedicht.

---

6 *Bill Reid: kanadischer Künstler (Mutter dem Stamm der Haida zugehörig), er griff in seinem Schaffen die Kultur des indianischen Volkes auf und entwickelte diese weiter*

Killer Whale Poem[7]
Bill Reid / 1983

A sounding resounding astounding
confounding rebounding whale.
A magnetic prophetic kinetic whale.
A magical tragical whale.
A rollicking frolicking hyperbolicking whale.
A fearful cheerful in full career full whale.
An upleaping unsleeping watchkeeping down-deeping whale.
A fragile agile high style worthwhile whale.
A headstrong sing-song long gone whale.
A fraternal nocturnal supernatural eternal whale.
A chilling killing willing thrilling whale.
A broaching encroaching approaching whale.
A far ranging unchanging ...
fast dashing barrier smashing
fluke crashing star splashing whale.
A dream bringing song singing
free swinging change ringing whale.
An ascendant resplendent transcendent whale.
A significant magnificent whale
of a Haida whale.

7   *Übersetzung: Seite 287 / Quelle: Museum of Northwest Coast Art, Vancouver*

Es scheint, als hätte Bill Reid seine Aufzählung von Adjektiven nur beendet, weil er die Orca-Skulptur zu Ende brachte. Die Beschreibung des Wals als geistiges Prinzip ist erfüllt von Bewunderung und Ehrfurcht. Gemäß der Tradition der Haida reicht das Tier in eine spirituelle Gegenwelt. In Anbetracht dessen erstaunt mich der Titel „Killerwhale", den ich, wohl anders als die Indigenen, als Vermenschlichung im schlechtesten Sinn empfinde. Ein Tier als Killer gehört wohl eher in die reißerische Welt des Films als in eine künstlerisch und spirituell überhöhte Herangehensweise an den eindrucksvollen Wal.

Noch ganz gefangen von der Mystik des Meeres und seiner Bewohner blicken wir, am Ufer des Stanley Parks stehend, über die Meeresstraße zu den hoch aufragenden Coast Mountains hinüber. Die ob ihrer Dimensionen beeindruckende Lions Gate Bridge verbindet die Downtown Vancouvers mit dem gegenüberliegenden Festland. 1983 fertiggestellt, überspannt die Hängebrücke heute den Burrat Inlet. Damit große Schiffe diesen dennoch befahren können, ist sie auf über 111 Meter hohen Trägern befestigt. Mein Blick schweift über die Vororte von Nord- und Westvancouver und folgt dem Highway 99, dem wir in weniger als einer Woche folgen werden, um ins Landesinnere von Kanada vorzustoßen.

Born to be wild

Das Road Movie ist das Genre des Aufbruchs. Ob im Film oder in der Literatur, es geht in ihm ums Unterwegs-sein, um die Suche nach Identität, Freiheit und, wie bei vielem, was wir tun, um die Sinngebung im Leben. Dem Bild vom klassischen Roadmovie-Helden entsprechen wir heute, an unserem ersten Tag auf Kanadas Straßen kaum und werden es wohl auch am Ende der Reise nicht tun. Weder sind wir sonderlich wagemutig noch jugendliche Außenseiter am Rande der Gesellschaft. Zahllosen Konflikten mit der Polizei, Drogen und Rockmusik werden wir aus dem Weg gehen. Lächerlich oder zumindest eitel muteten wir an, bezeichneten wir uns als „born to be wild". Sind wir also die Antihelden der Antihelden eines Roadmovies?

Nun, wenngleich das Reisen ohne Ziel in unserem Erfahrungsschatz fehlt und auch dieses Mal die Route in groben Zügen geplant ist, scheint es mir, als gehe es von nun nach irgendwo. Die vor mir liegende Zeit fühlt sich wie ein Experiment an, zugleich wie eine Reise ins Immer. Denn die kommenden fünf Wochen werden zwar verfliegen, aber in mein restliches Leben hinüberreichen, es prägen, indem sie mich prägen. Identitäts- und Sinnsuche sind Teil des menschlichen Lebens, der Drang nach Freiheit durchströmt unsere Epoche wie noch nie, somit selbstverständlich auch uns. Wagemutig sind wir, weil wir uns stets auf Neues einlassen und jung ist man im Herzen und Geist. Die Droge unserer Reise werden Luft, Licht und Wasser sein. Die Musik der Stille wird uns rocken, lauter als jedes menschengemachte Geräusch, da bin ich mir sicher. Wie Außenseiter werden wir uns an den Rändern menschlicher Vergesellschaftung bewegen, indem wir Wildnis schnuppern. Born to be wild sind wir alle, nur die meisten von uns haben es vergessen.

In meinem persönlichen Roadmovie wird es auch die Maschine geben, die unserem gezähmten Nomaden-Dasein den ihm gebührenden, kultigen Charakter verleiht. Der fahrbare Untersatz – kein Truck, keine ausrangierte, amerikanische Limousine, eckig und breit wie ein planierter Käfer, kein potenzschwangerer Pickup, auch keine glänzende Harley wird uns die Highways des Landes erschließen, sondern ein Campingbus. Hier wieder kein buntes Hippie-Vehikel, in dem wir eingezwängt zwischen Bettzeug, Geschirr und Proviant, später auf Schmutzwäschesäcken hausen und schlafen werden. Born to be wild macht Pause, wenn es um Wetterschutz, Bequemlichkeit und einen Rest von Privatsphäre geht. Das Equipment für Fotografie und Schriftstellerei braucht Platz, zumindest einen Tisch, den ich als „anständig" bezeichne. Mann, Frau und Tochter wollen ihre individuellen Gewohnheiten so wenig wie möglich einschränken. Sie freuen sich daher über Ablagen, in denen sie Privates wiederfinden, und getrennte Betten im Alkoven und Heckbereich des Fahrzeugs. Kühlschrank, Herd und Arbeitsplatz zum Kochen sowie eine Nasszelle für die Körperpflege? Ja, natürlich. Gut, das Unternehmen „Four Seasons" macht´s möglich, vorausgesetzt man bucht das Wohnmobil zumindest 6 Monate vor der Reise.

Für die erste Saison nach zwei Corona-Jahren war das Kontingent Ende des Vorjahres am Standort Vancouver bereits so knapp, dass wir das von uns gewünschte C Medium Modell des „Adventurer" nur noch in der Zweigstelle Abbotsford bereitgestellt bekamen. Von unserem Quartier ist diese fast 100 Kilometer entfernt. Die Abholung per Sammeltaxi erfolgt von ausgewählten Hotels, weshalb wir heute mit der Metro (wohlgemerkt wieder mit voluminösem Gepäck) zum flughafennahen Casino-Hotel fahren müssen. Anschließend geht es im dichten Stadtverkehr zu weiteren Kunden, ehe wir auf dem Trans-Canada Highway eineinhalb Stunden lang nach Abbotsford stauen.

Der 7,21 Meter lange, 2,50 Meter breite und 3,40 Meter hohe Ford E350, in der Ausführung Adventurer / Alkoven / Benzin wird uns sachlich und relativ unbürokratisch übergeben. Ab sofort verfügen wir über 300 PS, 8 Zylinder, einen Hubraum von 6,2 Litern und ein Automatikgetriebe. Weil wir vor Reiseantritt die vom Unternehmen online gestellte You-tube-Einführung gewissenhaft studiert haben, reichen uns die eiligen Erklärungen der Deutsch sprechenden Mitarbeiterin. Wie wir bald merken werden, unterscheidet sich das amerikanische Fahrzeug allerdings in so manchem von unserem eigenen Wohnmobil deutscher Bauweise. Als Vorteile sind der Stadtwasseranschluss (unkomplizierte Verbindung mit dem öffentlichen Wassernetz) und die gute Isolierung zu nennen (Four Seasons hält, was es im Namen verspricht). Als nachteilig stellen sich rasch der große Radius bei Wendemanövern und die geringe Anzahl von Fenstern heraus, die noch dazu relativ klein ausfallen. Vor allem ist das Fahrzeug durstig wie zu Zeiten üblich, als Öl noch wie Wasser aus dem Boden sprudelte. Franz wird den Spritverbrauch durch ein überaus langsames Durchschnittstempo bei 21 Litern auf 100 Kilometern halten können.

Zurück zur erfolgten Wohnmobil-Übergabe am heutigen Tag: Franz ist den technischen und fahrerischen Anforderungen von Anfang an gewachsen und fährt uns ins nahe Cloverdale, eine südöstlich von Vancouver gelegene Vorstadt. Hier finden heute ein Rodeo und eine Country Fair[8] statt, für die wir, überaus optimistisch, Karten gebucht haben. Glücklicherweise geht sich alles gut aus. Dass wir bei der Entscheidung, ein Rodeo zu besuchen, naiv und schlecht informiert waren, wird sich bald zeigen.

Cloverdale Rodeo

In Cloverdale angekommen, lassen wir uns augenblicklich von der herrschenden Wildweststimmung anstecken. Der Besucheransturm ist groß. Längst reichen die asphaltierten Parkplätze vor dem weitläufigen Festgelände nicht mehr aus. Mit Wiesen als Parkgelegenheit haben wir in Schottland schon einmal schlechte Erfahrungen gemacht. Wir blieben damals im nassen Erdreich stecken und benötigten einen Traktor, um wieder herausgezogen zu werden. Die Pickups der Rodeo-Gäste sind durchwegs geländegängig und mit überdimensionalen Reifen bestückt. Mit ihnen käme man notfalls auch im Morast voran. Wir hingegen? Glücklicherweise sind heute die Wiesen knochentrocken und unsere Sorgen somit unbegründet.

Vor Beginn des Rodeos bleibt noch Zeit, die Fahrgeschäfte, bunten Verkaufsstände und den Foodcourt[9] der Country Fair zu bestaunen. Von Taccos, Terijaki[10], Mac n´ Cheese, über Fritten, Minidonats und Zuckerwatte gibt es hier alles, was ein kanadi-

---

8 *Country Fair: Kirmes*
9 *Foodcourt: Fressmeile*
10 *Terijaki: eine Zubereitungsart der japanischen Küche, bei der Fisch, Fleisch und Gemüse mariniert, dann gebraten, gegrillt oder geröstet werden. Die Teriyaki-Marinade besteht auf Sojasauce mit Mirin(süße Würze) oder Sake (Reiswein)*

scher Magen offenbar gut verträgt und sich da und dort deutlich auf Beinen, Hüften und Bauch abzeichnet. Bier fließt in durstige Kehlen, wofür ich, angesichts der Bullenhitze, Verständnis habe. Das Alkoholverbot, welches in Kanada im öffentlichen Raum auch unter freiem Himmel gilt, scheint einer Cowboyseele nicht zumutbar zu sein. Zahlenmäßig entsprechen die Besucher zumindest denen einer Kleinstadt. Männer und Frauen tragen fesche Cowboyhüte, kräftige Waden beiderlei Geschlechts stecken in aufwendig bestickten Lederstiefeln. Allerorts ein breiter, manchmal o-beiniger Gang, die kantig-männliche Hand am Gürtel, als steckte dort griffbereit der Revolver. Cowgirls zeigen selbstbewusst ihre Rundungen, die lebensfroh aus Dekolletee und figurbetontem Oberteil quellen. Arme und Beine sind nicht selten ganzflächig tätowiert. In dem Gewusel haben wir Mühe, uns nicht aus den Augen zu verlieren, zumal wir natürlich heftigst fotografieren. Gegen Abend finden sich die Schaulustigen nach und nach auf den Tribünen ein, wo es zusehends voll wird.

Als das Rodeo beginnt, bin ich schon halb taub vom Geschrei, aus den Lautsprechern. Ein „Moderator" ist offenbar der Meinung, die Stimmung des ohnehin mit Bier abgefüllten Publikums heben zu müssen und betätigt sich als Einpeitscher. Yeehaw! Yeehaw! Gleich geht es los mit dem Einreiten der wilden Pferde, freue ich mich. Lassos sausen bereits durch die Luft, die unter der abendlichen Hitze und dem Jubel der Menge vibriert. Bald werden sich die Schlingen elegant um den Nacken von Rindern und Kälbern legen. Die Zuseher reißt es von den Sitzen, als die ersten ansehnlichen Cowboys einreiten.

Ab sofort spielen sich vor unseren Augen waghalsige, ja todesmutige Szenen ab. Die bei den in getrennten Frauen- und Männerbewerben gezeigten Reitkünste sind schier unglaublich. Bei den Roughstock Events geht es um die höchste Punktzahl. Der Reiter muss sich acht Sekunden auf dem bockenden Tier halten, ohne dieses mit der freien Hand zu berühren. Dabei bewerten zwei Preisrichter den Reitstil und Schwierigkeitsgrad des ausschlagenden Tieres. Hierbei gibt es einige Kategorien: Beim Bareback, dem Horseriding ohne Sattel, versuchen sich Männer möglichst lange lediglich mit der Klammer ihrer Beine auf dem Pferd zu halten. Eine Hand umfasst den lose am Pferdekörper befestigten Ring, die andere tariert die tobenden Bewegungen des Tieres aus. Das Ladies Barrel Racing ist ein Time-Event. Reiterinnen galoppieren um drei Fässer und treiben die Rennpferde zu Höchstleistung an. Beim Sattle Bronc sind wieder die Männer dran. Dieses Mal sitzen sie im Sattel, ein am Halfter befestigtes Seil in der einen Hand, die andere frei in der Luft. Dass mit den Mustangs nicht zu spaßen ist, beweisen ihre Namen. Sie heißen Stinky Steve (Stinkender Steve), Sassys Spurs (Aufmüpfige Sporen), Mushroom Cloud (Pilzwolke), Easy Money (Leicht verdientes Geld), Crown Jewel (Kronjuwel), Second Thoughts (Bedenken), Psycho Ted (Psychobär) und Ice Cube (Eiswürfel).

Den Höhepunkt der Veranstaltung stellt zweifelsfrei das Bullriding dar. Schon in der Koppel gebärdet sich der Stier wie wild, sobald sich der Cowboy auf seinen Rücken setzt. Wenn der Reiter oft nach kurzer Zeit abgeworfen ist, muss er sich innerhalb von Sekunden vor der Stampede[11] des Tieres in Sicherheit bringen, will er nicht von dessen Hufen getroffen werden. Zwei Cowboys auf mutigen Pferden treiben schließlich das in Panik geratene Tier unter Einsatz des Lassos in die Koppel zurück. Bezeichnende Namen tragen auch die Bullen: Jack O Latern (Halloweenkürbis), Falling Angel (Gefallener Engel), Party Animal, Circus Freak, Enter the Dragon und Jack the Ripper.

Um die Zuseher optisch nahe an des Geschehen heranzuführen, wird das Geschehen auf einen Großbildmonitor übertragen. Als Halftimeshow gibt es die musikalisch fragwürdige Darbietung einer lokalen Sängerinnen-Berühmtheit und den inbrünstigen Publikumsgesang zur US-amerikanischen und kanadischen Hymne.

---

11 *Stampede: wilde Flucht*

Als wir uns nach der mehr als zwei Stunden dauernden Show zum Ausgang begeben, geht die Feier erst richtig los. In einer doppelten, mehr als 200 Meter langen Warteschlange stellen sich die Gäste erstaunlich diszipliniert vor dem riesigen Partyzelt „Longhornsaloon" an: Nach Einlass werden sie ihren Alkoholpegel noch weiter anheben. Echte Cowboys vertragen einiges und die Cowgirls wollen diesen, in Zeiten der Emanzipation, in nichts nachstehen.

Ein überaus gelungener Auftakt unserer Fahrt durch den kanadischen Westen, möchte man meinen. Ja, wir hätten ihn vollends genossen, wäre da nicht ... Angesichts der tobenden Tierleiber fragte ich mich bald, was Pferde und Stiere derart ausrasten lässt. Meine Recherche verdarb mir den Abend nachträglich gründlich.

Das Rodeo gilt als eine aus lateinamerikanischen Bräuchen erwachsene Sportart, die sich insbesondere auf dem nordamerikanischen Kontinent großer Beliebtheit erfreut. In seinen Ursprüngen ist es auf die traditionellen Arbeiten des Cowboys zurückzuführen. So leitet sich das Wort „Rodeo" vom spanisch-portugiesischen „rodear" ab, das so viel wie „umrunden" beziehungsweise „zusammentreiben" bedeutet. Die Werbung der aktuellen Großveranstaltungen spielt mit der Vorstellung von einer harten Prüfung, der sich die artistischen Reiter unterziehen. Sie preist den bewundernswerten Mut der Akteure und deren Sieg über das schier unbezähmbare Tier des Wilden Westens sowie über die eigene Angst. Tatsächlich aber sind Rodeos manipulierte Darstellungen grausamer, menschlicher Dominanz über die gequälte Kreatur. Die Geschicklichkeitsbewerbe des 19. Jahrhunderts sind längst zur gewinnträchtigen Show verkommen, die im wahrsten Sinne des Wortes auf dem Rücken der Tiere ausgetragen wird.

In der Regel müssen Pferde herhalten, die als nicht zureitbar gelten. Diese werden für wenig Geld gekauft. In Gefangenschaft gehalten, sind sie an Menschen gewöhnt und auf Grund dessen eigentlich zahm. Wegen der wenig sanften Behandlung verhalten sie sich allerdings überaus argwöhnisch. Während des Rodeos werden sie durch physische Provokation zur Selbstverteidigung getrieben und zeigen Verhaltensweisen, die Cowboys mutig erscheinen lassen. Einsatz finden Elektroschock-Stäbe, scharfe Spitzen und ätzende Salben. Schon der Gurt, der Pferden und Bullen eng um die Flanken geschnürt wird und den Unterleib an der Stelle abpresst, wo er nicht mehr durch Rippen geschützt ist, bringt die Tiere zum Toben. Kein Wunder, führt er doch über lebenswichtige innere Organe und Genitalien. Verletzungen sind an der Tagesordnung. Verbrauchte Tiere können jederzeit ersetzt werden, denn an Nachschub fehlt es nicht. Für Pferde und Stiere ist das Rodeo eine schmerzhafter Zwischenstation auf dem Weg zum Schlachthof.

Hätten wir das gewusst! Wären wir hier gewesen? Hätten wir die Veranstaltung genossen? Sicher nicht. Wenig hilft die Hoffnung, in Kanada gehe man mit den Tieren etwas pfleglicher um als in den USA. Die Praxis mit dem Gurt über Hoden und Unterleib allerdings konnten wir auf dem Bildschirm klar beobachten. Ich tröste mich mit dem Erkenntnisgewinn und der Möglichkeit, mein erlangtes Wissen aufzuschreiben und in diesem Buch weiterzugeben.

Mehr als müde fahren wir am Ende der Veranstaltung im Dunkeln nach Tsawwassen, dem Fährterminal nach Vancouver Island. Hier übernachten wir auf einem Walmart-Parkplatz[12], was nach einer Online-Anmeldung erlaubt ist.

→ ÜN: Tsawwassen / Walmart
N. 49° 02,57′ / W. 123° 04,9117′
→ 90 Km

---

12 *Walmart: US-amerikanischer Einzelhandelskonzern*

Vancouver Island

Victoria am Victoria Day – britischer als britisch

Unsere Passage durch die Gewässer der Gulf-Islands ist von freundlichem aber windigem Wetter begleitet. Während wir in zweckmäßigen Blazern die Fahrt durch die bewaldete Inselwelt genießen, drängt sich an Deck der Fähre ein Publikum in großteils luftig-modischem Outfit. Schuhwerk, Frisur, Make up und Schmuck – nichts scheint dem Zufall überlassen zu sein, zumal die sonnige Überfahrt den passenden Hintergrund für zahllose Selfies bietet. Bemerkenswert finde ich, dass die Passagiere zu gut einem Drittel aus Indien stammen. Nach eineinhalb Stunden erreicht die Fähre Swartz Bay auf Vancouver Island.

Die größte nordamerikanische Pazifikinsel, zugleich aber nur die elftgrößte Kanadas, ist durch die Strait of Georgia, die Johnstone Strait und die Queen Charlotte Strait vom kanadischen Festland getrennt. Mehr als 450 Kilometer lang und etwa 100 Kilometer breit, erstreckt sie sich über eine Fläche von 31.285 Quadratkilometern, was in etwa der Ausdehnung Belgiens entspricht. Die mehr als 2000 Meter aufragende Mackenzie Range teilt Vancouver Island in eine stürmische und regenreiche, weil dem Pazifik zugewandte Westseite und eine vom Wetter begünstigte Ostseite. Am offenen Ozean prägen tiefe Fjorde die Küstenlinie, während die geschützten Meeresstraßen zwischen Vancouver Island und dem Kontinent eine liebliche Inselwelt aufweisen. Victoria, die Hauptstadt der Insel, zugleich jene von British Columbia, gilt als die britischste Stadt Kanadas. Sie ist nach Königin Victoria benannt, deren Regentschaft von 1837 bis 1901 währte und sich über das Vereinigte Königreich, Irland und zahlreiche Übersee-Kolonien erstreckte. Das historische Zentrum der hübschen, im Südosten der Insel gelegenen Stadt weist zahlreiche Bauwerke im viktorianischen Stil auf. Die Bewohner Victorias genießen ein mildes, ja mediterranes Klima, das ihnen über 2000 Sonnenstunden im Jahr schenkt.

Nun – heute nieselt es, als wir zum U-förmigen Inner Harbour fahren. Bei unserem Spaziergang durch das malerische Hafengelände erkennen wir bald, dass hier die Walbeobachtung gutes Geld einspielt – ein Anbieter neben dem anderen. Meine Vorfreude auf unsere Orca-Tour, die wir vor Monaten im Internet gebucht haben, steigt. Belustigt beobachten wir gerade die im Hafen verkehrenden, schmucken H2O-Taxis, als wir plötzlich Walzerklänge vernehmen. Wir trauen unseren Augen nicht, denn augenblicklich formieren sich die bunten Miniboote, die aussehen wie pummelige Käfer, zu einem Wasserballett-Ensemble. Sie beginnen präzise aufeinander abgestimmte Schlaufen zu ziehen, Achter, Kreise und geometrische Muster zu formen, die ständig variieren. Der Tanz der Wassertaxis wirkt weniger graziös denn ulkig, besonders als die Musik zu Rimski Korsakows Hummelflug wechselt und zuletzt in einem mächtigen Vangelis-Medley den finalen Höhepunkt findet.

Wir freuen uns über die heitere wie sympathische Überraschung im Hafenbecken und den glücklichen Zufall, der uns ausgerechnet am Victoria Day, dem Nationalfeiertag von British Columbia nach Victoria geführt hat. Dem Festwochenende verdanken wir nicht nur das gestrige Rodeo, sondern auch die Events des heutigen Tages: Wassertaxi-Ballett, Parade und Highland Games. Mittlerweile hat es aufgehört zu regnen – ein Glück für die Teilnehmer der eben startenden Festparade. Was nun an uns vorbeizieht, gleicht einem aufwendig gestalteten Faschingsumzug, der allerdings eigentümlich diszipliniert abläuft. Mit großer Ernsthaftigkeit beobachtet das Publikum die bunten Narren. Formationen, Kostüme und Darbietungen werden sachlich kommentiert. Niemand grölt oder drängelt, fotografierenden Gästen wird in britischer Noblesse Platz gemacht und sogar die erste Reihe zugestanden. Im bunten Umzug: klangmächtige Marschbands der städtischen High Schools, Cheerleader in Miniröckchen, die glitzernde Pompons schütteln, Fahnen schwenkende Jungs, Mini-Darbietungen von Football, rhythmischer Gymnastik und Kunststücken auf BMX-Bikes. Es folgen als Einhorn, Bär und Cookiemonster verkleidete Motorradfahrer mit Stofftierhelmen und Handwerker der Stadt wie Dachdecker, Installateure und Holzschnitzer. Auch die Pride-Community darf nicht fehlen ebenso wenig wie die Abteilungen zugewanderter Volksgruppen. Philippinos, Taiwanesen, Chinesen, Peruaner und Brasilianer marschieren in fröhlich-kanadischem Patriotismus an uns vorbei.

Am Victoria Day besinnt man sich in der Hauptstadt auch der schottischen Tradition der Highland Games. Das Ambiente hier ist ein anderes als im Ursprungsland der Spiele und die Teilnehmer sind zwar Haudegen aber doch keine Schotten. Roten Haarschopf und wettergegerbte Waden sieht man selten, dafür von der Hitze gerötete Gesichter und o-förmige Cowboybeine. Was stimmt, ist die ausgelassene Atmosphäre, die in der Neuen wie Alten Welt gleich ist. Die Tradition der Vorfahren wird hüben wie drüben freudvoll zelebriert. Heute, bei den Games am Victoriaday, trägt man Kilt und Stutzen. Wie in Schottland bleibt es ein von Augenzwinkern begleitetes Geheimnis, ob Unterhosen zur Tracht gehören. Die Bewerbe enthalten alles, was ich von Schottland her kenne. Musikalisch geht es mit Competitions in Piping and Drumming[13] und Highland Dancing[14] los. Bis zum Höhepunkt der Veranstaltung, den Heavy Events, vergnügt man sich bei den abwechslungsreichen Darbietungen im Zeltdorf. Zu temperamentvollem Gefiedel verschiedener Celtic-Music-Bands, wie man sie sonst auch in Pubs hört, wird das Handwerk des Kiltwebens demonstriert. Prächtige Stoffbahnen mit den für die Tracht so typischen Tartans[15] stehen zum Kauf bereit. Wer Whisky und Wein verkostet hat, dem sitzt das Geld im Sporran[16] locker. Deshalb fehlen auch Souvenirstände nicht, allen voran solche, die Schmuckanhänger mit keltische Symbolen und schottischen Wappen an Lederbändern anbieten. Auf Stammtafeln kann man

---

13 *Piping and Drumming: Wettbewerbe für Dudelsackbläser, Solotrommler, Quintetts und Pipe Bands (bis zu 16 Piper, 8 Side Drummer, 2 Tenor Drummer, 1 Bass Drummer)*

14 *Highland Dancig: schottischer Schautanz mit dem Schwerpunkt auf Beinarbeit und kraftvollen Sprüngen*

15 *Tartan: karierte Webmuster für Stoffe, welche die Zugehörigkeit zu einem schottischen Clan nachweisen.*

16 *Sporran: Gälisch für Geldbörse*

sich über die historische Bedeutung der Clans informieren, die von den schottischen Auswanderern in ihrer neuen Heimat weitergeführt und um kanadische Linien erweitert wurden. Jeder Clan, der etwas auf sich hält, präsentiert heute in einem eigenen Zelt seine Geschichte, Insignien und gelebtes Brauchtum. Als gälte es die vorbeiziehenden Besucher zu missionieren, wird überall fleißig für die Mitgliedschaft geworben. Das Interesse daran ist groß.

Bei den Heavy Events schließlich bleibt kein Auge trocken. Die Hühnen der Region lassen ihre Muskeln spielen, dass es eine Freude ist. Bei Hammer Toss (Hammerwurf), Caber Toss (Baumstammwerfen) und Keg Toss (Fässerwerfen) ist das Publikum mit Enthusiasmus dabei.

Es wäre nicht Kanada, würden bei den Bewerben die Frauen zurückstehen. Die Highland Games von Victoria lassen nicht bloß Quotenfrauen auftreten, vielmehr gibt es eigene Frauen-Bewerbe, die sich von denen der Männer unterscheiden. Beim Werfen der Baumstämme gelingt es heute keinem der Teilnehmenden, diese zum Überschlagen zu bringen. Jeder missglückte Versuch wird mit enttäuschtem Raunen kommentiert. Da und dort ein Augenzwinkern, ein Schmunzeln in unsere Richtung. Offenbar sind die Reaktionen zumindest zum Teil gespielt und gehören zum Brauchtum-Theater dazu.

→ ÜN: „Fort Victoria" RV Park
N. 48° 27,6470´ / W. 123° 26,5534`
→ 90 Km

Eine Wunde, die sich nur langsam schließt
Die Tragödie der kanadischen Indianer

Nach dem Festwochenende wenden wir uns nun dem kulturellen Angebot der Stadt Victoria zu. Auf dem Weg zum Royal British Columbia Museum kommen wir am Parlamentsgebäude vorbei. Es mutet wie ein Mix aus schottischer Burg und britischem Schloss an. Die angrenzenden Grünflächen mit ihren riesenhaften Bäumen, unter ihnen ein fantastischer Mammutbaum, beeindrucken. Wäre da nicht die hübsche Flagge von British Columbia, man könnte glauben, in London unterwegs zu sein.

Die Fahne trägt die Verbundenheit der kanadischen Provinz mit dem britischen Empire zur Schau, indem sie im oberen Bereich den Union Jack abbildet. In der Mitte ist die dreifache Kreuzsymbolik der Briten, Schotten und Iren mit einer Krone ergänzt. Die drei blauen Wellenbalken in der unteren Hälfte werden von einer untergehenden Sonne überstrahlt. Sowohl die frische Farbgebung in weiß, blau, gelb und rot als auch das Motiv vermitteln einen überaus optimistischen Eindruck.

Unser Streifzug führt in das für europäische Verhältnisse gar nicht so alte historische Zentrum. Der Market Square geht beispielsweise auf die Zeit des Goldrauschs zurück und kann mit gediegenen Saloons, Hotels und Läden aus dem späten 19. Jahrhundert aufwarten. Von hier schlendern wir weiter zu Kanadas ältester Chinatown, die wir durch ein Tor mit dem Namen „Gate of harmonious Interests" betreten. Einer der touristischen Hauptanziehungspunkte hier ist die extrem schmale, mit bunten Lampions bestückte Fan Tan Alley, in der sich einst berüchtigte Spielhallen und Opiumbars befanden.

Wieder zurück im Inner Harbour, entdecke ich an einer Kreuzung vor dem Parlament eine kleine Statue der Künstlerin und Schriftstellerin Emily Carr (1871 – 1945). In wirkungsmächtigen Bildern von den während ihrer Lebenszeit noch urtümlichen Küstenregenwäldern setzte die in Victoria geborene Frau Maßstäbe (Dauerausstellung in der Art Gallery of Greater Victoria). Vor allem aber beschäftigte sie sich mit der Abbildung der damals noch existierenden indianischen Stämme. Aber auch literarisch hinterließ sie ein Zeitdokument. So geben viele ihrer Kurzgeschichten Zeugnis von der sterbenden Kultur der Indigenen. Sowohl in Prosa als auch Lyrik empfindet Emily Carr das animistische Weltbild der First Nations nach. In ihren Quotations for Life (Zitate für das Leben) schreibt sie beispielsweise:

… don´t you feel
that the deeper down
you burrow into earth things
the more of spirit you find?[17]

Die gedankliche Begegnung mit Emily Carr schenkt mir Inspiration für das Royal British Columbia Museum. Hier soll uns die anthropologische Abteilung einen Einblick in die völkerkundliche Geschichte der Region geben. Beim Betreten des Hauses erleben wir allerdings die herbe Enttäuschung, ausgerechnet diese Abteilung des Museums geschlossen vorzufinden. Der angrenzende, kleine Thunderbirdpark mit seinen Totempfählen bietet wenig Trost. Dies heißt jedoch nicht, dass die großteils aus der Hand des indianischen Künstlers Mungo Martin stammenden Poles nicht sehenswert wären. Immerhin sind sie Originale aus den 1950er Jahren und keine Replikationen. Eine fachkundige Auseinandersetzung mit der Geschichte der Stadt sowie jener der Indigenen des Landes bleibt mir allerdings verwehrt. Dennoch lasse

---

17 *Übersetzung: Seite 288 / Quelle: Emily Carr in Timeless / Quotations for Life; 2021 by Laurie Carter;*

ich mich nicht entmutigen und treibe meine eigenen Recherchen voran. Diese ergeben Interessantes und Wissenswertes.

Exkurs: British Columbia und seine Indianer

Die Ursprünge von Victoria reichen in die Mitte des 19. Jahrhunderts zurück. Nach der Gründung eines Pelzhandelspostens durch die Hudson´s Bay Company im Jahr 1842 und der sieben Jahre später erfolgten Eroberung der Insel wurde die Region zur britischen Kolonie erklärt. Nach der Unterwerfung der Indianer sicherte sich die Regierung des Mutterlandes den Einfluss auf die örtlichen Bodenschätze. Als British Columbia 1867 der Konföderation beitrat, erlangte Victoria die Hauptstadtwürde der wertvollen Provinz. Bald entwickelte sich die Stadt zu einem wichtigen Einfuhrhafen für den spät besiedelten Westen Nordamerikas. Erst als das nahe Vancouver an die Bahn angebunden wurde, lief die aufstrebende Metropole des Festlandes Victoria den Rang als wirtschaftliches Zentrum ab. Nun etablierte sich das durch seine Insellage ins Hintertreffen geratene Victoria als kulturelles Zentrum. Mit seinen zahlreichen präsentablen Gebäuden im viktorianischen Stil gilt es heute als das britische Juwel Kanadas.

In dieser Dynamik spielten die Indianer bald keine Rolle mehr. Die First Peoples Gallery des British Columbia Museum rollt daher eine Geschichte der Unterdrückung und Vertreibung auf. Der Volkszählung nach leben in Kanada aktuell rund 900.000 Indigene, darunter etwa 600.000 Indianer, 290.000 Metis[18] und 45.000 Inuit. Diese Volksgruppen sprechen mehr als 50 Sprachen.

Der Zusammenbruch der indianischen Bevölkerung nach dem Kontakt mit den Weißen wird in der Fachliteratur einhellig als entsetzlich beschrieben. Nach dem Blutzoll durch den Krieg und die fürchterlichen Epidemien (Pocken, Masern, Grippe, Tuberkulose) kam es zum Verlust von kulturellen Traditionen und Le-

---

18 *Metis: Nachfahren von eingewanderten Pelzhändlern und indianischen Frauen*

bensweisen, die völlige Entmachtung, sowie den Landraub und die zwangsweise Umsiedlung in Reservate.

Die Unterwerfung der Indigenen erfolgte auch durch gebrochene Verträge und die gezielte Ausrottung der Bisons als deren existenziell wichtige Lebensgrundlage. Angewiesen auf die Nahrungsmittelrationen der Weißen, führten die Indianer ein trauriges Leben auf klimatisch unwirtlichen und wenig fruchtbaren Landflächen. Das Argument der Regierung, sie zu Ackerbauern umschulen zu wollen, muss daher als Schutzbehauptung angesehen werden. Um den Ungerechtigkeiten quasi die Krone aufzusetzen, verabschiedete Kanada im Jahre 1876 mit dem Indian Act ein Gesetz, das die Indigenen zu Mündeln der Regierung degradierte. Das kanadische Department of Indian Affairs (Amt für Indianer-Angelegenheiten) entband die indigenen Stämme zwar ihrer Steuerpflicht, nahm ihnen jedoch jede Entscheidungsfreiheit. Die vertraglich zugesicherten Lebensmittelrationen wurden reduziert, Frauen zwangssterilisiert. Besonders perfide war die Verbindung der Schulpflicht für indigene Kinder mit deren Absolvierung in Internaten, die meist kirchlichen Institutionen unterstellt waren. Die berüchtigten Residential Schools entrissen den Familien ihre Kinder und taten alles, ihnen ihr indianisches Erbe abzugewöhnen – eine Praxis, die erst in den 1970er Jahren endete. Der Bildungsauftrag, wie ihn die Weißen verstanden, umfasste das Erlernen der europäischen Staatssprache, verbunden mit dem Verbot, die eigene Stammessprache zu verwenden, sowie die notfalls auch durch psychischen Druck herbeigeführte Christianisierung. In jüngerer Vergangenheit drangen zahllose seelische und körperliche Misshandlungen, die an den Kindern begangen wurden, an eine breite Öffentlichkeit. Im großen Stil lebten die Erzieher gewalttätige wie sexuelle Triebe aus, die sie vor sich wohl auch als Methode zur Umerziehung rechtfertigten.

Im Jahre 1944 gründeten indigene Völker den National Congress of American Indians (NCAI), der als die erste und bisher einzige grenzüberschreitende indianische Widerstandsorganisation gilt. 1960 erlangten schließlich die First Nations Kanadas das Wahlrecht auf Bundesebene. Der Kampf um Gleichstellung hält bis heute an und wird nicht selten vor Gericht ausgetragen. Geschlagene Wunden bluten bis in die Gegenwart.

Der dem Stamm der Secwépemc[19] zugehörige Lyriker Garry Gottfriedson erhebt dazu in zahlreichen Gedichten seine Stimme. Sein Volk, besser bekannt als „Shuswap", besteht aus 17 Untergruppen, die heute nur noch im Süden British Columbias leben. Seit über 10.000 Jahren bis zum dramatischen Konflikt mit den europäischen Kolonialisten besiedelten sie ein 145.000 km² großes Gebiet, das vom Columbia River Valley im Osten bis zum Fraser River im Westen und vom Oberen Fraser River im Norden bis zum Upper und Lower Arrow Lake im Süden reichte. Das folgende Gedicht von Garry Gottfriedson macht den Schmerz von Unrecht und Identitätsverlust fast körperlich spürbar.[20]

---

19 *Secwépemc: ausgesprochen: suh-Wep-muhc; Bedeutung: People of the spread out place (Menschen des verstreuten / geweiteten Ortes)*

20 *Quelle: Garry Gottfrieson; Gedichte für eine neue Welt; kanadische Gegenwartslyrik / Leipziger Literaturverlag 2020*

And just like that[21]

and just like that
it all comes out

beyond just a story, truth
deep down inside

the residential schools
their stories from survivors

the sun sees ist all
surfacing

murdered an missing women
now driven blood red songs

„reconciliation" so they call it
is not black and white words

skinning thin layers
off the tongue

reconciliation is admitting
prey was at stake

lives gunned down
in the name of church and crown

and just like that
it all comes out

---

21 Übersetzung: Seite 288

Orca Spirit

In Victorias Inner Harbour befindet sich das Büro von „Orca Spirit Adventures". Wir haben bei dem Unternehmen, mit Start heute Mittag, eine Zodiac-Tour[22] gebucht, eine dreistündige, nicht ganz billige Fahrt mit dem zwölfsitzigen Speedboad ($127,- pro Person). Bei unserer Entscheidung für diesen Anbieter war das Angebot ausschlaggebend, zu einem selbstgewählten Termin erneut mitfahren zu dürfen, falls es beim ersten Mal zu keiner Sichtung von Walen kommt. Captain Mick ist angesichts des freundlichen Wetters optimistisch und gut gelaunt. Er kenne da eine Bucht in den US-amerikanischen Gewässern, gleich hinter der Grenze, in der sich während der letzten Tage eine kleine Orca-Familie aufgehalten habe. Dort, nahe dem Orca Island und den Shaw Islands wolle er es heute mit uns versuchen. Er mache das nicht das erst Mal, meint Mick breit lächelnd, wir brauchten also keine Angst zu haben – weder vor den Orcas noch vor der amerikanischen Grenzpolizei. Solange kanadische Staatsbürger dem Meer dort nichts entnehmen würden, sei das Befahren der Hoheitsgewässer des Nachbarstaates geduldet.

Wir zwängen uns in eine Kombination aus Lifejacket und reißfestem wie wasserdichtem Overall. Handys und Kameras kommen in robuste Plastikbeutel und werden erst einmal im Stauraum unter den Sitzen des Bootes verwahrt. Da ich noch an meiner Schulterverletzung laboriere, darf ich im Heckbereich Platz nehmen, wo die Luftsprünge des hochmotorisierten Bootes weniger zu spüren sein sollten als vorne im Bug. Pünktlich, wie es in Kanada üblich ist, geht es los. Wir sehen in unserem Schutzanzug wie Michelinmännchen aus. Nahezu bewegungsunfähig hocken wir auf den harten Sitzen und halten uns mit beiden Händen gut fest. Denn gleich nach Verlassen des Hafenbeckens gibt Mick Gas. Freizeitboote und einige startende sowie landende Wasserflugzeuge liegen hinter uns, der 500 PS starke Außenbordmotor

---

22 *Zodiac: Festrumpfschlauchboot*

heult auf und das Meer verwandelt sich in einen harten, metallenen Schild, der das Sonnenlicht spiegelt.

Streckenweise halten Seevögel, die das Boot begleiten, unser Tempo von bis zu 60 km/ h mit. Ihre Flugkünste begeistern mich. Bei einer hübschen Pigeon guillemot[23] kommt es fast zu einer Kollision, weil der Vogel nach einem Parallelflug vor unserem Boot links abbiegt und dabei quasi die Vorfahrt erzwingt. Bald sichten wir einen Buckelwal. Gemächlich durchpflügt er das Wasser, relativ weit weg von uns, was angesichts seiner Größe wenig ausmacht. Mick erzählt, man erkenne die 12 bis 15 Meter langen und bis zu 30 Tonnen schweren Buckelwale relativ leicht an ihren deutlich vergrößerten Brustflossen. Diese erreichten fast ein Drittel der Körperlänge. Weil die Tiere überaus neugierig seien, habe er schon einiges mit ihnen erlebt. Oft würden sie mit dem Boot ein Spiel treiben und dieses nicht mehr weglassen, indem sie sich ständig vor dessen Bug querlegten. Bekannt seien Buckelwale auch wegen ihres beeindruckenden Gesangs. Dieser enthalte über 600 verschiedene Laute, sei in Strophen gegliedert, die sich jedes Individuum selbst ausdenke und auch ständig variiere. Mit einer Lautstärke von bis zu 190 Dezibel gehörten die Gesänge der paarungsbereiten Männchen zu den lautesten Rufen im Tierreich.

Ein Ständchen gibt uns unser Buckelwal heute nicht. Doch bis zu seinem Abtauchen vernehmen wir deutlich das Fauchen des Blasloches. Seine Lungen erlauben ihm Tauchgänge von bis zu einer halbe Stunde. Meist bleiben er bzw. seine Artgenossen aber nicht länger als 10 Minuten unter Wasser, ehe sie auftauchen und nach einem buschigen Blas[24] wieder ausgiebig einatmen. So lange wollen wir angesichts der vor uns liegenden Strecke zu den Orcas nicht warten. Also weiter.

Die Spannung im Boot steigt. Mick hat schon erzählt, dass die Schwertwale, wie Orcas auch genannt werden, zur Familie der

---

23 *Pigeon guillemot: auch Taubenteiste; mittelgroßer, schwarzer Seevogel mit weißen Flügelflecken und leuchtend roten Füßen; Vorkommen: Nordpazifik; kann bis zu 45 Meter tief tauchen;*

24 *Blas: die nach dem Tauchgang ausgeatmete Restluft*

Delfine gehören und eigentlich überaus friedlich sind. In freier Natur hätte noch kein Orca einen Menschen gefressen. Der Name „Mörderwal" bzw. „Killerwal" sei daher extrem unpassend. Mick stimmt also darin mit mir überein, dass die Tiere für ihre ausgefeilte Jagdtechnik wohl eher Bewunderung als den Vergleich mit einem aus Berechnung mordenden Menschen verdienen. Nachdem wir die Gewässer um die Shaw Islands erreicht haben, dauert es nicht lange bis Mick durch sein Fernglas erst die Fontänen, dann die Orcas selbst ausmacht. Beim Näherkommen erkennen wir bald, dass es sich um eine Familie von sechs Tieren handelt. Mick weiß, es ist eine Mutter mit einem Jungtier der letzten Jahre. Eines der „Kleinen" bezeichnet Mick als Baby, obwohl es schon eine ansehnliche Größe aufweist. Als der letzte Nachwuchs unter den Geschwistern wird er noch gesäugt.

Wir genießen unsere Begegnung mit den Orcas über eine halbe Stunde lang, eine für ein Whale-Watching exzellente Beobachtungszeit. Deutlich vernehmen wir das Fauchen der Atemlöcher. Die kleine Orcagruppe wirkt überaus entspannt. Als ein Fähre ihren Kurs quert, hebt das Baby seinen Oberkörper mehrmals neugierig aus dem Wasser. Die aufgestellte Position des Tieres bezeichnet Mick als „Skyhop". Alle in unserem Boot sind begeistert, um nicht zu sagen ergriffen, obwohl wir einen respektvollen Abstand wahren. Teleobjektiv und Serienbild-Funktion unserer Kameras tun gute Dienste.

Mick hat die Tiere schon zig Mal gesehen und ist bei ihrem Anblick noch immer hochgestimmt. Und er teilt sein umfassendes Wissen mit uns. Was wir während des Ausflugs von ihm lernen, fasse ich nun zusammen und erweitere es durch eigene Recherchen.

Weil Orcas wie Delfine lediglich 17 Minuten unter Wasser bleiben können, liegt die von ihnen bevorzugte Wassertiefe unter 10 Metern. Orcakühe werden in einem Alter von 6 bis 10 Jahren geschlechtsreif. Nach einer Tragezeit von 17 Monaten gebären sie immer nur ein Kalb. Dieses ist bei der Geburt bereits 2 bis 2,5 m lang und rund 200 kg schwer. Nach ein bis zwei Jahren wird das Jungtier von der Muttermilch entwöhnt, nimmt aber schon vorher feste Nahrung zu sich. Als ausgesprochen soziale Tiere leben Orcas in einer komplexen Populationsstruktur, die an menschliche Gesellschaften erinnert. Die kleinste Gruppe bezieht sich auf die Mutterlinie und ist ein sehr enger Verband aus einer erwachsenen Kuh, ihren Kälbern sowie den Kälbern ihrer weiblichen Jungtiere. Trennen sich die Familienmitglieder voneinander, was selten passiert, tun sie es nur für wenige Stunden. Kein dauerhafter Wechsel in eine andere Mutterlinie wurde bisher beobachtet. Lediglich Männchen, die im Allgemeinen allein unterwegs sind, schließen sich gelegentlich fremden Verbänden an.

Sowohl auf der Ebene der Mutterlinie als auch in höher liegenden Sozialstrukturen werden Jagdtaktik und Lautäußerungen an Jungtiere weitergeben. Orcas organisieren sich in der Schule (pod) und im Verband (eng verwandte, weibliche Tiere). Letztere sind oft für Wochen und Monate getrennt, ehe sie sich wieder zusammenfinden. Weiter übergeordnet gibt es den Klan (clan), dessen Mitglieder über ein ähnliches Lautrepertoire verfügen. Sie sind meist die Aufspaltungen einer Mutterlinie und fügen sich noch einmal zur Community zusammen, einer regionalen Gruppe desselben Ökotyps. Im NO-Pazifik existieren beispielsweise drei von ihnen: die Southern (1 Klan, 3 Schulen), die Northern (3 Klans, 16 Schulen) und die South Alaskan (2 Klans, 11 Schulen). Bei den Lautäußerungen der Klans wurden unterschiedliche „Dialekte" beobachtet. Die im Nordostpazifik erforschte Paarungsstruktur mittels Vaterschaftstests und Biopsiepfeilen[25] wies nach, dass sich

---

25 *Biopsiepfeile: mittels einer Art Armbrust oder einem speziellen Kleinkalibergewehr abgeschossene, an einer Leine befindliche Minipfeile, an deren Spitzen sich nach dem Einholen genügend Walgewebe befindet, um daraus die DNA zu isolieren.*

Männchen vorwiegend mit Kühen anderer Klans derselben Gemeinschaft paaren. Dies geschieht in kurzfristigen Begegnungen.

Hat man das gesamte Beziehungsgeflecht, die Lern- und Sprachformen der Orcas im Auge, liegt es nahe, die Gesellschaftsform dieser erstaunlichen Tier als einer Kultur zumindest nahestehend zu bewerten. Der aktuelle Wissensstand der Verhaltensbiologie erschließt das Geheimnis ihrer Intelligenz nur zum Teil, weshalb ich persönlich Orcas in jedem Fall einer Kultur für fähig halte. Diese entspricht natürlich ihrer Art und muss sich auf Grund dessen von der menschlichen unterscheiden.

Wie alle Delfine nutzen Orcas ihr breites Lautrepertoire auch zur Echoortung der Beute. Die Fisch fressenden Arten im Nordostpazifik kommunizieren beim Jagen über sieben bis siebzehn klare, sich wiederholende Lautfolgen. Kurz vor dem Angriff wechseln sie zu knappen, pulsierenden Lauten, die je nach Situation stark variieren. Der Gedanke an eine Sprache zwängt sich förmlich auf. Säugetiere jagende Schwertwale hingegen, und um diese handelt es sich bei der von uns beobachteten Familie, verzichten weitgehend auf Echoortung durch Laute. Wahrscheinlich wollen sie die potentielle Beute nicht auf sich aufmerksam machen. Mick erzählt, dass unsere Orcas Seelöwen, Robben und Schweinswale fressen. Selbst Buckelwale würden von ihnen erfolgreich bejagt. Als Feinschmecker verzehrten sie von dem Koloss allerdings nur den Blubber[26], die Zunge und Lippen. Dabei handle es sich um ein typisches Orca-Verhalten. Weltweit soll mehrfach beobachtet worden sein, dass Schwertwale nur bestimmte Körperteile ihrer Beute fressen (bei Pinguinen nur die Brustmuskeln, bei Haien oft nur die Leber). Orcas weideten auch Robben meist nur aus, um dabei an bevorzugte Körperteile zu gelangen. Verloren ginge im Meer dennoch nichts, denn die Seevögel freuten sich über die Reste.

Mick scheint schon sein ganzes Leben mit den Walen zu verbringen und seine Vorliebe für Orcas ist offensichtlich. Einer sei-

---

26 *Blubber: mehrere Zentimeter dicke Fettschicht bei Walen und Robben*

ner Freunde sei bei der Auswilderung von Keiko (Free Willy) dabei gewesen, berichtet er stolz. Allgemein bekannt ist, dass die Finne des berühmten, so lange in Gefangenschaft gehaltenen Tieres traurig zur Seite gekippt war. Schwertwale, die ihren Namen ja der beeindruckenden Rückenflosse verdanken, bewegen sich ständig im Schlaf und benötigen dabei die Finne zum Austarieren. In diesem Ruhezustand schließen sie abwechselnd immer nur ein Auge, bzw. fahren eine der Gehirnhälften hinunter. Im engen Basin der Gefangenschaft legte Keiko dieses Verhalten ab und seine Finne verlor an Spannkraft.

Auf unserer Rückfahrt kommen wir an einer Insel mit prächtigen Seelöwen vorbei. Und schon wieder fällt Mick eine Anekdote ein. Einmal habe sich eine Robbe vor angreifenden Orcas auf das Speedboat gerettet, ein anderes Mal ein Seelöwe. Letzterer sei aber dermaßen schwer gewesen, dass er das Boot in extreme Schieflage gebracht habe. Um die Passagiere nicht zu gefährden, wäre Nick nichts anderes übriggeblieben, als das Tier ins Meer zurückzutreiben, wo es den Kampf um sein Leben verlor. Soll ich froh oder enttäuscht sein, dass bei unserer Beobachtungsfahrt solche Szenen ausblieben? In jedem Fall sind wir beglückt von unserer Begegnung mit den friedliebenden Killerwalen in ihrer angestammten Natur. Wildtiere in der Wildnis zu erleben kommt einer Erfahrung gleich, während ich im Zoo oder Aquarium deutlich spüre, wie sehr ihnen die Würde genommen wurde.

Englische Gartenkunst
Butchart Gardens, Butterfly Gardens, Covichan Bay

Am Morgen zeigt der Blick in den Spiegel ein hochrotes Gesicht. Ich habe einen Sonnenbrand. Dass die UV-Einstrahlung in Kanada nicht unterschätzt werden sollte, wusste ich als gelernte Geografin eigentlich und dennoch hat es mich erwischt. Offenbar reicht es nicht zu wissen, dass der aktuell über kanadischem Festland positionierte magnetische Nordpol mit seinen senkrecht stehenden Feldlinien das Schutzschild gegen die kosmische Strahlung hier minimiert. Der Mensch muss fühlen, um zu lernen – da bin ich keine Ausnahme.

Auch heute sticht die Sonne vom Himmel, als wir zu unserer Genussfahrt zu den englischen Gärten von Vancouver Island aufbrechen. Bald merken wir, Victoria ist keine Kleinstadt. Immerhin leben in ihrem Großraum 37.000 Menschen. Nach einer halbstündigen Fahrt ist bei Brentwood der größte botanische Garten Kanadas und wohl einer der schönsten weltweit erreicht.

Die Butchart Gardens gehen auf das Ehepaar Jennie Butchart und Robert Pim zurück. Die beiden gaben im Jahre 1904 die Umgestaltung eines stillgelegten Steinbruchs in Auftrag, der unter fachkundiger Aufsicht innerhalb von 100 Jahren zu einem prachtvollen Ensemble heranwuchs. Heute sind in der 22 Hektar umfassenden Anlage an die 50 Gärtner beschäftigt. Ich habe noch nie eine derartige Rhododendren- und Azaleenblüte erlebt wie hier, auch nicht auf den Britischen Inseln. Gigantisch der Wuchs in Höhe und Breite, verführerisch die Farbpalette der großen Blütendolden. Im Kessel des ehemaligen Steinbruchgeländes liegt der Sunken Garden mit dem Ross Fountain, einem Springbrunnen, der eine berückend schöne Sprühshow zeigt. Sein in sattes Grün eingebettetes Reich kann nur von einem Geländesockel aus betrachtet werden. Man steht erhöht, in einiger Entfernung und bestaunt das lebende Bild, das aus einer anderen Welt zu sein scheint. Kein Mensch betritt das verwunschen wirkende Reich, in dem Bäume, Rankengewächse und Gräser einem ständigen Sprühregen ausgesetzt sind. Mich wunderte es nicht, gingen dort unten Naturgeister um. Für Elfen und Faune kann ich mir jedenfalls keine schönere Spielwiese vorstellen.

Auf dem ausgedehnten Rundweg kommen wir an der Dragon Fountain vorbei, einem weiteren beeindruckenden Brunnen, an einem altertümlichen Karussell voll ausgelassener Touristen jeden Alters und schließlich am Japanese Garden. Letzterer huldigt wieder dem variantenreichen Grün. Die geschärfte Aufmerksamkeit für die Nuancen der Farbe hilft auch die Formenvielfalt des Blattwerks zu erfassen. Natürlich dürfen in einem japanischen Garten Brücken und Steinskulpturen nicht fehlen. Selten habe ich einen Spaziergang durch eine von Menschen entworfene Anlage derart genossen wie in den Butchart Gardens. Aus den für den Besuch veranschlagten eineinhalb Stunden werden bei uns heute drei.

Ehe wir in die wilde, zum Teil raue Natur der Insel eintauchen, lassen wir uns noch in das tropische Ambiente der nahegelegenen Butterfly Gardens entführen. Hier sind in einem geräumigen Glashaus an die 70 Schmetterlingsarten zu bewundern. Gemeinsam mit fliegenden Vögeln schaukeln diese zwischen üppig wuchernden Regenwaldpflanzen, über Bäche, kleine Kaskaden und Teiche. Im Unterholz und in den Wasserstellen lassen es sich Leguane Schildkröten und Kois gutgehen. Pfeilgiftfrösche hingegen sind sicher in Glasterrarien verwahrt. In der computergesteuerten Anlage werden Temperatur, Licht und Luftfeuchtigkeit konstant gehalten, weshalb auch die Besucher in gewissen Abständen von Nebelmaschine und Sprühregen abgekühlt werden.

Jetzt aber freuen wir uns auf die ungezähmte Natur. Mit dem Kauf eines landesüblichen Bären-Abwehr-Sprays, einer Chili-Sprühdose, deren Dimensionen uns die Gefährlichkeit der Bären vor Augen führt, hoffen wir für die Wildnis gewappnet zu sein. Zügig geht es auf einem Teilstück des Trans Canada Highway 1 in Richtung Norden. Der Malahat Summit bietet einen prächtigen Blick auf die Gulf Islands. Unweit dieses Hügels beenden wir in der Cowichan Bay den heutigen Tag auf einem still gelegenen Parkplatz der Bucht. Der abgeschiedene Ort bereitet Freude, zumal wir ihn mit einem Humming Bird[27] teilen. Bei dem Minivogel mit grünem Köpfchen, das, wenn er die Federn aufstellt, rot aufblitzt, handelt es sich um einen Anna Kolibri[28]. Wir müssen es mit einem balzenden Männchen zu tun haben, denn ab und zu steigt das Vögelchen senkrecht hoch, um sich sogleich wieder in die Tiefe zu stürzen. Meine Nachforschungen ergeben

---

27 *Humming Bird: Kolibri*
28 *Anna Kolibri: Calypte anna, im nordamerikanischen Westen beheimatet, bis zu 10 cm lang, 4-5 Gramm schwer*

Überraschendes: Ornithologen fanden heraus, dass bei einer Fall-geschwindigkeit von 23 Metern pro Sekunde die Schwanzfedern des Männchens zu schwingen beginnen. Dabei entsteht ein zir-pender Ton, der den Weibchen offenbar gefällt. Dass die Winz-linge bei ihren Balzflügen Geschwindigkeiten erreichen, die 385 Körperlängen pro Sekunde entsprechen, ist kaum vorstellbar.

→ ÜN: Cowichan Bay
N. 48° 44,5942´ / W. 123° 37,9276´
→ 95 Km

Im Reich der Totempfähle / Strait of Georgia
Duncan, Chemainus

Ehe wir ins Landesinnere abbiegen, hält die freundliche Ostküste von Vancouver Island noch einige interessante Städtchen für uns bereit. Man erreicht sie über einen besonders schönen Abschnitt des Highway 1. Duncan beispielsweise, das sich im Jahre 1985 of-fiziell den Namen „City of Totems" gab, lockt mit 80 kunstvoll geschnitzten Pfählen. Diese sind mit Infotafeln zu den dargestell-ten mythologischen Gestalten und den jeweiligen Künstlern ver-sehen. Wir lassen uns von den auf den Gehsteigen angebrachten, gelben Fußspuren von Pole zu Pole führen und werden bis zum Ende nicht müde, die eindrucksvollen Totempfähle zu bestaunen. Im Zuge der Rückbesinnung auf die indianische Kultur gefertigt, ergänzen sie heute das touristische Angebot Duncans und seiner landschaftlich reizvollen Umgebung.

Exkurs: Totempfähle in der Kultur der Westküstenindianer

Der Begriff Totempfahl wird von Indigenen selten verwendet, weil deren Schnitzereien zwar Abbildungen von Totem-Wesen sein können aber nicht müssen. „Gyáa'aang", das bei den Haida gebräuchliche Wort, bedeutet lediglich „Mann steht aufrecht". Offenbar fasziniert der spirituelle Aspekt der Pfähle Menschen, die der indianischen Kultur als Außenstehende begegnen, derart, dass er für diese namengebend wurde. Der Begriff „Totem" leitet sich vom Ojibwa-Wort[29] „Ototeman" ab. Ihm liegt die Vorstellung zugrunde, ein der beseelten Natur innewohnendes, metaphysisches Bewusstsein habe sich einst vor einem Ahnen materialisiert. In der Glaubenswelt der Indianer verwandeln sich Tiere bzw. übernatürliche Wesen in Menschen und umgekehrt. Trickster-Figuren[30] wie der Rabe gelten als besonders geschickt darin, ihre Haut unbemerkt zu wechseln. Um transformierte Wesen von normalen zu unterschieden, wurden sie auf den Pfählen mit in die Breite gezogenen Lippen dargestellt. Ihr Körper ist tierisch, wenn der Kopf menschlich erscheint, beziehungsweise menschlich bei einem Tierhaupt.

Verehrt der Klan das geistige Prinzip eines Tieres, was beinhaltet, dass das entsprechende Lebewesen weder verletzt noch getötet werden darf, wird es zum zauberkräftigen Helfer. Durch Anrufung des Geistwesens erlangten die Vorväter das Recht, dieses als Wappen bzw. als Symbol der eigenen Identität darzustellen. Die gemeinsame Geschichte wurde in den Bildern der Pfähle quasi aufgeschrieben. Ein Wappentier gab man von Generation zu Generation weiter, aber es konnte auch durch Heirat oder die Unterwerfung eines Feindes erworben werden. Es bildete häufig die Spitze des Totempfahls. Im weltlichen Sinn verweisen die Poles auf den sozialen Status einer Familie, sowie auf Abstammung,

---

29 *Ojibwa: Untergruppe einer der größten indigenen Ethnien Nordamerikas (der Anishinabe), beheimatet rund um die Großen Seen und in den kanadischen Prärieprovinzen)*
30 *Trickster: Figuren mit zwiespältigem Charakter, die die göttliche und menschliche Ordnung durcheinanderbringen; sie sind listenreich, zugleich tölpelhaft;*

Rechte, Privilegien und Territorien. Im religiösen Kontext erzählen sie von übernatürlichen Erfahrungen und ehren die Vorfahren als geistige Führer. Die Zugehörigkeit zur einer bestimmten Ahnenreihe bedeutet in der indianischen Tradition viel, weil die Verstorbenen als unsichtbarer aber gegenwärtiger Teil der realen Welt betrachtet werden.

Sobald ein Totempfahl vollendet war, wurde zu dessen Einweihung ein Potlatch ausgerichtet, ein mehrere Tage dauerndes, rituelles Fest, bei dem der Gastgeber wertvolle Geschenke überreichte. Auf diese Weise verteilte er irdischen Reichtum. Derartige Zeremonien durften nur zu vorgeschriebenen Anlässen abgehalten werden, wie beispielsweise bei der Geburt des ersten Sohnes, dem Tod eines einflussreichen Verwandten, der Verleihung von Häuptlingsnamen und eben bei der Errichtung eines Totempfahles.

Die Bildsprache der Westküstenindianer reicht weit in die Geschichte des Landes zurück und weist eine wechselvolle Geschichte auf. Die nachweislich ältesten Ornamente werden mit 3500 vor Christus datiert, ebenso der Beginn der Praxis, leere Gestaltungsbereiche mit diesen großflächig auszufüllen. Muster finden sich in Steinritzungen und auf verzierten Waffen, später auf Alltagsgegenständen wie Armbändern und Mokassins sowie auf Amuletten aus Knochen und Seeotterzähnen. Tiermythologische Darstellungen reichen mehr als 2000 Jahre in der Geschichte zurück. Die auffallenden Parallelen zu den Holzskulpturen und Langhäusern der Maori auf Neuseeland wurden bisher zwar nicht wissenschaftlich untersucht, aber die Tatsache, dass das Volk der Maori von Hawaii abstammt, bietet Grund für Spekulationen. Wenn die tüchtigen Seefahrer sogar das ferne Neuseeland besiedelten, könnten sie doch auch die um einiges näher gelegene kanadische Küste kulturell beeinflusst haben.

Wie die Schnitzkunst selbst scheint auch deren Verankerung in gesellschaftlichen Bräuchen bei den Westküstenstämmen sehr alt zu sein. Reiche Fundstellen legen die Vermutung nahe, dass Potlachs zumindest ab 500 vor Christus veranstaltet wurden. Erste

Poles, diese in der Funktion als Wappenpfähle, sind hingegen erst für das Jahr 1808 nachgewiesen. Ihre Blütezeit erstreckte sich von der Mitte bis zum Ende des 19. Jahrhunderts, eine Zeitspanne, in der die weitgehende Auslöschung der indigene Lebensweise und Kultur erfolgte.

Unter den lokalen Stämmen stellten die Haida, Tlingit, Tsimshian, Gitksan, Nisga'a und Kwakiutl die meisten Totempfähle her. Besonders die Haida trugen zur Verbreitung der Schnitzkunst bei, indem sie während ihrer saisonalen Seefahrten die Stämme der Küste unterrichteten. Sowohl das Schnitzen als auch das Aufstellen der Totempfähle war zeremoniell festgelegt. Große freistehende Poles entstanden als Auftragsarbeiten für besondere Anlässe. An dem Entwurf und an der Umsetzung des Pfahls arbeiteten ein Meister und eine Gruppe von Lehrlingen unter dessen Anleitung. Weil die tiefer liegenden Figuren des Pfahls bedeutender sind als die höheren, stammen sie in der Regel aus der Hand des Meisters. Bis das Gemeinschaftswerk vollendet war, vergingen oft mehrere Jahre.

Im Zuge der Missionierung ab Mitte des 19. Jahrhunderts wurden die mythologischen Figuren als heidnische Symbole verboten, die Pfähle gefällt und zerhackt. Als die Regierung auch die Ausrichtung von Potlatchs für illegal erklärte, gaben die meisten Stämme ihre Schnitzkunst auf, um nicht weitere Repressionen auf sich zu ziehen. Innerhalb eines halben Jahrhunderts verschwanden die Poles fast gänzlich von der Westküste. Während die meisten Clans ihre traditionellen Langhäuser[31] verließen und in die Nähe von Fischkonservenfabriken, Holzmühlen und Handelsposten zogen, um dort Arbeit zu suchen, verweigerten einzelne Familien die Assimilation. Insbesondere die Kwakwaka'wakw am nördlichen Ende von Vancouver Island blieben in ihrem angestammten Gebiet und schnitzen ihre Pfähle im Geheimen weiter.

Heute stehen nur noch wenige alte Masten an den ursprünglichen Standorten. Ab dem Jahr 1880 fanden hunderte Totempfäh-

---

31 *Langhaus: traditionelles Gemeinschaftshaus mit reicher Schnitzkunst*

le, die der Zerstörungswut der Missionare entgangen waren, den Weg in die Museen von Washington DC, Chicago, New York, Montreal, Ottawa, London, Paris, Neuseeland und Australien. Den kanadischen Indianern blieb nichts. Manche der Pfähle wurden mit Erlaubnis entfernt, die meisten geplündert oder von den Stammesmitgliedern abgepresst. Erst Ende der Zwanziger-Jahre des 20. Jahrhunderts begann man die noch vorhandenen Reste der schwer beschädigten Totempfähle zu restaurieren, um sie an Ort und Stelle zu belassen. Es wuchs eine neue Schnitzer-Generation heran, unter ihnen Ellen Neel und deren Stiefonkel Mungo Martin, beide vom Stamm der Kwakiutl[32]. Mungo Martin schulte weitere Schnitzer, unter anderem solch berühmte wie Bill Reid und Henry Hunt. Als ab dem Jahr 1955 die breite Weltöffentlichkeit auf die indianischen Holzarbeiten aufmerksam wurde, kam es zur Rückkopplung im eignen Land. Diese führte zu einer starken Wiederbelebung von Kunst und Kult der Totempfähle.

Für die Herstellung eines Pfahls verwendeten die Indianer immer unbehandeltes Zedernholz. Dieses ist leicht zu bearbeiten, resistent gegen Schädlings- und Pilzbefall aber bei Wettereinflüssen wenig widerstandsfähig. Sind die Pfähle 70 bis 100 Jahre lang den Elementen ausgesetzt, vermodern sie und stürzen um. In solchen Fällen sahen es die Familien als den Auftrag ihrer Ahnen an, ein Duplikat herzustellen. Fanden sich im eigenen Stamm keine talentierten Schnitzer, wurden welche von außerhalb angeheuert. Um das geistige Prinzip des alten auf den neuen zu übertragen, musste während der Fertigung in jedem Fall ein Familienmitglied durchgehend anwesend sein. Die Zeder galt und gilt den Indianern als heiliger Baum. Ihr Holz fand aber nicht nur in Totempfählen Verwendung sondern auf im täglichen Leben. Die Fasern der besonders weichen gelben Zeder dienten zur Herstellung von Mänteln und Windeln für Kleinkinder, sowie Körben. Rote Zeder verwendete man bei Babywiegen und Einbaumkanus. Beim

---

32 *Kwakiutl: indianische Volksgruppe; im Norden von Vancouver Island beheimatet*

Färben der sakralen wie weltlichen Schnitzereien griff man auf fein gemahlenes Eisenerz, Ton und Holzkohle zurück.

Wenngleich die reiche Bildsprache der Totempfähle allgemeingültige Symbole enthält, erzählt doch jeder Pfahl seine eigene Geschichte. Diese ist weitgehend verschlüsselt und kann oft nur vom Schnitzer selbst bzw. von dessen nahem sozialen Umfeld gelesen werden. Ein und dasselbe Tier stellt auf zwei Totempfählen, wenn diese jeweils für eine andere Familie gemacht wurden, unterschiedliche Wesen dar. Oder es ist zumindest in eine gänzlich andere Erzählung eingewoben. Gerät die Geschichte zum Pfahl in Vergessenheit, kann dieser nicht mehr entziffert werden. Einzig die Tiersymbolik ist zu deuten, nicht aber deren Zusammenhang mit der Familie.

Willkommenspfähle mit Grußfiguren gehören zu den ältesten Darstellungen. Die darin enthaltenen Wesen sind von menschenähnlicher Gestalt und empfangen Gäste mit ausgestreckten Armen oder zumindest nach vorne gerichteten Handflächen. Manche von ihnen haben ein menschliches Gesicht, andere ein tierähnliches. Eine der Grußgestalten war die Wilde Frau Dzunuk´wa, die Vorbeiziehende warnte, sich nur ja nicht am Eigentum der Familie zu vergreifen oder es zu beschädigten. Die Geste ihrer ausgebreiteten Arme wirkt zwar einladend wird aber von geschürzten Lippen begleitet, die heftig zu blasen scheinen. Jeder Ankömmling verstand: Diebe verfolgt die Wilde Frau mit Stürmen.

Viele der Geschichten, die von längst vergangener Zeit berichten und dennoch in die Gegenwart reichen, finden wir auf unserem Spaziergang durch Duncan auf den Infotafeln niedergeschrieben. Die dargestellten Tiere wiederholen sich dabei ebenso wir ihre Symbolik.

Adler: repräsentiert das Königreich der Lüfte

Rabe: Yehl, der Weltenschöpfer, zugleich der lustige
                Betrüger

Falke, Eule, Kanibalenvogel Hok hok

Donnervogel und seine Familie: siehe weiter im Text

Wolf: der Genius der Erde, Symbol für Freundschaft
                und Hilfsbereitschaft

Bär: Bindeglied zwischen menschlicher und geistiger
                Welt, Symbol für Stärke und heilende Kraft

Frosch: Vermittler zwischen Land und Wasser

Schwertwal: der König des Meeres, er ist das Gebet des
                Donnervogels

Lachs: (und andere Fische) Symbol für Fruchtbarkeit

Biber: Symbol für einen starken Charakter

Wie an seiner häufigen Verwendung zu erkennen, spielt der Thunderbird, der Donnervogel, eine besondere Rolle in der Tiermythologie. Vom Adler unterscheidet er sich durch zwei gebogene Hörner bzw. das Kopfgefieder. Oft erinnern seine Augen an die eines Reptils. Dem Mythos nach entspricht seine Flügelspannweite der Länge von zwei Kanus. Mit den kräftigen Krallen hebt er sogar einen Schwertwal aus dem Wasser und trägt ihn davon. Bei Pfählen thront er stets auf der Spitze, fast immer mit ausgebreiteten Flügeln dargestellt. Nur den mächtigsten und erfolgreichsten Häuptlingen sowie deren Familien war es erlaubt, den Thunderbird im Wappen zu tragen.

Als Fabelwesen symbolisiert er die dominierende Kraft aller natürlichen Aktivitäten und versinnbildlicht zugleich einen Charakter, dessen übernatürliche Kräfte sich mit Würde paaren. Der Thunderbird kann Gedanken lesen und selbstverständlich Wünsche erfüllen. Im Allgemeinen kümmert er sich aber wenig um die Menschen und hält lieber eigene Zeremonien ab. Nach Vorstellung der Küstenindianer lebt er mit seiner Familie in den nordwestlichen Bergen der Pazifikküste. Wenn er sich materialisiert, oder Menschen ihm ungefragt zu nahe kommen, erscheinen Blitze am Himmel, Donner folgen. Lösen die Gewitter des Thunderbird Brände aus, verschafft er sich freie Sicht im Wald. Oft sucht er auch seinen Erzfeind, die gehörnte Seeschlange Siskiutl. Diese kann, wie der Donnervogel selbst, ihre Gestalt verändern und geht meist als eine Art Lindwurm in den Wäldern um. Das polare Paar von Gut (Thunderbird) und Böse (Schlange) kennen viele indigene Kulturen des Kontinents bis weit nach Südamerika.

Zur Familie des Donnervogels gehört Kollus Ko'lus, ein junger Thunderbird, der manchmal als Bruder oder Schwester des großen bezeichnet wird. Weil es ihm in seinem dicken, weißen Flaum leicht zu heiß wird, legt er diesen häufig ab und nimmt die Gestalt eines Menschen an. Ko'lus ist ein hoch angesehener Beschützer-Geist. Ein Mythos, der sich um den Donnervogel rankt, erzählt Folgendes:

Einst herrschte eine schrecklich Flut, die drohte die Welt zu verschlingen. Dem Großen Häuptling Namoquayalis, zu Deutsch „der Einzige", welcher an der Westküste von Vancouver Island auf dem höchsten aller Berge lebte, erschien der Donnervogel nach viermaligem Blitzen. Er verwandelte sich in ein menschliches Wesen und gab dem Häuptling einen Wunsch frei. Dieser bat ihn, er möge sich im Land nach Überlebenden der Flut umsehen. Bald kehrte der Thunderbird mit Geretteten zurück, die sich dem Häuptling anschlossen und Zeugen eines Thunderbird-Tanzes wurden.

Nach unserem Ausflug in die mythologische Welt der Poles wartet heute noch eine gänzlich andere historische Attraktion auf uns. 13 km nördlich von Duncan liegt nämlich Chemainus, das für seine Wandbilder berühmt ist. Wir fahren das Städtchen über die Landesstraße abseits des Highways an. Auf diese Weise bekommen wir mehr von der lieblichen Landschaft der Ostküste mit. Unterweg blühen viele der prächtigen Bäume und Sträucher, unter ihnen Akazien, Japanischer Hartriegel, flächendeckend der Ginster. Entlang der Straßen Hinweisschilder „Caution Bears!" und Zäune, die augenscheinlich Bären abhalten sollen. Immerhin verzeichnet Vancouver Island die höchste Bestandsdichte an Schwarzbären weltweit. Auf mich wirken die Absperrungen allerdings wenig stabil.

Die Murals[33] von Chemainus zeigen überlebensgroße Porträts von Ureinwohnern, Siedlern und Holzfällern sowie Szenen aus deren längst vergangenem Alltag. Im Tourismusbüro versorgt uns eine übereifrige Mitarbeiterin mit einem aufwendig gestalteten Folder zum Rundgang, um uns dann in ein nicht enden wollendes Gespräch zu verwickeln. Wir erfahren, dass die Idee zu den Wandbildern aus Sorge um die wirtschaftliche Zukunft der Stadt geboren wurde. Diese generierte nämlich ihr Einkommen nahezu ausschließlich aus der Holzwirtschaft. Die hübsche Umgebung legte den Ausbau des Tourismus nahe. Als zusätzliche Attraktion begannen regionale Künstler Ende der 1970-er Jahre mit der aufwendigen Gestaltung der Hausfronten. Aktuell unterteilen sich die insgesamt 47 Wandbilder in jene, die den historischen Alltag ab der Pionierzeit zeigen, in die Serie Emily Carr und in Bilder zum gegenwärtigen Gemeindeleben. Hinzu kommen 10 Skulpturen.

Nach der ausführlichen Einführung tauchen wir lustvoll in die vergangene Welt der „Open-Air-Gallery" des Stadtzentrums ein. Die Dampflok schnaubt uns förmlich entgegen, Urwaldriesen scheinen zu krachen, während sie stürzen, vor dem Saloon wir-

---

33 *Murals: Englisch für Wandbilder*

belt eine zünftige Schlägerei Staub auf. Briefe von der Front werden vom Postkutscher gebracht, Bergarbeiter schaffen Gold, Silber und Kupfer aus der nahen Lenora-Miene zu Tage, das in Brand geratene Hospital der Stadt wird von mutigen Einsatzkräften gelöscht. Bei den Szenen aus dem Leben der Indigenen wird es wieder mythologisch. Unter Einbeziehung von Emily Carr´s Gemälde „Big Raven" erzählt ein monumentales Bild vom Raben, der Sonne, Mond und Sterne aus dem Universum stahl, um sie den Menschen zu bringen. Besonders gefällt mir „In Tune with nature", eine überdimensionale Bild-Box, die sich öffnen lässt. Außen zeigt sie üppigen Regenwald, umspielt von Naturklängen. Wird der Mechanismus aufgeklappt, kommt ein Pianino zum Vorschein, das optisch in die Unterwasserwelt des Ozeans eingearbeitet ist. Ein Mann mittleren Alters, dem die Touristen offenbar eine willkommene Abwechslung bieten, sitzt neben dem Kunstwerk. Als wüsste er, dass ich Klavierspielen kann, fragt er mich, ob ich ihm etwas darbieten möchte. Als ich Beethovens „Für Elise" vortrage, freut er sich ungemein.

Da wir heute noch ins Landesinnere vordringen wollen und der Tag bereits fortgeschritten ist, gönnen wir uns keine Rast. Wir fahren an Nanaimo, der größten Stadt auf Vancouver Island vorbei. Das gemütliche Parksville bleibt ebenso unbesucht. In unserem begrenzten Zeitbudget versäumen wir schöne Sandstrände, Gezeitenbecken und tolle Tauchgründe. Vancouver Island ist groß und voller erstaunlicher Orte. Hier könnte ich Wochen, ja Monate zubringen, ohne Langeweile zu empfinden.

Das unzugängliche Herz / die Mackenzie Range
Cathedral Grove

Der gut ausgebaute Highway 4 führt langsam aber stetig in die Berge der Mackenzie Range hoch. Dichter, urwüchsiger Wald begrenzt den Blick und lässt offen, was sich darin verbirgt. Im nahezu undurchdringlichen Dickicht leben mit Weißkopfseeadler,

Schwarzbär, Wolf und Puma Wildtiere, die den Mythen der Indianer entstiegen zu sein scheinen. Am Westende des moosgrünen Cameronlake liegt der MacMillan Provincial Park mit dem Oldgrowth Forest, einem seit 1947 geschützten Urwald. Er gibt eine Vorstellung davon, wie es auf der gesamten Insel aussah, bevor im Laufe der Zeit 80% des alten Baumbestands gefällt wurde. Während andere Bereiche des Wildnisgebietes meist nur nach langwieriger Zufahrt und oft stundenlangem Trekking erreicht werden können, liegt der Cathedral Grove[34] direkt am Highway. Er ist ein absolutes „Muss" für Naturliebhaber. Rote Zedern, vor allem aber die majestätischen, bis zu 800 Jahre alten Douglasien[35] und Hemlocktannen[36] bilden die Säulen einer wahrlich beeindruckenden Waldkathedrale. Die Red Cedar wird wegen ihrer einzigartigen Selbsterneuerungskräfte auch Riesenlebensbaum genannt. Die Größten ihrer Art im Kathedralenhain weisen einen Umfang von neun Metern auf. Im Winter 1996/97 verwüstete ein Eissturm weite Teile des Cathedral Grove. Dass damals ein Zehntel der Bäume stürzte und ineinander verkeilt auf dem Boden liegen blieb, ist unter anderem auf die weitgehende Abholzung der umgebenden „Pufferwälder" zurückzuführen. Nach wie vor gilt der Park bei starkem Wind als äußerst gefährlich und darf daher nur bei ruhigem Wetter betreten werden. Das gigantische Mikado der gefallenen Baumriesen trägt zur Mystik der Ortes bei.

Die Western Red Cedar[37] zählt zu den beeindruckendsten Baumgestalten, die ich je gesehen habe. Die Indianer der Nordwestküste verwendeten sie vielseitig. Aus dem Kernholz fertigten sie Kanus, Häuser und Totempfähle, aus der Rinde Seile und Netze.

---

34 *Cathedral Grove: Kathedralenhain*
35 *Douglasie: Oregon pine, unterteilt in Douglastanne, Douglasfichte, Douglaskiefer*
36 *Hemlocktanne: Tsuga, auch Schierlingstanne, aus der Familie der Kieferngewächse*
37 *Western Red Cedar: Thuja plicata, auch Riesen-Thuja; der Familie der Zypressengewächse zugehörig*

Die Red Cedar ist aber auch ein Eckpfeiler ihrer Kultur. Ein Mythos der Coast Salish[38] besagt, dass der Große Geist den Baum zu Ehren von Menschen erschaffen habe, die Tugenden wie Hilfsbereitschaft und Großherzigkeit hochhielten. Wo einer von ihnen begraben liege, wachse ein Zedernbaum, um seinen Nachkommen Wurzeln für Körbe, Rinde für Kleidung und Holz als Material für Obdach zu schenken.

Im Kathedral Grove erreicht die Red Cedar eine Höhe von 45 Metern. Die Rinde der alten Bäume ist rissig und grau, das zwei bis fünf Zentimeter dicke Splintholz[39] hingegen weißlich. Der Name Red Cedar leitet sich vom Kernholz ab, dessen Farbe von rötlichem Gelb über Rot bis Rotbraun reicht. Die Geometrie des Baumes ist regelmäßig. Seine Äste verzweigen sich nicht und sind von schuppenförmigen Nadeln bestanden, die erst nach 10 Jahren erneuert werden. Wie alle immergrünen Nadelbäume ist die Zeder vom Sonnenjahr unabhängig. Erst nach 30 Jahren erlangt der Baum Geschlechtsreife, was dem Saturnzyklus entspricht (für einen Sonnenumlauf benötigt der Planet 29 Jahre und 166 Tage). Das Baumwachstum erfolgt überaus langsam und wenig raumgreifend. Es konzentriert sich auf den verholzten Stamm, der schlank nach oben strebt. Nadeln wie Äste scheinen den Kontakt zum Außen gering halten zu wollen. Je höher der Baum wird, umso unnahbarer erscheint er. Die Ältesten der Zedern bestehen fast nur noch aus Stamm und haben ihr Grün auf eine Krone minimaler Ausdehnung reduziert, die wie die Spitze eines Bleistifts in Richtung Kosmos zeigt. Der größte der Giganten des Cathedral Grove allerdings ist keine Zeder sondern eine Douglas Fichte, 76 Meter hoch, 9 m im Umfang und nachweislich mehr als 800 Jahre alt. Als Christoph Kolumbus 1492 Amerika erreichte, lebte sie bereits seit 300 Jahren.

Den Urwald der Baumriesen empfinde ich als Lehrstück für die unerschöpfliche Kraft des vegetativen Lebens. Im Wirrwarr

---

38 *Coast Salish: indianische Ethnie an der nordamerikanischen Pazifikküste*
39 *Splintholz: das junge, biologisch aktive Holz unterhalb des Kambiums (der Rinde); leitet Wasser und Nährsalze in die Baumkrone und speichert Zucker sowie Stärke;*

der geborstenen Riesenstämme und gekippten Wurzelblöcke, im Geflecht ineinander verkeilten Astwerks stehen die Lebenden wie Zeugen uralten Wissens. Schaukelnde Flechten und sich zum Licht ausrollende Farne schenken den Braun- und Grautönen der Stämme einen jugendlich anmutenden, grünen Anstrich. Trotz der gewaltigen Massen an Totholz, scheint hier nichts wirklich zu sterben. Rundum erstehen Bäume neu aus eigener Kraft, indem sie aus den Wurzelstöcken der gefallenen Riesen neues Leben ziehen. Das Gengut der Schösslinge entspricht dabei exakt dem absterbenden Mutterholz. Für mich sind die Zedern umweht von einem Hauch Unsterblichkeit.

Der Cathedral Grove verströmt eine spröde Mystik von großer Anziehungskraft, gepaart mit ehrfurchtgebietender Strenge. Die Bäume lassen sich nicht umarmen, anlehnen ja, aber nicht umarmen. Berühren ja, aber nicht den Fluss des Lebens, nur die dicke Borke, den Panzer über dem Jahrhunderte währenden Saftstrom zwischen Oben und Unten. Das Geistige nimmt Form an und verlässt diese, wieder und wieder, Grenzen fließen hinüber, Grenzen fließen herüber.

Red cedar[40]

When I´m fallen
you will stick
your roots in me
read bloody runes
carved with my deep
my gone
my weeping
words

---

40 *Übersetzung: Seite 289 / Quelle: Anthrazit, Duanna Mund*

→ ÜN: Port Alberni / Hafengelände
N. 49° 14,2143´ / W. 124° 48,5878´
→ 145 Km

Für die Übernachtung wählen wir heute einen Parkplatz im Hafengelände von Port Alberni. Er erweist sich als bedingt geeignet, weil die gesamte Nacht über Trucks vorbeirollen. Dennoch sind wir am Morgen guter Dinge. Ein strahlender Frühsommertag ist für die raue Westküste vorhergesagt. Ehe wir diese erreichen, müssen wir allerdings noch einen Sattel über den Hauptgebirgskamm der MacKanzie Range befahren, denn der Hafen Port Alberni liegt an einem weit ins Landesinnere reichenden Fjord, dessen Ufer von keinem Landweg begleitet wird. Eine zeitraubende aber schöne Strecke liegt vor uns.

Die Flüsse rund um Port Alberni sind für ihren Fischreichtum berühmt. Die Stadt nennt sich stolz „Salmon Capital of the World". Ab Mitte Oktober locken abertausende stromaufwärts drängende Lachse Fliegenfischer, Touristen aber auch Adler und Bären an. Wenige Kilometer westlich der Stadt zweigt vom Highway 4 eine Stichstraße zur „Robertson Fish Hatchery" ab. Die wissenschaftlich begleitete Anlage kümmert sich um die Nachzucht von Junglachsen, die in den Bergflüssen der Umgebung ausgesetzt werden. Zwischen März und Juni befinden sich an die sechs Millionen Nachwuchsfische in der Anlage. Weil wir auf Gut Glück hierher gefahren sind, freuen wir uns besonders, zur Fütterung zurecht gekommen zu sein. Eine Mitarbeiterin lässt sich nicht nur bei der Arbeit über die Schulter schauen, sie verrät auch noch allerlei Wissenswertes. Das Futter, das sie mit Hilfe eines fahrbaren Gebläses in die Zuchtbecken sprüht, enthält Fischmehl, Fischöl, pflanzliche Proteine, Hefe, zahlreiche Vitamine und Mineralstoffe, ein echtes Healthy Food also. Den Fischlein schmeckt es offensichtlich, denn das Wasser kocht förmlich im Tumult um das Futter.

„They are my babies!", sagt die stämmige Frau mit zärtlicher Stimme, ihre Augen lachen förmlich. Und täusche ich mich, oder klingt es wie Mutterstolz als sie erklärt, die diesjährige Brut habe bereits 5 Gramm Körpergewicht erreicht und werde morgen in die Freiheit entlassen? Heute müssten noch einzelne Fische getaggt[41] und ihre Rückenflosse gespalten werden, damit Fischer sie als dem Forschungsprojekt zugehörig erkennen, falls sie einen von ihnen an der Angel haben. Am Leben blieben sie dann zwar nicht, aber der Fischkopf werde an die Forschungsstation geschickt. An den Ohrenknochen und Schuppen könnten die Wissenschaftler den Fisch identifizieren und erkennen, welche Flüsse er durchwandert habe. Immerhin 30 % der hier aufgezogenen Lachse kehrten zum Ablaichen wieder zurück.

Dankbar für das unerwartete Erlebnis, das quasi am Straßenrad auf uns gewartet hat, setzen wir die Fahrt zur Westküste fort. Sproat Lake und Taylor River verstecken sich hinter dichtem Wald. Da hilft nur der Blick von oben. Franz lässt also das erste Mal auf unserer Reise die Drohne aufsteigen. Im Clayoquot Arm Provincialpark zeigt sich der Kennedy River als prachtvoller Katarakt, der uns noch dazu dicht an sich heran lässt. Über rundgeschliffene Felsen klettern wir zu den stillen Wasserbecken, die zahllosen Quappen die Welt bedeuten; in der Luft ein Adler, die Sonne eine glühend weiße Scheibe. Weiß auch die Schneeberge zwischen dem Grün der Wälder und dem tiefen Blau des endlos dehnenden Himmels. Ein Totempfahl ehrt den Thunderbird als den Regenten des Ortes. Der Frühsommertag beleuchtet die Szenerie mit grellen Farben.

Noch schöner mag er hier im Herbst sein, wenn die wenigen Laubbäume im Nadelwald wie kleine Buschfeuer brennen und Schwarzbären sich, im Katarakt stehend, den Bauch voll schlagen. Der Parkplatz stellt einen aussichtsreichen Beobachtungsplatz bereit und ist noch dazu relativ sicher. Wenngleich wir bisher noch keinem Bären begegnet sind, ist unübersehbar, dass wir im Bärenland unterwegs sind. An den abzweigenden Wanderwegen stehen zahllose Warnschilder, die nicht nur auf die Bären

---

41 *Taggen: Kennzeichnung mittels eines Codes an einer kleinen Nadel*

82

aufmerksam machen sondern auch auf ausgelegte Fallen. In der Nähe von Transitstraßen und Siedlungen hält man Wildtiere offenbar lieber auf Abstand. Launig allerdings gehen die Besitzer einer Unterkunft mit ihrer Nähe zu den Bären um. Sie bieten statt Bed and Breakfast „Bed an Bears" an. Auf den letzten Kilometern zum Pacific Rim National Park begleitet uns der große Lake Kennedy. An seinem Abfluss haben wir es schon fast bis zur Westküste geschafft.

Der Regenwald des wilden Ozeans / Pacific Rim NP
Long Beach, Tofino, Rainforest Trail, Ucluelet

Bei dem Visitor Centre des Pacific Rim Nationalparks zweigt eine Stichstraße in Richtung Süden nach Ucluelet ab. Die schmale Landzunge liegt außerhalb des Schutzgebietes und kann aufgrund dessen touristisch genutzt werden. Dasselbe gilt für Tofino, die zweite Fremdenverkehrsdestination an der rauen Westküste von Vancouver Island. Zwischen den beiden Ortschaften erstreckt sich der Nationalpark mit dem Long Beach als Herzstück. Anders als die ebenso zum Schutzgebiet gehörenden Broken Group Islands und der weiter südlich gelegene West Coast Trail ist der 22 Kilometer lange Sandstrand an mehreren Stellen von der Straße aus leicht erreichbar. Von stark frequentierten Parkplätzen ausgehend, führen erhöht angelegte Bretterwege in das unwegsame Dickicht des Regenwaldes. Sie schenken unvergessliche Naturerlebnisse. Der im Jahr 1970 formell von Prinzessin Anne eröffnete Nationalpark wurde 31 Jahre später unter Mitbestimmung der First Nations in den „Pacific Rim National Park Reserve" umgewandelt. Der Zusatz Reserve weist seitdem auf die Nutzungsrechte der hier lebenden indigenen Stämme hin. Einmalige Naturschönheiten wie der außertropische Regenwald und die dem Pazifik schutzlos ausgesetzte Küste locken im Jahr mehr als eine Million Besucher an. Das Schutzgebiet muss also nach dem Banff Nationalpark (4,1 Millionen) und dem Jasper Nationalpark (2,5 Millionen) die meisten Touristen verkraften. Im Jahreskreis kann man hier verschiedene Wale beobachten; in den Monaten März und Oktober Grauwale, die zwischen ihren Winter- und Sommerquartieren wechseln, im Sommer Buckelwale und in den geschützten Buchten ganzjährig Orcas. Die von Wellen gepeitschten Gestade des Long Beach, der mit 22 Kilometern Länge seinem Namen Ehre macht, gehen nahtlos in dichte Küstenwälder über. Deshalb gehören neben Seehunden, Seelöwen auch Otter, Weißkopfseeadler und Schwarzbären zum Wildlife-Programm der Region.

Mit hohen Erwartungen erstehen wir im Nationalpark Centre ein Jahresticket, gültig für alle Nationaparks Kanadas (Preis für die Gruppe: € 105.-). Zudem erhalten wir hier brauchbares Kartenmaterial und eine Gezeitentabelle. Als die erste unter den zahlreichen Wandermöglichkeiten wählen wir den 3,8 Kilometer langen Nuu-chah-nulth-Trail[42], nahe dem Florence Beach. Am Beginn des Pfades steht ein historischer Totempfahl. Er war der erste, der nach 100 Jahren fortwährender Zerstörung von den ansässigen First Nations errichtet wurde. Stichwege führen zum Strand, der dem Wald an Wildheit in Nichts nachsteht. Jede der Buchten zeigt sich als Individuum; eine mit tiefem dunklen Sand, die nächste bedeckt mit Schichten knirschender Muschelschalen, die dritte übersät von riesigen Baumstämmen, bleich, sperrig und ausdrucksstark. Äste greifen mit starren Fingern nach der fliegenden Gischt, die sich nicht fassen lässt. Baumaugen starren mit gebrochenem Blick zum Himmel hoch. Höhlen öffnen das geborstene Holz zu lautlosem Schrei und bieten dennoch zerzausten Strandläufern[43] Schutz. Die Einsamkeit ist das verbindende Element aller Buchten, denn die Besucher zerstreuen sich in

---

42 *Nuu-chah-nulth-Trail: benannt nach einem Zusammenschluss (=Band) der Indigenen, die sich 1978 den Namen Nuu-chah-nulth gaben; Bedeutung: „Alles entlang der Berge und des Meeres"*

43 *Strandläufer: Calidris, kleiner, brauner Vogel aus der Familie der Schnepfenvögel*

der Weite des Sandstrands; gemeinsam auch das Toben der Brandung. Heute strahlt die Sonne vom blauen Himmel und hat doch nichts mit jener über dem Mittelmeer gemein. Zu mystisch verfangen sich ihre Strahlen in den tanzenden Schleiern fliegenden Wassers. Die meiste Zeit über hüllt sich die Westküste Vancouvers in dichte Nebel. Wind und Regen sind häufiger als Sonnenschein. Da die Wassertemperaturen der hier vorbeiziehenden, polaren Meeresströmung nicht zum Baden einladen (sie erreichen im Sommer durchschnittlich 14 Grad Celsius), zählt das Strandwandern hier zu den beliebtesten Aktivitäten. Wir sind somit nicht die einzigen, die durch die Welt aus fliegender Gischt streifen; deren Blicke sich in den Mustern des Sandes verfangen, den Caterpillar-Spuren der Krabben folgen, um sich zuletzt in der endlosen Weite des Ozeans am Horizont zu verlieren. Gut, dass da und dort junge Leute in Neoprenanzügen auf den Wellen reiten. Sie verorten mich wieder im Hier und Jetzt. Ich erinnere mich, von den Stormwatchers gelesen zu haben, die alljährlich zwischen November und Februar an die Westküste reisen, um die tosenden Stürme des Pazifiks zu beobachten. Mir reicht die Wildheit des Long Beach schon an diesem Schönwettertag. Das pittoreske Treibholz verleiht ihm auch im Sommer eine morbide Schönheit.

87

Den Endpunkt unserer Tagesetappe bildet das ehemalige Fischerdorf Tofino. Hier fahren wir in den Campingplatz Surf Grove am Cox Bay Beach ein (5 km vor Tofino, Preis für eine
Übernachtung: umgerechnet € 100,-). Die Camper stehen hier in
kleinen Nischen mitten im Regenwald. Den Besuch der touristischen Ortschaft heben wir uns für morgen auf, weil wir zu müde
und hungrig sind, um noch durch die Gassen zu streifen. Einen
saftigen Burger und ein Glas Bier gibt es auch gleich neben dem
Campground, in einem der urigen Lokale.

→ ÜN: Campingplatz Surf Grove
N. 49° 06,2298′ / W. 125° 52,1400′
→ 140 Km

Die Nacht verläuft ruhig. Einige Male knackt es draußen im
Dickicht, was mich prompt aufschrecken lässt. Ein Tier ist unterwegs, soviel steht fest. Aber welches? Haben wir alles gut verschlossen? Ist nicht doch etwas von unseren Essensresten am
Tische liegen geblieben? Riecht da draußen ein Getränkebecher
nach Sirup? Oder hat am Ende gar der Nachbar Speck ausgelegt
und wartet nun mit der Kamera im Anschlag auf die Gelegenheit,
eines der prächtigen Wildtiere abzubilden? Immerhin lässt sich
mit einem selbstgeschossenen Bärenfoto zu Hause Eindruck
schinden. Kommt er jetzt, der Schwarze in der Schwärze der
Nacht? Die Sicht in den Wald hat schon tagsüber bei einem Meter geendet. Jetzt bildet das kleine Fenster im Alkoven eine mys-
teriöse Leinwand, auf die meine Phantasie Bedrohliches malt.
Später geht der Alp im Traum weiter, aber mit Nachtgebilden
kann ich umgehen. Luzid sind sie mir sogar willkommen, regen
sie doch tags darauf meine Kreativität an.
    Nun, einen Bären wollen wir uns nicht vorstellen sondern auch
sehen, darin sind wir drei Kanada-Reisende uns einig. Eine Begegnung unter sicheren Umständen, zum Beispiel beim Frühstück
im Wohnmobil – naja wünschen, darf man ja. Aber das Leben

spielt seine eigene Sinfonie und diese zeigt überraschende Wendungen. Bei Kaffee und Müsli vernehmen wir vielstimmiges Gezwitscher und sichten unseren ersten funkelnden Blaustern Jay[44] sowie einen American Robin[45]. Der Paukenschlag des Bären lässt auf sich warten.

Exkurs: How to tread a Black Bear

Mittlerweile kennen wir die Verhaltensregeln im Umgang mit Bären und wissen, was bei einer Begegnung (theoretisch) zu tun ist. "If it´s black, fight back. If it´s brown, lay down", heißt es in Kanada. Nun: Vancouver Island hat die dichteste Population an Schwarzbären weltweit (geschätzt über 7000 Exemplare) und die Menschen leben hier wie selbstverständlich mit ihnen. Die Wälder sind zudem das Revier von Wölfen und Pumas. Die Herausforderung, Bären bei einer Begegnung rasch nach Schwarz- und Braun zu unterscheiden, stellt sich auf Vancouver Island nicht, da wir die zu den Braunbären zählenden Grizzlys erst am Festland und hier besonders in den Rocky Mountains antreffen können. Die Bären der Inselwelt sind zwar nicht alle schwarz aber dennoch alle Schwarzbären. Verwirrenderweise können diese nämlich auch ein hellbraunes Fell haben. In jedem Fall fehlt ihnen der für Grizzlys charakteristische Buckel hinter dem Nackenansatz. Schwarzbären wiegen bis zu 400 kg, ihr Körperbau ist etwas schmäler als der eines Grizzlys.

Bei der Begegnung mit einem von ihnen sollte man sich nicht einschüchtern lassen, heißt es. Der Rat lautet: mit erhobenen Händen Größe demonstrieren, einen Stecken in die Hand nehmen, laut sprechen, damit der Bär rasch den Menschen als solchen erkennt; sich langsam im Rückwärtsgang zurückziehen, dem Bären dabei weder den Rücken zuwenden noch ihm in die Augen blicken. „Fight back" gilt bei einem Angriff, der angeblich äußerst

---

44 *Blaustern Jay: Caynocitta stelleri, auch Steller´s Jay bzw. Diademhäher; einer der farbenprächtigsten Vögel Nordamerikas*
45 *American Robin: Turdus migratoriuseine, auch Wanderdrossel*

selten passiert. Selbst wenn der Bär attackiert, kann es sich noch immer um einen defensiv gemeinten Scheinangriff handeln, denn Menschen gehören nicht in sein Beuteschema. Ich glaube, wir schmecken einfach nicht. Als oberste Regel bei einer Bären-Begegnung gilt also, besonnen zu reagieren und keinesfalls panisch wegzulaufen. Bären erreichen im Sprint bis zu 56 km/h. Fest steht somit, wer das Wettrennen gewinnt. Als gute Kletterer folgen Bären Flüchtenden behände bis in die letzten Verzweigungen der Äste. Wenn es bequem gehen soll, schütteln sie die Menschenfrucht auch einfach vom Baum.

Bei den Streifzügen, die wir heute auf eigene Faust unternehmen wollen, werden wir die Bear Bell am Rucksack haben, uns gut vernehmbar unterhalten und von Zeit zu Zeit in die Hände klatschen. Immerhin sind um diese Jahreszeit auch Bärenmütter mit Jungtieren unterwegs und denen wollen wir in keinem Fall über den Weg laufen. Eine Trillerpfeife wird beim Rauschen von Wind und Brandung gute Dienste tun. Der überdimensionale Bärenspray steckt schon seit gestern griffbereit im Außenfach des Rucksacks. Jetzt heißt es nur noch als Gruppe zusammenzubleiben, dann kann eigentlich nichts mehr schiefgehen.

Nach einem kurzen Spaziergang durch das morgendlich verschlafene Tofino wenden wir uns den weiten Küstenstrichen des Nationalparks zu. Die Gewässer des vor Tofino gelegenen Clayoquot Sound sind als UNESCO Biosphärenreservat geschützt. Hier hätten wir die Möglichkeit von Schnellboten aus Orcas, Wale und sogar Bären zu beobachten, die sich gerne an den einsameren Stränden aufhalten. Für die Unternehmung werden aktuell € 100,- verrechnet. Da unser Reisebudget für fünf Wochen im Rahmen bleiben muss, verzichten wir auf das kostspielige Knowhow der Experten und begeben uns wieder allein in die Wildnis. Immerhin erleichtern im Nationalpark zahlreiche Bretterwege das Eindringen in den Wald. Ärgerlicherweise ist für uns heute an mehreren Stellen gleich wieder Schluss. Der schöne Schooner Cove Trail ist längerfristig geschlossen, beim Rainforest- und Bog Trail fehlen Parkplätze für RVs[46]. Jetzt, während der Vorsaison, hält sich der Besucherandrang in Grenzen, weshalb wir das Parkverbot ignorieren, um uns wenigstens die Wanderung auf dem Rainforest-Trail zu gönnen.

Die Big Five des Nationalparks zeigen sich uns heute nicht. Kein Orca, kein Buckel- oder Grauwal, weder Wolf noch Bär lassen sich blicken. Aber die Gezeitenbecken zwischen Wasser und Land sind voll abenteuerlicher Begegnungen. Der Chesterman Beach unterteilt sich in einen südlichen und einen nördlichen Abschnitt. Beide verlaufen bogenförmig und schwingen in der Mitte zum Franc Island aus. Dieses erreichen wir nun bei Niedrigwasser zu Fuß. Der Gezeitentabelle folgend, sind wir zur Ebbe hergekommen, um die Vielfalt der Meeresbewohner im zurückgebliebenen Wasser der Senken und Nischen zu bestaunen. Rasch werden wir fündig. Seeanemonen[47] in allen Größen und Farben, unter ihnen grüne Riesenanemonen und tausende lilafarbene Anemonen-Winzlinge, rote, gelbe und lila Seesterne mit dicken, fleischigen Armen, Rockweed[48], Kalifornische Muscheln, die aussehen wie die Miesmuscheln des Mittelmeeres, und Seepocken[49]. Einsiedlerkrebse wuchten ihr erbeutetes Muschelhaus über den Sand, Tidepool Sculpins[50] grundeln im Flachwasser. Eine metallisch glänzende Schicht Algen lässt die teils tief im Sand eingesunkenen Felsenbuckel wie von Blattgold überzogen aussehen.

„Der Tisch ist gedeckt", sagen die Nuu-Cha-nulth, wenn die Ebbe Teile des Flachwasserbereichs freilegt, und weisen damit auf das reiche Angebot an essbaren Pflanzen und Tieren hin.

---

46 *RV: Recreational vehicle, amerikanische Bezeichnung für Wohnmobil*
47 *Seeanemonen: Actiniaria, Seerosen, Seenelken; zur Familie der Blumentiere gehörig*
48 *Rockweed: Ascophyllum nodosum; an harten Oberflächen wie Steinen, Muscheln und Hafenpfählen haftende Braunalge oder Seetang, bis zu 75 cm lang*
49 *Seepocken: Fistulobalanus albicostatus, festsitzende Rankenfußkrebse*
50 *Tidepool Sculpin: Oligocottus maculosus, ein bis zu 9 cm langer Salz- und Brackwasserfisch aus der Familie der Dickkopf-Groppen*

93

In vergangenen Zeiten hatte jede Dorfgemeinschaft einen eigenen Strandwächter, der eine hoch geachtete Position in der dörflichen Hierarchie einnahm. Die Aufsicht über die Schätze des Meeres wurde von Generation zu Generation innerhalb einer Familie weitergegeben. Für ihre Beziehung zum großen Wasser haben die Nuu-Cha-nulth ein, wie mir scheint, überaus passendes Wort: „Ee-sock". Es bedeutet ins Deutsche übertragen „Respekt".

Das ehemalige Fischerdorf Ucluelet ist die ruhigere Schwester von Tofino und hat sich wie diese dem Tourismus verschrieben. Wilderness-Touren, Surfen, Whale Watching und Kajaktrips zu den Broken Group Islands gehören zu Ucluelets Attraktionen. Der Name der Ortschaft bedeutet „Sicherer Hafen" und bezieht sich auf seine Lage an der Innenseite einer Landzunge, die einen natürlichen Wall zur Brandung des offenen Ozeans bildet. Einige herausgeputzte Holzhäuser verströmen nostalgischen Charme und erinnern an die Zeit, als Ucluelet noch ein Fischerdorf war. In freudiger Erwartung begebe ich mich auf die Suche nach den im Ortsplan eingezeichneten Galerien und Kunsthandwerksläden, finde aber nur geschlossene Örtlichkeiten vor. Jetzt, am frühen Abend ist nur noch touristischer Schnickschnack zu bekommen. Trotzig wende ich mich dem zweieinhalb Kilometer langen Lighthouse Loop zu, für den nun wenigstens ausreichend Zeit bleibt. Weil er nicht nur durch einen von Wind und Wetter gezeichneten Wald führt, sondern auch auf den Balkon einer grandiosen Felskulisse, die bedrohlich zum Meer hin abstürzt, bin ich rasch wieder versöhnt. Selbst heute bei ruhigem Wetter schlägt das Meer unablässig gegen die Klippe. In den Fels gefräste Kerben muten wie Wunden an, bleiche Baumstämme wie gebrochene Knochen. Verkeilt mit zersplittertem Astwerk türmen sich die gefallenen Riesen bis zu 20 Meter hoch und reichen somit knapp an die Bruchkante der Klippe heran. Woher nur kommt diese Gewalt? Von den berüchtigten Winterstürmen? Von einem Tsunami? Beides scheint denkbar, denn Vancouver Island liegt auf dem Ring of Fire, einer tektonisch aktiven Zone, die den gesamten Pazifischen Ozean umrahmt. Zuletzt wurde die Insel im Jahr 1964 von einem Tsunami heimgesucht.

Heute verhält sich der Boden unter unseren Füßen glücklicherweise ruhig. Der Archipel der Broken Group Islands begeistert ob seiner spröden Schönheit. Wie aufregend wäre es, mit dem Seekajak das Wasserlabyrinth zwischen den mehr als 100 kleinen bis winzigen Inseln zu befahren, träume ich. Ohne jegliche Erfahrung sich auf das wilde Wasser zu wagen, wäre allerdings purer Leichtsinn und bedeutete, das Schicksal herauszufordern.

Unser kleiner Rundweg schwenkt beim Leuchtturm zurück zum Ausgangspunkt. Hier endet auch der 75 Kilometer lange West Coast Trail, der im 19. Jahrhundert als Telegrafenpfad angelegt und später zur Rettung von Schiffbrüchigen genutzt wurde. Weit draußen im Meer schaukeln zwei Bojen, die den kleinen Leuchtturm mit akustischen Signalen unterstützen. Eine pfeift, die andere bimmelt, was im Nebel eine sichere Passage durch die Untiefen des Küstengewässers erleichtert.

→ ÜN: Parkplatz am Highway 4, 2 Kilometer nach dem Visitor Center NP Pacific Rim
N. 49° 00,1313´ / W. 125° 34,5340´
→ 50 Km

Leckereien versüßen das Leben
Nanaimo

Weil der Highway 4 die direkteste Verbindung zwischen dem Pazifik Rim Nationalpark und der Ostküste ist, geht es heute auf derselben Strecke zurück, über die wir angereist sind. Unser Tagesziel ist Nanaimo, wo wir am frühen Abend die Fähre zum Festland erreichen wollen. Anfangs zeigt sich der Himmel bedeckt. An unserem Wohnmobilfenster ziehen Plätze flüchtiger Schönheit vorbei, umnebelt, auf neue Weise geheimnisvoll. Die Berge rund um den Lake Kennedy ragen aus tiefliegenden Wolken, die auch heute keinen Regen spenden. Die ganz Kanada betreffende, gefährliche Trockenheit hat längst auch den sonst so feuchten pazifischen Regenwald erreicht.

Während einer kurzen Pause bei dem Cathedral Grove scheint wieder die Sonne. Wehmütig nehme ich von den Baumgiganten Abschied. Eigentlich sollte der urtümliche Wald hier „Totem Grove" heißen, befinde ich, denn die Baum-Methusalems mit ihren minimalistischen Kronen haben mit den Säulen einer Kathedrale wenig gemein. Wenn sie etwas tragen, so ist es eher der Kosmos indianischer Vorstellungskraft als ein Kreuzrippengewölbe christlicher Prägung. Am Besten wäre es, auf jedwede begriffliche Zuordnung zu verzichten und die Poesie der Natur für sich selbst sprechen zu lassen. In ihr neigt sich heute der Himmel den wenigen Ahornbäumen zu, die auf halber Höhe der Urwaldriesen wie Kandelaber aufflammen. Vom Sonnenlicht entzündet, erhellen sie den im Dämmer liegenden Boden, enttarnen den unscheinbaren Brown Creeper[51], der munter wie ein außer Kontrolle geratener Ping Pong Ball zu hüpfen beginnt. Moos, Laub und Flechten stauben unter den zarten Vogelfüßchen auf. Für einen Moment liegt die Ahnung von Rauch in der Luft[52].

Heute ist unsere letzte Chance, auf Vancouver Island einen Schwarzbären zu sichten. Während der Fahrt scanne ich die Flussläufe ab, die Waldlichtungen nah und fern, die Wiesen voll süßer Löwenzahnblüten, die Bären im Frühsommer so schätzen. Mit großer Wahrscheinlichkeit wurden wir während unseres Aufenthalts auf Vancouver Island von einem von ihnen unbemerkt aus dem Dickicht heraus beobachtet, weshalb der Bär auch gewissermaßen anwesend war. Aber eine direkte Begegnung fehlt noch. Das Wildlife Recovery Center von Erington bietet, kurz vor dem Verlassen der Insel, die Möglichkeit, Schwarzbären we-

---

51 *Brown Creeper: Certhia amerikana, Andenbaumläufer; braun-graues Federkleid;*

52 *Anmerkung: Zwei Wochen nach diesem Erlebnis fängt der Wald auf Vancouver Island Feuer, die Verbindungsstraße zwischen Ost- und Westküste wird unpassierbar. Die Brände auf der Insel fügen sich in das große Feuer ein, das zuvor bereits weite Teile Ostkanadas erfasst hat, und bis in den Herbst in British Columbia wütet.*

nigstens im Gehege zu beobachten. Dass die Wildtiere aus medizinischen Gründen in der Anlage sind und nicht bloß zur Schau gestellt werden, hebt meine Vorfreude. Hauptattraktion ist die Bärin Rue, ein zwei Jahre altes, schwarzbraunes Weibchen, das als Jungtier aufgegriffen wurde. Es hatte seine Mutter verloren, war bereits unterernährt und in einer insgesamt schlechten Verfassung. Weil Rue neurologisch erkrankt ist, kann sie nicht ausgewildert werden und verbleibt in Gefangenschaft. Das weitgehend zahme und gutmütige Tier dient als Sympathieträger und soll Besucher ins Recovery Center locken. Eintrittsgelder helfen, die Anlage zu finanzieren, in der abgegebene Wildtiere versorgt und nach Genesung in der Regel wieder freigelassen werden. Ein Bold Eagle[53], ein Golden Eagle[54], eine Schnee-Eule und ein Rabe mit weißem Gefieder lassen sich allesamt hoheitsvoll bewundern. Die hellen Raben gelten den Indianern übrigens als heilig ebenso wie die seltenen weißen Bären.

Im überdachten Inforaum erfahren wir Näheres über den Kermodebären[55], den „Geistbären", dessen Vorkommen mit einem allseits bekannten Mythos erklärt wird. In diesem soll der Rabe, der Schöpfer aller Wesen, einen von zehn Schwarzbären weiß gestaltet haben, um an die Eiszeit zu erinnern, in der Gletscher das gesamte Land bedeckten. Tatsächlich datieren Naturwissenschaftler die Mutation zum weißen Fell in die letzte Kaltzeit. Unsere Bärin Rue trägt wie die meisten der Schwarzbären Dunkelbraun. Anfangs döst sie entspannt in einem schlecht einsehbaren Bereich ihres geräumigen Geheges. Als die Wärterin sie aber mit einem Beeren-Cocktail lockt, kann sie nicht widerstehen und trottet vertrauensvoll heran. Schleckermäuler sind auf Vancouver Island aber nicht nur die Bären, denn zu naschen gibt es hier auch so manches für Menschen.

---

53 *Bold Eagle: Weißkopfseeadler*
54 *Golden Eagle: Steinadler*
55 *Kermode Bär: Ursus americanus kermodei; eine Unterart des Amerikanischen Schwarzbären mit weißem bis beigem Fell, die nur in kleinen Regionen von British Columbia vorkommt*

Mit Nanaimo, der 90.000 Einwohner zählenden und somit größten Stadt der Insel, erreichen wir ein Mekka der kanadischen Konfiserie. Der nach ihr benannte „Nanaimo Bar" ist ein süßer, dreilagiger Riegel, dessen Rezept auf das Jahr 1952 zurückgeht. Von einem Kochbuch des örtlichen Krankenhauses aus trat dieser seinen Triumphzug als lokale, später nationale Süßspeisen-Sensation an. In Nanaimo befinden wir uns somit am Ursprungsort eines lukullischen „Must do" Kanadas. Auf dem „Nanaimo Bar Trail" der Stadt finden sich 39 Stationen für deren Besuch der Rat gilt: „Be sure to pack a pair of your stretchiest pants"[56].

Zur Auswahl stehen Nanaimo Bars Classic, Specialty Nanaimo Bars, Organic-, Vegan-, Raw-, Icecream-, Cheesecake-, Cupcake-, Macaron-, Springroll-, Waffel-, Cotton-, Candy-, Peanutbutter-, Lemonflavored- und Lavendelflavored Nanaimo Bars. Zudem werden die Riegel als nicht essbare Souvenirs angeboten, in Form von Seifen, Kerzen, T-Shirts, Postkarten, Handtüchern, Magneten und so weiter. Die Süßspeise, die über die Grenzen von British Columbia hinaus für Aufsehen sorgt, besteht in ihrer klassischen Form aus einem kalt gerührten Nuss-Kokossplitterboden, einer mächtigen Schicht süßen Puddings und einer Schokoladenganache, die jeder Kuchengabel erfolgreich Widerstand leistet. Da uns bis zum Ablegen der Fähre nicht ausreichend Zeit für den Pilgerpfad der „Sweetyholiks" bleibt, recherchieren wir den Standort der angeblich besten Nanaimo-Bäckerei der Stadt. Mit drei Riegelvariationen für jeden von uns und einem Cappuccino aus der Tim Horton-Filiale gleich nebenan, ziehen wir uns ins Wohnmobil zurück und versuchen das hochkalorische Geschmackserlebnis ebenso toll zu finden wie es die Einheimischen tun.

Mit Tim Horton haben wir eine weitere Institution der kanadischen Küche besucht. Hier handelt es sich nämlich um *die* Fastfoodkette des Landes. Ihre Filialen findet man in jedem noch so

---

56 *Übersetzung: Packen Sie unbedingt eine Ihrer dehnbarsten Hosen ein.*

entlegenen Winkel Kanadas. Sie sind an ihrem, der kanadischen Flagge nachempfundenen, Rot-Weiß-Look rasch zu erkennen. Dass überall die gleichen Kaffeesorten und das allseits bekannte Gebäck zum Verkauf stehen, wird von den Kanadiern als praktisches wie verlässliches Angebot geschätzt. Auf Tim kann man sich verlassen und er ist einer von uns, kein Jankee von jenseits der US-amerikanischen Grenze, tönt es landauf und landab in patriotischer Einigkeit. Schon der Umstand, dass Tim Horton, ehe er ins Gastro-Business einstieg, für die Hockeymannschaft Toronto Maple Leafs spielte, macht ihn zum Volkshelden. Das Angebot preiswerter Snacks für den kleinen Hunger ist vielseitiger als das der amerikanischen Fastfoodketten und kommt uns Reisenden entgegen. Tim, auch wir werden deinen Spuren folgen.

Bei unserer Fährüberfahrt zur Horseshoe Bay herrscht glücklicherweise ruhiges Wetter. Somit schaukeln die Nanaimo Bars in unsere Mägen auf sanften Wellen. Die Abendsonne taucht die Szenerie in warmes Licht, die schneebedeckten Coastmountains rücken näher. Wir empfinden die Überfahrt als genussvoll und unterhaltsam zugleich. Auf dem Dog-Deck nutzen nämlich Hunde und BesitzerInnen die Gelegenheit zwischentierische und zwischenmenschliche Kontakte zu knüpfen. Auf und unter den Tischen wird tüchtig geflirtet und gemeinsam gefressen.

Auch wir setzen das Foody-Experience des heutigen Tages fort, frei nach dem Motto, aller guten Dinge sind drei. Neugierig reihen wir uns in die Schlange der Geduldigen vor dem Schiffsbuffet ein und erstehen schließlich eine „Poutine". Dem nationaltypischen Gericht wird nachgesagt, dass man es entweder liebt oder hasst. Weiche Pommes, vermengt mit Käsewürfeln, die beim Kauen jämmerlich quietschen, alles in dickflüssiger, brauner Fleischsauce schwimmend – nun, wir sind um eine Erfahrung reicher. Und für morgen haben wir uns einen Fastentag verordnet.

Sea to sky

On the road – in den Coast Mountains
Sea-to-Sky-Highway / Shannon Falls / Duffey Lake Road / Joffre Lakes Provincial Park

Wer von der HorsesShoe Bay aus in Richtung Rocky Mountains unterwegs ist, folgt dem langgestreckten Fjord Howe Sound, der als geweitete Bucht 42 Kilometer ins Landesinnere reicht. Meer und Inselwelt sind zur Erhaltung des hohen Artenreichtums als Biosphärenreservat geschützt. Während an der Südostseite des Sound der Sea-to-Sky-Highway verläuft und dessen landschaftlich überaus reizvolle Küste somit zugänglich macht, ist das nordwestliche Ufer nahezu unerschlossen. Letzteres gilt auch für die Fortsetzung der Pazifikküste in Richtung Norden. Diese ist von tiefen Fjorden geprägt und widersetzt sich bis heute menschlicher Besiedlung. Um die amphibische Region zu bereisen, braucht es ein Schiff, denn küstennahe Straßen fehlen. Der Howe Sound ist also der letzte größere Posten kanadischer Zivilisation vor dem rasch ins Subpolare hinübergleitenden Land. Reizvoll auch dieses, nicht zuletzt beim Erreichen Alaskas hinter der Grenze zur USA.

Wie wir bereits festgestellt haben, sind die geografischen Bezeichnungen in Kanada häufig fantasievoll und bildgebend gewählt So heißt die pittoreske Küste des Howe Sound „Sunshine Coast", der sie begleitende Highway 99, wie bereits erwähnt, „Sea-to-Sky-Highway"; erfreulich, dass die Szenerie der Natur mit den vielversprechenden Namen mithält. Umso mehr sind wir verstimmt, als wir während unserer Fahrt auf der Autobahn keine einzige Haltemöglichkeit vorfinden. Wir sehen uns gezwungen bis nach Squamish durchzufahren, einer Siedlung am Ende des Sound. Hier ist es Höchste Zeit auszusteigen und sich die Füße zu vertreten. Sogleich befinden wir, dass der Ort seinem Namen alle Ehre macht. In der Sprache der Coast-Salish-Indianer bedeutet Squamish nämlich „Mutter des Windes". Ein kräftiger Meer-Land-Wind bläst uns um die Ohren, erfreulich warm. Der Blick zurück zeigt die weichen Linien des schimmernden Meeresarms, auf beiden Seiten von einer Kette kantiger Berge eingefasst – wie schön und wie bedauerlich, dass wir dieses Panorama bis hierher nur durch die Fenster unseres Wohnmobils bewundern durften.

Die zweite Enttäuschung des Tages erleben wir, als wir feststellen müssen, dass der „West Cost Railway Heritage Park" heute geschlossen ist. In dem größten Dampflockmuseum Westkanadas, das 65 historische Lokomotiven und Waggons beherbergt, findet nämlich soeben ein Crowdfunding Event[57] zugunsten der örtlichen Schule statt.

Glücklicherweise wartet heute mit den Shannon Falls noch ein landschaftlicher Höhepunkt auf uns. Der hübsche Campground Klahanie, gleich unterhalb der Kaskade, hebt meine gedämpfte Stimmung. Ein kurzer Spaziergang und wir stehen vor unserem ersten kanadischen Wasserfall. Schäumend kracht er über mehrere Stufen und überwindet dabei bis zum Talboden eine Höhendifferenz von 335 Metern. Die Abbruchkante liegt auf einer Verlängerung des zweitgrößten Granitmonolithen[58] der Erde. Dieser trägt den Namen Stawamus Chief, was sich vom indianischen Dorf Sta-a-mus ableitet. Den First Nations gilt der markante Berg als heilig. Dessen touristische Erschließung durch eine Seilbahn mussten sie dennoch hinnehmen. Der Chief zählt auch zu den beliebtesten kanadischen Kletterbergen. Heute glänzt die glatte Granitwand metallisch in der Nachmittagssonne; rätselhaft, wie man diesen senkrechten Fels bezwingen kann. Die „Sea to Sky-Gondel" wollen wir weder heute noch morgen nutzen, weil sie relativ teuer ist und wir bei den attraktiven Zielen auf der Fahrt zu den Rocky Mountains unseren Zeitrahmen beachten müssen.

Der urige Campingplatz Klahanie und seine Umgebung gefallen mir dermaßen, das ich bedaure, nicht länger bleiben zu können. Die vielen Feuerstellen, hölzernen Tische und Bänke im aufgelockerten Wald, das Rauschen des Wasserfalls im Hintergrund und natürlich die Nähe der Wildtiere verleihen dem Ort

---

57 *Crowdfunding: Schwarmfinanzierung (hier durch Sammeln von Spenden), eine in Nordamerika gesellschaftlich etablierte Methode der Geldbeschaffung;*
58 *Monolith: ein aus nur einer Gesteinsart bestehender Gebirgsstock*

eine kraftvolle Ausstrahlung. „Be prepared! Plan ahead" lesen wir auf zahlreichen Schildern, die wohl vor allem für Touristen aufgestellt wurden. Ich denke nicht, dass Kanadier eine Warnung vor Wildtieren, im Speziellen vor Bären brauchen, leben sie doch seit jeher mit ihnen. Weder Müll noch Essensreste liegen herum, denn im Land gilt: „A fead bear is a dead bear". Suchen potentiell gefährliche Tiere die Nähe zu Menschen, weil sie erwarten, bei diesen etwas zu fressen zu finden, kommt es häufig zu kritischen Situationen. So verwandeln sich beispielsweise einfach nur hungrige Bären zu sogenannten Problembären, die in vielen Fällen irgendwann getötet werden. Mir schenkt das Wissen, den Lebensraum, wenn auch nur kurz, mit so kraftvollen Tieren zu teilen, einen angenehmen Nervenkitzel. Der Schuss Adrenalin im Blut steigert den Reiz des Aufenthalts. Praktisch passt auf dem Stellplatz zudem alles. Wir haben Stromanschluss und direkt ins Wohnmobil geleitetes Frischwasser. Weil der Campground kein Full-hook-up-Service[59] bietet, fahren wir zum Dumping[60] nach Squamish. Wohnmobilreisende haben immer zu tun. Die Freiheit eines Nomaden auf Zeit gilt es sich zu erarbeiten.

→ ÜN.: Campground Klahanie
N. 49° 40,3603' / W. 123° 09,8334'
→ 230 Km

Am folgenden Morgen lassen wir mit dem stillen Howe Sound das Große Wasser zurück und wenden uns endgültig den Bergen zu. „Sea to Sky" bekommt erst jetzt wirklich Sinn, da ich den Blick nicht von den Bergspitzen lassen kann. Die Coastmountains sind das Reich der blauen Seen und ungezähmten Flüsse. Über zahllose rauschende Kaskaden springen im Herbst die Lachse; tollkühn ihr Unterfangen angesichts des herausfordernden Geländes und der Bären, die an strategisch günstigen Stellen auf den Festschmaus warten.

---

59 *Full-hook-up: Komplettversorgung und -entsorgung am Platz*
60 *Dumping: Schmutzwasser ablassen*

Fast 800 Straßenkilometer sind es bis zu den Rocky Mountains. Eigentümlicherweise kommt es mir vor, als ginge die Reise erst jetzt richtig los. Die vor uns liegende Weite des Kontinents wirkt wie ein großes Versprechen. Wie müssen sich die Pioniere gefühlt haben, als sie in das wilde Land vordrangen, ohne Straßen und ohne jegliche Versorgung? Könnte ich die Zeit zurückdrehen, kämen mir wohl ihre Trecks entgegen: Planwagen, beladen mit dem Notwendigsten, Männer, Frauen und Kinder, gerüstet für ein neues Leben; jederzeit bereit auch zum Kampf oder zur Flucht, je nachdem, welche Herausforderung sich ihnen stellte. Wenngleich die Begleitumstände unseres Unterwegs-Seins nicht unterschiedlicher sein könnten, für sie, die Siedler, und für uns, die Reisenden, gilt für beide: Man sucht das eine und findet das andere. Das Unerwartete gehört zu jeder Art von Bewegung, egal ob sie im Geistigen oder im Räumlichen geschieht. Uns Touristen bereiten Überraschungen meistens Freude, die Pioniere sahen sich hingegen wohl oft mit lebensbedrohlichen Situationen konfrontiert. Im Zentralen Hochland werden wir auf frühe Spuren der europäischen Landnahme treffen. Ihnen zu folgen, wird einer durchaus abenteuerlichen Zeitreise gleichkommen. Ich freue mich darauf.

Vorerst aber zieht uns die Natur des Küstengebirges in den Bann. Die Ortschaft Brackendale nennt sich „Capital of the Bold Eagle"[61]. Die Nester auf den Bäumen der Umgebung bezeugen, dass sich hier den Winter über zahlreiche Weißkopfseeadler aufhalten. Weil ihre Horste in den dichten Baumkronen nicht so einfach auszumachen sind wie Storchennester auf den Rauchfängen von Häusern und die Adler während der warmen Jahreszeit zudem in höheren Lagen der Berge jagen, müssen wir unsere Phantasie bemühen. Gleich darauf werden wir mit einem Naturwunder belohnt, das sich das ganze Jahr über bestaunen lässt. Die 70 Meter hohen, bequem zu Fuß erreichbaren Brandywine Falls am Nordende des Daisy Lake geben einen Vorgeschmack auf Kommendes. Lange Zeit verläuft der Highway 99 an der Grenze zum

---

61 *Capital of the Bold Eagle: Hauptstadt der Weißkopfseeadler*

Garibaldi Provincial Park, einem geschützten Naturraum, der reizvolle Wanderwege in die Wildnis bereithält. Mit Whistler ändert sich dies schlagartig, denn die Siedlung ist nicht nur eine der wichtigsten Wintersportdestinationen Kanadas sondern war auch Austragungsort der Olympischen Winterspiele 2010 (gemeinsam mit Vancouver). Die Village Gondola und der Peak Express bringen Besucher auf den 2182 Meter hohen Whistler Mountain. Der Horstman Glacier auf dem Top-of-the-World-Summit[62] (was für ein selbstbewusster Name) ist Nordamerikas einziges Sommerschigebiet.

Nach der Ortschaft Pemberton nennt sich der Highway 99 „Duffey Lake Road". Die Straße zieht nun einen weiten nordostwärts gerichteten Bogen und erreicht nach 100 Kilometern Lillooet. Begleitet wird unsere Fahrt von der zu den Coast Mountains gehörende Cayoosh Range. Trucks mit überlangen Baumstämmen begegnen uns auf der kurvenreichen Straße. Sie sind wahre Ungetüme, wie man sie nur auf Nordamerikas Straßen sieht. Kanada, der flächenmäßig größte Staat Nordamerikas, verfügt über ein Drittel der weltweiten Bestände an borealen Nadelwäldern[63]. Ihr Schutz beziehungsweise eine nachhaltige Nutzung sind somit von überregionaler Bedeutung.

Am 1279 Meter hohen Cayoosh Pass startet ein schöner Pfad, der über den Lower- und Middle- zum Upper Joffre Lake führt. Mit seinen 5 Kilometern Länge und einer Differenz von 400 Höhenmetern eignet er sich hervorragen für unsere erste Wanderung in den kanadischen Bergen. Der Aufstieg durch den seenreichen Bergwald ist erhebend. Hinter dem letzten der petrolblauen Gewässer baut sich die Kulisse einer hochalpinen, von Gletschern umflossenen Bergwelt auf. Die zahlreichen Canadian Jays[64] unter-

---

62 *Top of the World Summit: wörtlich: Spitze der Welt Gipfel*
63 *Borealer Nadelwald: Nadelwaldgürtel der subpolaren Klimazone der nördlichen Halbkugel; auch Taiga genannt*
64 *Canadian Jay: Perisorius canadensis albescens; Meisenhäher, auch grauer Jay, Lagerräuber oder Whisky Jack genannt; relativ großer Singvogel der borealen Wälder; hellgraue Unterseite, dunklere graue Oberseite und grauweißer Kopf*

halten nicht nur uns sondern auch etliche Wanderer, die die hübschen Vögel trotz ausdrücklichen Verbots füttern. Die Jays verhalten sich überaus frech, weshalb sie im Volksmund auch „Lagerräuber" genannt werden. Die dargebotenen Chips und Kräcker dürften ihnen auf Dauer wohl nicht bekommen.

Ein winziges Chipmunk[65] erweist sich als vernünftiger. Es meidet die Nähe der Menschen und wuselt, bis diese abgezogen sind, lieber im Unterholz herum. Das unablässige Tratschen der Touristen sowie Bear Bells und anderes Klim-Bim an deren Rucksäcken beruhigt mich. Der Lärm wird die Bären auf Abstand halten. Bei meiner ersten Wanderung im Reich der Grizzlys bleibe ich also relativ entspannt.

---

65 *Chipmunk: Streifenhörnchen, auch Backenhörnchen der Gattung Hörnchen; Kopfrumpflänge: 5 bis 15 cm;*

Bei unserer Rückkehr ist der Tag fortgeschritten und eine beachtliche Strecke liegt noch vor uns. Also rasch weiter. Steil bis sehr steil fahren wir in den Cayoosh Creek Canyon hinunter. Die gesamte Fahrt über halte ich die Kamera in Wildtier-Voreinstellung bereit (Iso hoch, Blende groß, Belichtungszeit kurz). Er wird kommen, der Bär, wenn er will, denke ich noch und … wirklich! Wie aus dem Nichts! Am Straßenrand steht ein Grizzly. Bremsen, Retourgang einlegen, vorsichtig zurücksetzen – er ist noch da, für einen Moment, einen kurzen Moment. Als auf der Gegenfahrbahn ein zweites Auto hält, verdrückt sich das prächtige Tier ins Gebüsch, verschwindet so unvermittelt, wie es erschienen ist. Für ein Grizzly-Foto hat die Zeit nicht gereicht. Aber das macht fast gar nichts. Wir haben einen der 16.000 Braunbären gesehen, die laut Statistik in British Columbia leben. Eine beachtliche Zahl, die sich angesichts der Größe des Landes[66] allerdings relativiert. Egal – ich fühle mich jedenfalls nach der Sichtung des Bären auf gewisse Weise geadelt. Als wenig später meine Euphorie abgeflaut ist, bedaure ich, dass wir den Grizzly mit unserer Neugierde zum Rückzug gezwungen haben. Das oberste Gebot in Kanada lautet: „Give wildlife space"[67]. Es fordert den Menschen bei der Begegnung mit einem Wildtier zum Rückzug auf. Uns, beziehungsweise unserm Auto, musste der Bär weichen. Gleich darauf kommt mir der Gedanke, wir könnten ihn vor Schlimmerem bewahrt haben, indem wir ihn vom gefährlichen Highway vertrieben. Eins steht jedenfalls fest. Wie alle Menschen hier in der Wildnis sind wir Eindringlinge. Die Indianer, die ihren Lebensraum mit dem Bären dauerhaft teilten, ehrten diesen als Träger eines Bewusstseins, das für Stärke und Verlässlichkeit steht. Ich hoffe, sie tun es auch heute noch.

---

66 *Fläche von British Columbia: 948.596 Quadratkilometer, etwa so groß wie Deutschland, Österreich, Frankreich, die Niederlande und Belgien zusammen*
67 *Give wildlife space: zu Deutsch „Gib Wildtieren Raum"*

Wildwestromantik am Cariboo
Lillooet / Fraserriver / Historical Hat Creek Ranch / Thompson River / Clearwater

Nach der steilen Abfahrt in den Cayoosh Creek Canyon gelangen wir in das Tal des mächtigen Fraser River. Hier, im Regenschatten der Coast Mountains, ändert sich die Vegetation schlagartig. Der mächtige Schotterkörper des Flusses ist von einer kargen Salbeibusch-Prärie bedeckt, auf den Talhängen trotzen Kiefern der Trockenheit. Die Lillooet Range[68] ist eine Welt für sich: da und dort kleine Farmen, Kühe und Pferde auf Weideflächen mit hartem, kurzem Gras. Das karge Land ist als Reservat ausgewiesen und auch in Lillooet, der einzigen Siedlung weit und breit, leben mehrheitlich Indianer. Einst war das heute nur 2800 Einwohner zählende Dorf eine der größten Goldrauschstädte nördlich von San Francisco. Die damals aus Zelten, einfachen Holzhütten und Saloons bestehende Siedlung mit ihren hartgesottenen und trinkfesten Bewohnern wurde nach den in der Gegend beheimateten Lil'wat-Indianern benannt. Ihr Zentrum markierte die Meile Null auf der holprigen Cariboo Wagon Road zu den Goldfeldern des Cariboo. Noch heute kann man auf einem der historischen Gebäude Lillooets das 0-Mile-Schild sehen. Auch entfernte Örtlichkeiten wie das 70-Mile House oder das 100-Mile House beziehen sich auf diesen Nullpunkt. Lillooet verströmt den eigentümlichen Charme eines Wildwest-Dorfs – extrem breite Straße, links und rechts niedrige Holzhäuser, die aussehen, als wären sie ohne großen Aufwand gezimmert worden, ein Saloon, eine kleine Holzkirche, ein Gemischtwarenhändler. Der bunte Mix an Bauwerken würde wunderbar in ein amerikanisches Roadmovie passen. Eine mächtige Brücke überspannt den Fraser River.

Weiter geht es. Am Pavilion Lake verlässt der Highway 99 das überaus beeindruckende Tal und schwenkt nach Osten, Richtung Cache Creek. Eine Kette von grünen Seen begleitet unsere Fahrt

---

68 *Range: meist als Mountain Range verwendet im Sinne von Bergland*

bis in die Dämmerung. In der Marble Canyon Recreation Area finden wir den Übernachtungsplatz für heute – still, stockdunkel, mit vielen, vielen Mitches[69].

→ ÜN.: Marble Canyon Recreation Area-
N. 50° 50,0111´ / W. 121° 41,5766´/ 833m über NN
→ 240 Km

Weil nach der unruhigen Nacht heute wieder eine lange Fahrt vor uns liegt, brechen wir zeitig auf. Der blaue Himmel wölbt sich über den Bergen, als gehörte er zu ihnen. Wir kennen Kanada nicht anders, denn es hat sich uns bisher nur bei Sonnenschein präsentiert. Im sprichwörtliche Sinn erleben wir „Kanada wie es im Buche steht". Heute wie gestern sind das Blau und Grün von Himmel und Erde verschwistert, mehr noch, zweieiige Zwillinge, die nichts und niemand trennt. Keine Wolke wagt zu stören. Kein Tropfen tränkt das Land. Fiele einer, käme er wohl nicht unten an, so sehr dürstet selbst das Dazwischen. Die Wälder erscheinen grün, was ihrem Nadelkleid zu verdanken ist, welches die Verdunstung gering hält. Dies sollte aber nicht darüber hinwegtäuschen, wie sehr die Vegetation aktuell unter dem Trockenstress leidet. Wenn man bedenkt, dass die langjährigen Klimadaten für den Mai in British Columbia durchschnittlich 12 Regentage ausweisen, muss das aktuelle Wetter als extreme Ausnahme eingestuft werden. Im Osten von Kanada wüten seit Wochen Brände von erschreckendem Ausmaß. Sie sind außer Kontrolle und gehen weit über das Brandgeschehen hinaus, das für boreale Wälder als normal eingestuft wird. Wir dürfen uns glücklich schätzen, als Reiseziel British Columbia gewählt zu haben.

Bald sind wir auf einem Höhenzug unterwegs, der in feuchteren Jahren offenbar von Regenwolken gestreift wird. Die Berge erinnern an steirische Almen. Eben übertrumpft noch der Turquoise Lake mit seinem leuchtenden Grün den Wald, dann ver-

---

69 *Mitches: Stechmücken*

liert die Straße an Höhe und rund um uns kehrt die goldbraune Steppe zurück. Mit dem unscheinbaren Dorf Cache Creek erreichen wir einen Verkehrsknotenpunkt von historischer wie gegenwärtiger Bedeutung. Die Wasserscheide zwischen Thompson- und Fraser River eröffnet Wege in mehrere Himmelsrichtungen. Deshalb entstand hier, an der alten Cariboo Road, eine Postkutschen-Station, um die im Laufe der Zeit eine kleine Siedlung wuchs. Heute trennen sich bei Cache Creek zwei bedeutende Querungen der Rocky Mountains, der Trans-Canada Highway (Highway 1) und die Cariboo Road, die Teil des Highway 97 ist. Reisende haben an dieser Stelle die Qual der Wahl.

Für uns geht es noch ein Stück nach Osten, ehe wir nordwärts auf die Rocky Mountains zustreben. Der breite Thompson River begleitet uns bis zur Historical Hat Creek Ranch. Diese ist ein Ausstellungsgelände rund um eine Postkutschenstation, die von der British Columbia Express Company in den 1860ern gegründet wurde. Das Jahrzehnt war die Zeit des Cariboo-Goldrausches, der lediglich 8 Jahre währte. Die überaus reiche Lagerstätte rund um das 400 Kilometer entfernte Barkerville machte etliche Goldschürfer zu reichen Männern. Die meisten der Glücksritter aber zogen mit leeren Taschen ab und folgten dem Ruf nach Norden, wo schon der nächste Goldrush ausgerufen war. In der Station Hat Creek wurden die Pferde gefüttert, getränkt oder ausgetauscht, was in der Regel alle 15 bis 20 Meilen geschah. Durchreisende versorgten sich mit Proviant und Ausrüstung, bevor es über zermürbende Staubstraßen weiter in Richtung Barkerville ging.

Heute ist die Ranch eine überaus beliebte Touristenattraktion. Bei unserer Ankunft steht ein sympathischer, junger Mann in historischer Kleidung bereit, uns in die Geschichte des Rasthauses einzuführen.

Wir erfahren, dass die Hat Creek Ranch eine vergleichsweise vornehme Station war. Im Saloon hatten nur Männer Zutritt, weil man den Ausschank von Alkohol und den Umgang mit Frauen streng trennte. Prostituierte erwarteten die Männer in eigens hierfür vorgesehenen Räumlichkeiten. Um die teils hitzköpfigen Gäste von blutigen Auseinandersetzungen abzuhalten, waren Revolver im Saloon verboten. Einzig Jagdflinten durften mitgeführt werden. Ein Musiker bearbeitete die Tasten eines Honky-Tonk Pianos[70]. Harmlose Unterhaltungen wie Faro[71] und

---

70 *Honky-Tonk Piano: Westernklavier, Saloon-Klavier, typisch für die Honky Tonk-Musik ist der Ragtime;*
71 *Faro: auch Pharao oder Pahro; das im 19. Jahrhundert beliebteste Glücksspiel im Wilden Westen*

diverse kindlich anmutende Legespiele dienten der Zerstreuung. Hart gepokert, wie man es von Besuchern eines Wildwestsaloons vermutet, wurde hier nicht. Wer um Geld spielte, setzte nur symbolische Beträge. Offenbar ging es im kanadischen Westen gesitteter zu als bei den US-amerikanischen Nachbarn. Die Erzählungen unseres Guides, die gediegene Einrichtung, blumigen Tapeten, historischen Bilder und die Gerüche der Räumlichkeiten verbinden sich zu einem sinnlichen Erlebnis. Der junge Führer ist reizend – eine ausdrückliche Empfehlung für die Hat Creek Ranch.

Nach der Besichtigung des Saloons und der Frauenräume geht es noch im Freigelände der Historic Site weiter. Wir schauen einem Schmied beim Beschlagen der Pferde über die Schulter. Das durch Erhitzen formbar gemachte Eisen muss mehrmals angepasst werden, ehe es endgültig auf dem Huf fixiert wird. Die prächtigen Hengste sind die Prozedur offensichtlich gewohnt. Jedenfalls halten sie brav das Bein hin, bis der Horse Shoe fest sitzt. Etwas entfernt von der Postkutschenstation versinnbildlichen zwei Tipis[72] das Zentrum eines Indianerdorfs. Tafeln erklären Methoden der Vorratswirtschaft wie Trocknen, Räuchern und Lagern. Weiters erfährt man von der Aufgabe verschiedener Behausungen wie beispielsweise die einer Schwitzhütte. Sie diente den Dorfbewohnern zur inneren und äußeren Reinigung. In einem der Zelte zeigt eine Shuswap-Frau Beispiele der Handwerkskunst ihres Stammes und die Zubereitung von Speisen aus Kräutern und Wurzeln der Umgebung. Selbstbewusst und mit offensichtlicher Freude berichtet sie von der Nähe der Wildtiere, mit denen seit jeher vieles geteilt werde. Im Herbst kämen die Bären, um sich von der Apfelernte zu holen, erzählt sie schmunzelnd. Dann aber nimmt ihr Gesicht einen ernsten Ausdruck an. Wölfe und Kojoten bedienten sich an Rindern und Schafen. Das allerdings gälte es zu verhindern.

---

72 *Tipi: auch Tepee oder Teepee, in der Sprache der Sioux-Indianer: Wohnung/Raum, um darin zu leben; Indianerzelt*

Bereitwillig geht die Shuswap-Frau auf meine Fragen nach den gegenwärtigen Lebensmodellen der Indigenen ein. Ihre positive Grundhaltung überrascht, ja beeindruckt mich. Nicht wenige Mitglieder ihres Stammes würden sich für den Verbleib im Reservat entscheiden. Der Aufenthalt dort beruhe ja nun auf Freiwilligkeit und erleichtere die Besinnung auf tradiertes Wissen. Auch die Jugend kehre mehr und mehr zu den alten Bräuche zurück, was nicht zuletzt den Schulen zu verdanken sei. Das kanadische Bildungssystem habe mittlerweile die jeweilige Stammessprache zum Pflichtgegenstand gemacht und unterstütze generell die Identitätssuche der Heranwachsenden.

Als ich die Frau auf die zahlreichen indianischen Kulturzentren anspreche, die wir während unserer Reise geschlossen vorgefunden haben, meint sie, dies sei einerseits auf Unstimmigkeiten bezüglich einer adäquaten Kulturvermittlung zurückzuführen. Zudem würden die Einrichtungen unter den Nachwirkungen der Corona-Epidemie leiden. Hilfsgelder seien während der Lockdown-Monate kaum geflossen und wenn, dann in die Existenzsicherung der Bevölkerung. An der jungen Frau beeindruckt mich vor allem ihre Ruhe, die Wärme ihrer Stimme. Sie zeigt keine Spur von Verbitterung, keine Opferhaltung. Wie ist das möglich bei der tragischen Geschichte ihres Volkes?

Grund, missgestimmt zu sein, hätten die Indigenen Kanadas allemal. Erst in der jüngeren Vergangenheit suchen staatliche Instanzen begangenes Unrecht wieder gutzumachen. Eine große Mehrheit der Kanadier weiß über die an den First Nations begangenen Gräueltaten Bescheid, über Rassismus und sexuelle Gewalt bis in die jüngste Vergangenheit. Ein besonders dunkles Kapitel des Landes öffnet sich durch die Aufarbeitung der Zustände in den Residential Schools, deren Besuch, wie bereits in diesem Buch erwähnt, für die Kinder der indigenen Völker bis 1996 verpflichtend war. Grundsätzlich erkannte der Staat den First Nations bereits im 19. Jahrhundert das Wahlrecht zu. Zynischerweise verband er dieses jedoch lange mit einem Verzicht auf die Stammesrechte. In hunderten Einzelverfahren versuchen heute zahlreiche indianische Organisationen das Recht auf Land gerichtlich zu erstreiten. Dabei geht es nicht bloß um Gerechtigkeit sondern auch darum einem spirituellen Verständnis von Natur Geltung zu verschaffen. In der Tradition der Indianer gibt es nämlich keinen Besitz von Grund und Boden. „Land, das niemandem gehört, kann einem nicht gestohlen werden", sagen sie und wollen Regionen, aus denen sie vertrieben wurden, zurück; nicht um daraus Profit zu schlagen, sondern um die Natur sich selbst wiederzugeben.

Als wir uns erneut in den Verkehr auf dem Highway einreihen, bin ich nachdenklich gestimmt. Die indigene Frau hat mir die Au-

gen geöffnet für eine Kultur der Wertschätzung, der Verbundenheit mit den Geschöpfen der Natur, die als Geschwister empfunden werden und nicht als Ressource. Erst das Christentum
brachte die Vorstellung ins Land, die Erde dürfe untertan gemacht werden. Natürlich entnimmt der Mensch auch in der indianischen Tradition der Natur, was er zum Leben benötigt.
Allerdings nutzt er nur so viel, wie er braucht, das eigene Leben
zu sichern. Und stets enthält sein Tun eine spirituelle Komponen-
te. Ein Beispiel hierfür ist der kleinwüchsige Sagebrush, auch
Steppen-Beifuss oder Wüstensalbei genannt, der die Hügel links
und rechts des Highways mit seinem aromatischen Duft über-
zieht. Die First Nations zählen ihn zu den heiligsten Pflanzen ihrer Kultur. Er wird zum Räuchern bei der spirituellen Reinigung
eines Ortes verwendet, für Rituale in der Schwitzhütte und zur
Abwehr von bösen Geistern.

Wie anders verhält sich die sogenannte Zivilisation der Moderne – ein Gedanke, der sich sogleich in einer Beobachtung festigt.
Am gegenüberliegenden Ufer des 29 Kilometer langen Kamloops
Lake verkehren elendslange Lastzüge. Sie sind augenscheinlich so
schwer mit Massengütern beladen, dass sie nur im Schneckentem-
po vorankommen. Auch ohne das naiv-idealisierte Bild vom edlen Wilden zu bemühen, gewinnt der Animismus in der Waage
zweier Weltanschauungen an Gewicht. Angesichts der ökologischen Krisen der Gegenwart, lässt sich dies wohl nicht länger
leugnen.

Mit Kamloops erreichen wir ein wichtiges Industriezentrum
der Region. Zudem ist die Stadt bedeutender Verkehrsknotenpunkt am Trans-Canada Highway. Auch zwei Bahnlinien trennen
sich hier nach ihrem gemeinsamen Weg durch den Korridor des
Fraser River. Die Canadian National folgt dem North Thompson
River über Jasper nach Edmonton, die Canadian Pacific führt
entlang des South Thompson River über den Kicking Horse Pass
nach Calgary. Der Name Kamloops entstammt der Sprache der
Shuswap-Indianer. Cumcloups bedeutet darin Zusammenfluss.
Selbstredend, dass der Handel in der Stadt seit jeher eine wichtige

117

Rolle spielt. Wie wir wenige Kilometer vor Erreichen der Stadt in der Ghosttown „Dead Man Junction Ranch" auf unterhaltsame Weise gezeigt bekamen, reicht die Geschichte der Region zumindest in die Pionierzeit zurück. Dort die Kulisse eines Wildwestfilms, hier, in Kamloops, die Gebäude des Handelspostens der Hudson´s Bay Company. 1885 erhielt die Niederlassung einen ersten Schienenanschluss zur Canadian Pacific Railway. Eisenbahn-Nostalgiker können gegenwärtig vom historischen Bahnhof aus Ausflüge mit dem Dampfzug »Spirit of Kamloops« unternehmen, bei denen ein Steakdinner inkludiert ist.

Da wir heute das Secwepemc Museum geschlossen vorfinden (mittlerweile wundere ich mich nicht mehr darüber), beschließen wir unsere Fahrt noch fortzusetzen. Für eine Stadtbesichtigung ist es ohnehin zu heiß. Mit Kaffee und Süßem bei Tim Hortons heben wir unseren Energiespiegel für die nun folgende anstrengende Fahrt. Hierzu bestellen wir Timbits, Mini-Krapfen in zahlreichen zuckerigen Variationen. Lustig finde ich, dass in Kanada beim Ausstechen der ringförmigen Donuts aus dem anfallenden Teig kleine stylische Kügelchen gebacken werden. Besser als die fettigen Donuts schmecken diese allerdings auch nicht.

Wie so oft verzaubert das Abendlicht unsere späte Fahrt. Es geht durch fruchtbares Farmland, vorbei an Ginsengfeldern, die mit schwarzer Plastikfolie abgedeckt sind. Der mächtige Thompsonriver wird von einem Saum freundlicher Birken begleitet. Anmutig neigen Trauerweiden ihre Zweige dem Wasser zu. Nach eineinhalb Stunden erreichen wir den Campground North Thompsonriver Provincial Park. Er liegt 5 Kilometer von Clearwater entfernt, der einzigen nennenswerten Siedlung weit und breit. Wir finden einen romantischen Platz im Wald direkt am Thompson River. Squirrels, kleiner als die heimischen Eichhörnchen aber um einiges frecher, schimpfen uns bei unserem abendlichen Spaziergang durch den Campground aus. Aber nicht wegen ihres Gezeters sondern wegen der Mitches ziehen wir uns rasch ins Wohnmobil zurück. Wir gönnen den Hörnchen ihren vermeintlichen Sieg. Zuletzt gestaltet sich der nächtliche Gang zum Plumpsklo noch als Mutprobe, denn der angrenzende Wells Gray Provincial Park ist ausgewiesenes Bärengebiet.

→ÜN.: North Thompsonriver Provincial Park
N. 51° 37,0892′ / W. 120° 05,3268′ / 450m über NN
→ 245 Km

Die Hitparade der Wasserfälle – im Wells Gray
Wells Gray Provincial Park / Fahrt über Blue River nach Jasper

In der Stille der Nacht rücken Geräusche näher. Die überlangen Züge der Canadian National Railway kündigen sich Minuten lang als dumpfes Dröhnen an. Wenngleich sie am gegenüberliegenden Ufer des Flusses vorbeiziehen, mutet es an, als ratterten sie direkt am Wohnmobil vorbei. Zuletzt lassen sie den Widerhall im Tal stehen wie ein Nachbeben. Aber mein Schlafbedürfnis ist groß und die Geräuschkulisse bleibt deshalb in bebilderten Träumen gefangen. Der Blick in den Spiegel am Morgen zeigt ein zerknautschtes Gesicht, dem noch einige Stunden im Bett gut getan hätten.

Wie an jedem unserer Reisetage sind wir in Erwartung eines vielversprechenden Ziels zeitig aufgestanden. Der in die Cariboo Mountains eingebettete Wells Gray Provincial Park liegt 10 Kilometer nördlich von Clearwater und ist ein Schutzgebiet der Kategorie Ib (Wildnisgebiet). Zählt man zu seiner Fläche jene der übergangslos anschließenden kleineren Provicial Parks dazu, ergibt sich mit 810.000 Hektar eines der größten Naturschutzgebiete von British Columbia. Zahlreiche Wasserfälle, Wildwasserstrecken, in alpine Wiesen eingebettete Bergessen und eine Gipfelflur zwischen 2500 und 2900 Höhenmetern macht ihn zu einem wahren Eldorado für wildniserprobte Naturfreunde. Ein Abstecher über den Wells Gray Korridor, der einzigen Zufahrt in den Park, zahlt sich in jedem Fall aus. Interessant sind auch die Geologie der Region und die aus dem Gestein und den einwirkenden Kräften entstandenen Landschaftsformen. Sie sind von vulkanischer Aktivität (teilweise nur 400 Jahre zurückliegend) und eiszeitlicher Überformung geprägt. Angesichts der Einsamkeit des Berglandes ahnt man nicht, wie sehr dieses in vergangenen Zeiten umkämpft war. Noch vor der Ankunft der weißen Siedler beanspruchten die Stämme der Shushwap und der Chilcotin[73] die Wanderrouten des Karibus[74] als Jagdgrund für sich. Geographische Namen wie Battle Mountain, Battle Creek und Fight Lake erinnern an die Heftigkeit der Kämpfe, die hier ausgetragen wurden.

Auch heute geht es in den Wäldern und Gipfelregionen des Parks häufig ums Überleben, allerdings um das der Wildtiere. In der ungezähmten Natur gilt das Recht des Stärkeren. Von den unerbittlichen Lebensbedingungen bekommen wir bei unserem Besuch allerdings nichts mit. Das Leben im Park zeigt sich uns nur in kleiner Ausführung: ein flinker Kolibri, der Monikas hellblauen Anorak augenscheinlich für eine Blume hält, Squirrels, überall Squirrels und prachtvolle Schmetterlinge (Trauermantel, Segelfalter, winzige Bläulinge). Die Bären entziehen sich unserem Blick und wieder weiß ich nicht, ob ich erleichtert oder enttäuscht sein soll. Die am Eingang des Parks aufliegende Broschüre verrät, dass die Grizzlys im Frühjahr in die Löwenzahnwiesen der Niederungen kommen und dort gut zu beobachten sind. Erst im Sommer ziehen sie sich wieder in die Wälder zurück, um dort Elch- und Hirschkälber zu jagen. Die letzte günstige Beobachtungszeit des Jahres ist der Herbst, der Beginn der Lachssaison.

Aber auch ohne Herzschlag-Begegnungen beeindruckt uns heute der Wells Gray Provincial Park, für den wir lediglich einen Tag Zeit haben. Deshalb gehen sich nur kurze bis mittellange Wanderungen zu vier Wasserfällen im Tal des Murtle River aus.

---

73 *Chilcotin: Gruppe der First Nations in British Columbia*
74 *Karibu: nordamerikanischer Name für Rentier; leitet sich von „Qualipu" ab (aus der Sprache des in Ostkanada lebenden indigenen Volkes der Mi'kmaq)*

Gleich am Beginn bestaunen wir die schlanken, 75 Meter hohen Spahat Creek Falls, die wir von der Straße aus innerhalb weniger Minuten zu Fuß erreichen. Zu den Moul Falls führt ein recht unspektakulärer, ebener Pfad, der in einen zunehmend unwegsam werdenden Wald abfällt. Weil das Gelände unübersichtlich ist, klatsche ich immer wieder in die Hände und unsere kleine Gruppe bleibt dicht zusammen. Wir wollen keinesfalls Bären überraschen. Die wasserreichen Moul Falls sind eine Augenweide, zumal heute ein leuchtender Regenbogen im Sprühnebel steht. Über einen rutschigen Steig gelangen wir zum Grund des Falls und lassen uns dort beim Fotografieren gehörig einnebeln. Hinter das stürzende Wasser zu klettern ist in dieser Jahreszeit wegen der hohen Wasserführung unmöglich. Der dritte im Bunde der Schönheiten zeichnet sich durch seine Breite aus. In den Dawson Falls stürzt der an dieser Stelle 90 Meter breite Murtle River über eine 18 Meter hohe Basaltschwelle. Jetzt, während der in den Bergen stattfindenden Schneeschmelze, ist er derart angeschwollen, dass sein schäumendes Wasser knapp bis zum begehbaren Aussichtspunkt heranreicht. Er ist eine Bestie zum Angreifen – bedrohlich und faszinierend zugleich. Mit den Helmcken Falls erreichen wir den Spektakulärsten der vier Wasserfälle. Stolz nennen die Einheimischen sie Little Niagarafalls. Die Gewalt des Wassers entlädt sich hier im Sturz von einer 141 Meter hohen, senkrechten Basaltklippe. In dem kreisförmigen Kessel brodelt es wie in einem Kochtopf. Wir stehen vor dem vierthöchsten Wasserfall Kanadas und sind ergriffen von seiner Schönheit.

Bis zum Straßenende am Clearwater Lake sind es jetzt noch 30 recht unbequeme Straßenkilometer auf Schotter. Wäre es Herbst, würden wir diese Strecke mit Sicherheit in Kauf nehmen, um den Zug der Lachse in den Stromschnellen des Murtle River zu bestaunen. Auch die wärmstens empfohlenen Kanutouren im Clearwater Lake und Azur Lake gefielen uns mit Sicherheit. Heute aber müssen wir weiter, es hilft nichts.

Bei unserer Rückkehr bleibt glücklicherweise noch Zeit, die Essensvorräte gründlich aufzufüllen. Wir nützen hierzu den Ort Clearwater, weil wir vom hohen Preisniveau in den Nationalparks der Rocky Mountains gehört haben. Nachdem alles erledigt ist, machen wir Strecke. Auf dem Coquihalla Highway 5 kommen wir gut voran. Es ist eine flotte und genussvolle Fahrt, begleitet vom prachtvollen North Thompson River und den Schienen der Canadian National Railway. Nach 120 Kilometern gelangen wir an den Ort Blue River, wo wir in den Campground einfahren; höchste Zeit, denn heute haben wir noch zu tun. Wir müssen per Internet Übernachtungsmöglichkeiten in den hochtouristischen Orten Jasper, Lake Louise und Banff reservieren. Bis weit nach Mitternacht sitzen wir vor dem Computer und schlagen uns beim Buchen mit umständlicher Bürokratie und erklärungsbedürftigen Zahlungsmodalitäten herum. Endlich im Bett, haben wir eine kurze Nacht vor uns. Morgen gilt es noch die Wäsche zu waschen, zu duschen und das Auto für den Icefield Parkway startklar zu machen. Zumindest drei Tage wollen wir auf der spektakulären Gebirgsstraße durch die Rocky Mountains unterwegs sein, eine Strecke ohne Ortschaften, ohne Einkaufsmöglichkeiten, mit nur ganz wenigen bewirtschafteten Hütten und einer einzigen Tankstelle (diese auf der letzten Tagesetappe, nahe Banff).

→ ÜN.: Blue River Campground
N. 52° 06,9117´ / W. 119° 18,3233´/ 690m über NN
→ 205 Km

Jasper

Vom Ort Blue River aus sind es noch 210 Kilometer bis Jasper, dem Zentrum des ersten Nationalparks. Bis Tête Jaune Cache nennt sich die Straße nun Southern Yellowhead Highway 5 danach Yellowhead Hwy 16. Der eigentümliche Name Yellowhead, also Gelbkopf, findet sich als Symbol in den die Straße kennzeichnenden Schildern wieder. Er geht auf Pierre Bostonais zurück, einen blonden Mestizen irokesischer Abstammung. Dieser erkundete für die Hudson´s Bay Company den später nach ihm benannten Yellowhead Pass. Auf seinen Streifzügen durch die Wildnis legte er Verstecke für seine erjagten Pelze an, was wiederum im Namen des winzigen Ortes Tête Jaune Cache zum Ausdruck kommt (zu Deutsch: „Versteck des Gelbkopfs"). Die Aktivitäten des Trappers müssen den Indianern ein Dorn im Auge gewesen sein, denn im Jahre 1872 wurde dieser von den eigenen Stammesmitgliedern getötet.

Viele der auf historischen Tatsachen beruhenden Geschichten würzen unsere Fahrt durch das wilde Kanada mit einer Brise Abenteuerlichkeit. Die Natur aber lässt uns angesichts ihrer Größe klein erscheinen. Sie ist es auch, die mir die intensivsten Erfahrungen schenkt. Heute sind wir im Tal des Fraser River unterwegs. Für uns geht es stetig bergauf, während der Fluss sich in entgegengesetzter Richtung in Moore, von Biberdämmen aufgestaute Seitenarme und dunkle Seen ergießt. Im Swift Creek, nahe dem Ort Velmount, liegen Laichgründe der Königslachse, die hier bei ihrer Ankunft im Herbst 1300 Flusskilometer zurückgelegt haben. Nach zwei Stopps, einem bei den Rearguard Falls, dem anderen am Mount Robson Viewpoint, fahren wir direkt auf den mächtigen Gebirgsstock des Mount Robson zu. Dieser ist der mit 3954 Metern höchste Bergs der kanadischen Rocky Mountains – ein imposanter Anblick.

Zuletzt noch der langgestreckte Moose Lake dann haben wir
den Yellowhead Pass erreicht. Er bildet die Grenze zwischen British Columbia und Alberta sowie den Eingang zum Jasper Nationalpark. Weil wir zwischen den beiden Bundesstaaten die
Zeitzone wechseln, verlieren wir auf unserem Weg nach Osten
eine Stunde.

In den nächsten zwei Wochen werden wir fast ausschließlich in Nationalparks unterwegs sein. Von den fünf in den Rockies liegenden Schutzgebieten wollen wir den Jasper-, Banff-, Kootenay- und Yoho-Nationalpark durchfahren. Einzig der Waterton Lakes Nationalpark wird sich nicht ausgehen, dafür aber der Glacier- und Mount Revelstock Nationalpark in den Selkirk Mountains. Jasper und Banff sind die größten Besuchermagnete der eindrucksvollen Gebirgslandschaft, was beachtliche Zahlen veranschaulichen. Jasper verzeichnet 2,5 Mio., Banff 4 Mio. Besucher pro Jahr. In dem Ort Jasper kann es im Sommer schon einmal eng werden. Die Bettenkapazität reicht dann bei weitem nicht aus und viele Gäste sehen sich gezwungen ins 80 Kilometer entfernte Hinton auszuweichen.

Bei unserer Ankunft ist der Ort gerade richtig belebt, der Aufenthalt gestaltet sich kurzweilig. Nachdem wir heißhungrig bei einem halbwegs günstigen Chinesen gegessen haben, bummeln wir durch die Souvenirläden und beobachten das vorwiegend junge Publikum, das sich aus der gesamten Welt eingefunden hat. Dann befolgen wir den im Infobüro erteilten Rat, zum Whistler Campground zu fahren. Dieser habe noch Plätze frei, heißt es, und für den Icefields Parkway brauchten wir uns keine Sorgen zu machen. Weil wir in der Vorsaison unterwegs sind, müssten wir nicht mit überbelegten Campingplätzen rechnen. Für alle Übernachtungsorte gelte „First come, first served" (Wer zuerst kommt, kann bleiben). Dass die meisten von ihnen einfach ausgestattet sind und keinen Internetempfang haben, wissen wir bereits. Frei Stehen in den Nationalparks ist selbstverständlich verboten. Die Vorschrift wird von Rangern streng kontrolliert.

Der großzügig angelegte Whistler Campground liegt nur vier Kilometer hinter Jasper. Er gefällt uns sofort. Beim Einchecken erfahren wir von einem Grizzlyweibchen, das gestern Abend und heute Morgen mit zwei Jungtieren im Campground unterwegs gewesen sei.

Die Gäste des Platzes verhalten sich vernünftig. Als die Dämmerung einfällt, halten sich alle bereits in den Wohnmobilen auf und auf dem Platz wird es still. Nur noch die Wapitis[75] streifen umher und grasen auf den Wiesenflächen. Lustigerweise nennt man die stattlichen Hirsche hier Elk während Elche Moose heißen.

→ ÜN.: Whistler Campground
N. 52° 50,9848´ / W. 118° 05,1038´ / 1075m über NN
→ 215 Km

---

75 *Wapiti: Cervus canadensis; eine Unterart der Rothirsche, deutlich größer als die europäischen Verwandten; Wapiti ist ein Wort der Sprache der Shawnee und Cree und bedeutet „weißer Rumpf"*

In den Rocky Mountains

Durch die Steinigen Berge – der Icefields Parkway

Gewünscht haben wir es uns, erwartet weniger. Im Bärenland zur richtigen Zeit am richtigen Ort zu sein, ist ein Geschenk, denn erzwingen lässt sich die Begegnung mit einem Grizzly nicht. Wie sagte die Parkrangerin gestern Abend? Bären machen, was sie wollen. Als wir heute Morgen das Wohnmobil verlassen, um zum Sanitärbereich zu gehen, sind wir zwar noch schlaftrunken aber geistesgegenwärtig genug, Handy und Kamera mitzunehmen. Dass die fotografischen Utensilien quasi schon ein Teil unseres Körpers sind, stellten wir selbst immer wieder schmunzelnd fest. Mir war bewusst, dass wir uns möglicherweise zu ehrgeizig verhielten, zu fanatisch, zu sehr auf das Sensationsfoto fixiert. Und ich fragte mich, was die Kamera vor dem Auge zu suchen hätte, wenn es wirklich zu einer Begegnung käme. Weil die anderen Touristen lediglich ihre unauffälligen Handys in Bereitschaft hatten, fielen sie in vergleichbaren Situationen weniger unangenehm auf. Bei dem nun folgenden, völlig unerwarteten Zusammentreffen auf dem Weg zum Klo wurde offenbar, dass wir nicht die einzigen Bärenjäger sind. Wenngleich sich das Kaliber unterschied, unsere Waffe hatten wir alle bereit.

Das Muttertier mit zwei Jungen, weniger als 30 Meter entfernt, sollte in uns eigentlich den Fluchtinstinkt auslösen. Doch die stämmige Bärin hat die Nase im Gras, schnüffelt zufrieden und ignoriert uns völlig. Die Kräuter, Blüten, Wurzeln, Pflanzenschösslinge vielleicht auch schon frühe Käfer und Heuschrecken der Wiese interessieren sie offenbar mehr als wir Menschen, die ohnehin zur Salzsäule erstarrt sind. Sie zeigt keine Anzeichen von Aggression. Die Jungtiere wiederum sind zu zweit, was ihnen offenbar Stärke verleiht. Auf die Mutter achten sie nicht, vielmehr streunen sie durchs Gebüsch, schnappen nach einem Ast, einem auffliegenden Schmetterling und heben die Tatzen wie Teddybären.

Gut dass keiner der beiden auf die Idee kommt, zu uns herüberzulaufen, denke ich, während ich aus den Augenwinkeln wahrnehme, dass Franz fotografiert. Mit klopfendem Herzen beobachte ich die Bärenfamilie.

Dabei geht mir durch den Kopf, dass ein Grizzly, trotz seines massigen Körperbaus, Geschwindigkeiten von über 60 km/h erreichen kann. Ich schätze die Entfernung zum Klohäuschen ein und bleibe stehen. Die Tiere haben Raum, sich ungehindert fortzubewegen. Sie werden sich von uns nicht bedrängt fühlen, so hoffe ich. Trotzdem – wenn Begegnungen zwischen Bär und Mensch in Kanada tragisch enden, was selten passiert, geschieht dies in speziellen Situationen:

Das Tier ist verletzt, es wird beim Fressen gestört, der Mensch führt einen Hund mit, oder, und das kommt am häufigsten vor, ein Muttertier glaubt seine Jungen verteidigen zu müssen. Ein einziger Biss oder Hieb mit den Tatzen kann beim Menschen schwere Verletzungen verursachen, manchmal auch zum Tod führen. Mit zunehmender Nervosität stelle ich fest, dass mittlerweile andere Gäste des Campingplatzes auf die Bären aufmerksam geworden sind. Doch da kommen auch schon Ranger im Auto vorbei. Rüden Tons schicken sie uns zurück in unsere Wohnmobile. Dann verlassen sie das Fahrzeug, gehen, das Gewehr im Anschlag, auf die Bären zu und treiben diese laut rufend in den Wald zurück.

Ich brauche wohl nicht zu erwähnen, dass wir nach diesem Erlebnis unser Frühstück im Bus beglückt einnehmen, zumal wir wissen, dass heute ein Tag mit weiteren Höhepunkten vor uns liegt. Und das im eigentlichen Sinn des Wortes, denn der Icefields Parkway gehört nicht nur zu den schönsten Gebirgsstraßen der Welt sondern verbindet auch die Nationalparks Jasper und Banff, wahre Schwergewichte majestätischer Landschaft. Wer glaubt, hier gehe es darum, zügig von einem Ort zum anderen zu gelangen, wird zwar die 230 Kilometer lange Strecke in einem halben Tag bewältigen, aber das Wesentliche versäumen: auszusteigen, die Gebirgsluft zu schnuppern, sich den Gletscherwind um die Ohren blasen zu lassen und eine Welt aus Stein und Himmel zu erwandern, in der das Element Wasser in allen seinen Aggregatzuständen allgegenwärtig ist. An unserem ersten Tag in den Rockies herrscht Prachtwetter; Sonne, warme Luft, klare Sicht – eine Postkartenidylle und schon wieder: Kanada wie es im Buche steht.

Am beschrankten Eingang zum Nationalpark werden unsere Permits[76] kontrolliert und die Straßenkonditionen angezeigt. Zur Auswahl stehen hierbei: good, fair, poor, closed. Heute gilt zweifelsfrei „good". Der Icefields Parkway verläuft weitgehend in

---

76 *Permit: engl; Bewilligung; hier: Eintrittserlaubnis*

Nord-Süd-Richtung, weil er der „Great Divide" folgt, der kontinentalen Wasserscheide Nordamerikas. Überrascht stellen wir fest, dass wir es hier nicht mit einer kurvigen Bergstraße zu tun haben, wie wir es von den Alpen her gewöhnt sind. Vielmehr geht es für lange Zeit in einem weiten, gemächlich ansteigenden Tal dahin. Die zweispurige, meist geradlinig verlaufende Straße ist komfortabel zu befahren. Eine übersichtliche Beschilderung kündigt Haltepunkte rechtzeitig an, damit es auf der Straße zu keinen abrupten Bremsvorgängen kommt. Fotografisch Interessierte sind gut beraten, die Strecke, wie wir, von Süd nach Nord aufzurollen. Denn so bleibt die Sonne im Rücken und beleuchtet im Tageslauf erst die Westseite dann die Ostseite der schräggestellten Bergflanken. Die Struktur der Schichtungen kommt natürlich bei tief stehender Sonne am besten zur Geltung.

Beeindruckt begebe ich mich auf eine Gedankenreise in die Geschichte der Landschaft, die mit der Kollision der nordamerikanischen und der pazifischen Kontinentalplatte begann. Ich stelle mir die Dynamik dieses Ereignisses vor, das die ästhetisch so eindrucksvolle Schrägstellung der geschichteten Gebirgsblöcke bewirkte, wie Milliarden Jahre altes Gestein ans Tageslicht befördert wurde. Nachdem die tektonischen Ereignisse abgeflaut und die Rocky Mountains vom eiszeitlichen Schneepanzer wieder freigegeben waren, zog das Leben in die mächtige Gebirgsregion ein. Auch Menschen kamen. Tausende Jahre vor der Ankunft der Europäer lebten Indianer in der breiten Talsohle, die wir eben durchfahren. 1811 etablierte der Pelzhändler und Forscher Simon Fraser eine Handelsroute über den vor uns liegenden Athabasca Pass. Bereits im Jahr 1931, am Beginn der Bauarbeiten zur heutigen Streckenführung, zeigten sich die Menschen beeindruckt von der Schönheit der unberührten Natur.

Dass sie eben dabei waren, diese dem menschlichen Zugriff zu erschließen, bereitete ihnen wohl kein Kopfzerbrechen, denn sie sprachen stolz von ihrem „Wonder Trail". Der Ausbau zur Panoramastraße, die gegenwärtig den Massenansturm der Besucher während der Sommermonate bewältigt, erfolgte in den 1950er und 1960er Jahren. Die zusammenhängenden Nationalparks Banff und Jasper (in Alberta) sowie Yoho und Kootenay (in British Columbia) erstrecken sich über eine Fläche von mehr als 20.000 Quadratkilometern. Mit den benachbarten Provincial Parks Mount Robson, Assiniboine und Hamber bilden sie eine Welterbestätte der UNESCO.

Unsere erste Wanderung entlang des Parkway bringt uns auf einem vier Kilometer langen Pfad in das Valley of the Five Lakes. Wie der Name sagt, führt er an fünf Seen vorbei, die zur Unterscheidung einfach aufgezählt werden. First, Second, Third,

Fourth und Fifth Lake heißen die stillen Gewässer, die Namen wie Emerald Lake, Aquamarin Pond und Tourquese Pool verdient hätten. Wegen ihrer Farbschattierungen und kreisrunden Form erinnern sie mich an runde Blueberry-Lollys mit Rändern aus Mint und Rhabarber. Wahrscheinlich spielt bei dieser Assoziation meine Nase ein Rolle, denn die schwelgt im würzigen Aroma des Waldes ebenso wie im lieblichen Duft der Wiesen.

Um den Genuss zu toppen, begegnen uns auch noch zahlreiche kleine Wildtiere. Ich weiß, langsam wird es kitschig, aber ich beschreibe nur, was ich erlebe. Streifenhörnchen queren unseren Weg, düsen geschäftig von hier nach dort. Im Waldboden buddeln Eichhörnchen kleine Löcher aus. Offenbar befinden sich darin noch Reste ihres Wintervorrats. Sie keckern ungehalten, wenn wir ihren kleinen Speisekammern zu nahe kommen. Vom Liebesspiel hingegen lassen sie sich nicht abhalten.

Weitere Stopps unterwegs legen wir bei den Athabascafalls ein, beim hufeisenförmigen Horseshoe Lake und am Goats- and Glaciers Lookout (heute ohne die versprochenen Salz leckenden Schneeziegen). Während der gesamten Fahrt folgen wir dem türkis schillernden Fluss. Die runden Bergkuppen, gänzlich bedeckt mit spitzen Nadelbäumen, sehen aus wie die Rücken zusammengerollter Igel. Am Honeymoon Lake ist es Zeit, uns ein Mittagessen zu kochen. Mutig speisen wir im Freien, nicht ohne das Gebüsch im Auge zu behalten.

Wir verlassen nun den Athabasca River und folgen einem Seitental, das vom Sunwapta durchflossen wird. In der Sprache der ansässigen Indigenen bedeutet das Wort „Wildes Wasser". Hier ist der Name Programm, denn gleich zu Beginn kommen wir an den Sunwapta Falls vorbei. Wo der Fluss neun Meter breit, über zwei Stufen in einen reißenden Schlund stürzt, gleicht er einem gereizten Tier. Oberhalb des Schauspiels gewinnt die Straße an Höhe. Während sich der Talboden in der Tiefe in eine breite, graue Sanderfläche[77] verwandelt, in die zahllose Rinnsale Schlaufen und Schleifen zeichnen, kommen wir dem Columbia Eisfeld näher. Weiß blinkt es uns entgegen und dennoch sind die zerrissenen Gletscherzungen traurige Reste vergangener Pracht. Als wir das Columbia Icefield Glacier Discovery Centre erreichen, stehen wir betroffen vor den Resten des Athabasca Gletschers. Von den beiden anderen Gletscherzungen, die von hier aus ehe-

---

77 *Sander: von sandur (Isländisch); eine vor dem Eisrand eines Gletschers gebildete Schwemmlandfläche*

mals sichtbar waren, dem Dome und Stutfield, sind nur noch die Moräneneinfassungen übrig.

Das Columbia Icefield ist mit einer Fläche von 325 km² das größte Eisschild südlich des Polarkreises. Weil es einige bedeutende Flusssysteme speist, hat es eine immense Bedeutung für den Wasserhaushalt Nordamerikas. Der Mackenzie River und der North Saskatchewan River fließen ins Polarmeer, der Nelson River in die Hudson Bay. Westseitig strebt der Columbia River dem Pazifik zu. Tragisch ist der Rückzug des Eises also nicht nur für Bewunderer seiner Schönheit.

Für uns wird es Zeit, Schluss zu machen, denn die Sonne ist untergegangen. Der große Parkplatz unterhalb des Besucherzentrums hat sich bis auf einige wenige Wohnmobile geleert. Wir finden also ausreichend Platz, um so einzuparken, dass wir den Gletscher durch unsere Panoramascheibe bewundern können. Die Gipfel haben noch Sonne, später stehen sie rot im Widerschein des langwelligen Lichts, das der Nacht nicht weichen will.

→ ÜN.: Columbia Icefield Centre
N. 52° 13,1782′ / W. 117° 13,7397′/ 1967m über NN
→ 105 Km

Die Morgensonne überzeichnet die Konturen der Felsen, lässt Gipfel und Grate wie Scherenschnittmuster in den Himmel ragen und beleuchtet grell den Rückzug der Gletscher. Die beiden Seitenmoränen des Athabasca ragen als mächtige Schwellen in den Gebirgssattel herunter. Sie wirken eigentümlich verloren, denn der Eisstrom, den sie ursprünglich einrahmten, ist längst verschwunden. Viele Gäste des Besucherzentrums nehmen dessen attraktives aber auch kostspieliges touristisches Angebot in Anspruch. Sie fahren zum Skywalk, einer freischwebenden, bogenförmigen Aussichtsplattform mit Glasboden, buchen eine Glacierwalk-Tour oder sie wählen die bequemere Variante und lassen sich in einem Spezialbus mit mannshohen Reifen auf die Gletscherzunge bringen. Dass diese Unternehmungen zumindest

im Sommer eine Massenabfertigung sind, beweisen die Ticket-
schalter im Besucherzentrum, die einem Flughafenterminal gleichen.

Wir entscheiden uns für ein individuelles, noch dazu kostenlo-
ses Naturerlebnis und wandern zum „Toe of the Glacier". Auf
dem relativ einfachen Weg kommen wir an Tafeln mit Jahreszah-
len vorbei, die anzeigen, wie weit die Gletscherzunge jeweils
reichte. Unglaublich, dass in den 1950er Jahren die Eismassen
noch den Parkplatz vor dem Icefield Centre bedeckten. Betroffen
lese ich, dass der Athabasca Glacier in den letzten 125 Jahren die
Hälfte seines Volumens einbüßte. Und die Entwicklung beschleu-
nigt sich auf besorgniserregende Weise, wie an den Dekadenmar-
kierungen entlang des Weges abzulesen ist.

Die Angaben zu unserer Wanderung stimmen: Der Weg zum Toe of the Glacier erstreckt sich über 1,8 Kilometer, wobei 60 Höhenmeter überwunden werden. Die Angaben zur Länge des Athabasca Gletschers hingegen bezweifle ich, denn in unserem Reiseführer wird diese mit 6 Kilometern angegeben. Der Gletscher schwindet augenscheinlich schneller, als die Herausgeber des Buches ihre Daten aktualisieren.

Gestern Abend nutzten wir noch den Netzempfang, im Übrigen den einzigen am gesamten Parkway, und mussten feststellen, dass auf der 100 Kilometer langen Strecke nach St. Louise nur der Camground in Rampart Creek geöffnet hat. Für alle weiteren Übernachtungsplätze beginnt die Saison offenbar erst mit dem großen Besucheransturm Anfang Juni. Wir dürfen uns also nicht allzu viel Zeit lassen, wollen wir heute Nacht in Rampart Creek unterkommen. Immerhin haben wir vor, die eindrucksvolle Fahrt dorthin ohne Hetzerei zu genießen. Auf dem 2030 Meter hohen Sunwaptapass, wo wir vom Jasper- in den Banff National Park wechseln werden, haben wir beispielsweise eine Tour auf dem attraktiven Parker Ridge Trail geplant.

Dort angekommen, wandern wir anfangs durch lichten Tannen- und Föhrenwald, später über alpine Matten auf den Höhenzug der Parker Ridge (5 Kilometer hin und zurück, 350 Höhenmeter). Vom Sattel aus blickt man auf die längste Gletscherzunge, die sich vom Columbia Icefield ins Tal schiebt, auf den Saskatchewan Glacier. Wer sich hier nicht die Mühe des Aufstiegs macht, wird an der extrem wilden Bergszenerie, dem gewaltigen Gletscherstrom und dem türkisgrünen Schmelzwassersee vorbeifahren, ohne zu ahnen, was ihm entgeht. Die Rockies, die hier weit über die Baumgrenze hinausragen, machen ihrem Namen alle Ehre und geben sich überaus felsig.

Die Auf- und. Abfahrt beim Sunwapta Pass zählen zu den beeindruckendsten Abschnitten der gesamten Panoramastraße. Fels,
Wald und Himmel scheinen dem vielgestaltigen Wasser eine Büh-
ne bieten zu wollen. Die geografischen Bezeichnungen entlang
der Strecke muten ebenso animistisch an wie meine persönliche
Wahrnehmung.

So heißt etwa eine Felswand, über die eine Vielzahl von Wasserfällen rieselt, „Weeping Wall" (weinende Wand). Andere Kaskaden tragen Namen wie Panther Falls und Bridal Veil Falls (Brautschleierfall). Der wilde North Saskatchewan beansprucht die gesamte Schotterfläche des Talbodens für sich. An ihm liegt auch der Campground Rampart Creek, wo wir unter den letzten drei freien Stellplätzen wählen dürfen. Eine halbe Stunde später ist das gesamte Areal ausgebucht. Zufrieden kochen wir uns ein verspätetes Mittagessen und bedauern die zahlreichen noch Ankommenden, die unverrichteter Dinge wieder weiterfahren müssen.

Heute tun wir es den kanadischen Gästen gleich und nutzen die Feuerstelle am Platz. Will man im waldigen Terrain des Campgrounds im Freien sitzen, vertreibt nämlich nur ein rauchendes Lagerfeuer die aufdringlichen Mitches. Unsere Vorgänger haben Brennholz zurückgelassen, das sie selbst offensichtlich nicht mehr benötigten. Neue Scheite zu kaufen, hätte uns $ 9,- gekostet. Wucher, wie ich finde.

Die Nacht des Juni-Vollmonds ist hell, zugleich dunkel genug, das Freie zu meiden. Alles ist weggeräumt, verstaut in den großen Bärenboxen oder im eigenen Auto. Mir wird bewusst, wie anders sich diese Bergregion anfühlt als die Gebirgszüge der Alpen. Dies hängt nicht nur mit der Nähe der potentiell gefährlichen Wildtiere zusammen sondern auch mit der enormen Ausdehnung des Hochgebirges sowie dessen gänzlicher Unberührtheit. Abgesehen von der Straße und den wenigen, relativ kurzen Wanderwegen in ihrem Umfeld, waren heute weit und breit keine menschlichen Spuren auszumachen.

→ ÜN.: Campground Rampart Creek
N. 52° 02,5063´ / W. 116° 52,0939´ / 1447m über NN
→ 40 Km

Wieder ein strahlender Morgen. Als wir losfahren, liegt der Parkway noch im Schatten, während die Gipfel bereits von der Sonne beschienen sind. Die Zinnen mit ihrer für die Rockies so typischen Schrägstellung der Schichten haben bestimmt Namen, sinniere ich; wahrscheinlich nicht westlich-moderne, keine, die an Erstbesteiger erinnern, wohl eher an indianische Mythen und animistische Weltsicht. Vom Alpinismus, wie er sich im 19. Jahrhundert in Europa entwickelte, blieben die Gipfel hier verschont. In den Alpen trieb der Forscherdrang die Menschen in die Berge. Sie suchten sportliche Herausforderungen oder begeisterten sich ganz einfach für die Schönheit der alpinen Natur. Die mittleren Lagen erschlossen sie für Forst- und Almwirtschaft. Wildtiere wurden bejagt, die gefährlichen unter ihnen zu weiten Teilen ausgerottet. Das Gebirgsland der Rockies hingegen blieb wild und weitgehend unberührt. Die Siedler und Indianer kämpften um die fruchtbareren Landstriche in den Great Plains[78] und an der Küste. Wenn Indigene hier lebten, wussten sie mit den Gefahren der

---

78 *Great Plains: die von Prärie bestandene Ebene im Osten der Rocky Mountains*

Natur umzugehen. Sie fügten sich in die Wildheit der Natur, ohne diese zähmen zu wollen. Die Gipfel lenkten ihren Blick nach oben. Der Gedanke, sich mit diesen zu messen, blieb ihnen fremd, denn die Grenzregionen zum Himmel waren vom Großen Geist durchdrungen; wie übrigens alles in der Natur, somit auch sie selbst. Vielleicht schenkte ihnen gerade dieses Selbstverständnis eine gewisse Hellsichtigkeit.

Passing through reflection[79]

Fogs rolling
and rockfaces
with holewide open mouthes
feeble dawn
as the pillow of lichens
weakens
the deviding
seem as

Wie stets freue ich mich darüber, wenn Gedanken wie diese in Poesie münden. Immer entspringen sie einem speziellen Gemütszustand, den ich als „in the mood for poems" bezeichne.

Als wir nach kurzer Fahrt zum Saskatchewan Crossing kommen, stehen wir an einer historisch bedeutsamen Furt über den North Saskatchewan River. An diesem niedrigsten Punkt des Parkway zweigt der einsame David Thompson Highway ab, der dem Fluss ostwärts durch die Berge bis in die Prärie hinein folgt. Deshalb gibt es hier auch ein Minimum an Infrastruktur: die einzige Tankstelle auf dem Parkway, eine Imbissstube, Unterkünfte und einen Souvenirladen. Wenig weiter wartet der Aufsehen erregende Howse-Pass-Lookout auf uns. Auf der Plattform geben zahlreiche Schautafeln einen Überblick über die interessante Geschichte der Region. Seit tausenden Jahren nutzten die Stämme

---

79 *Übersetzung: Seite 290 / Quelle: Anthrazit, Duanna Mund*

der First Nations den Pass für Jagd und Handel. Im Flussbett fanden sie passende Steine für die Herstellung ihrer Werkzeuge. Als im Jahre 1807 das Expeditionsteam des Forschers und Landvermessers David Thompson an die Furt gelangte, änderte sich das Leben der Indianer schlagartig. Thompson verfolgte einen von der North West Company erhaltenen Auftrag. Er sollte den Pelzhandel nach Westen zu erweitern. Benannt ist der Pass allerdings nach dem zwei Jahre später eintreffenden Händler der Hudson Bay Company Joseph Howse. Er und seine Gefolgsleute brachten den Natives nicht nur bisher unbekannte Waren. Sie verkauften ihnen auch Waffen, deren Besitz das Kräfteverhältnis zwischen den Stämmen veränderte. Eine neue Zeit war angebrochen, die, wie wir wissen, den Indianern wenig Gutes brachte.

Der erhöhte Blick, den der Viewpoint auf das weite Gebirgstal bietet, ist ergreifend. Seit Thompsons Ankunft hat sich die Landschaft wenig verändert. Starke Winde, im Winter tiefe Temperaturen bei wenig Schnee und im Sommer Waldbrände gehören zu den hier herrschenden herausfordernden Lebensbedingungen. Wapiti, Schneeziege, Wolf und Bär erweisen sich diesen gewachsen. Wildtiere nutzen den Pass, um jahreszeitlich zwischen den Habitaten zu wechseln. Die Indigenen taten es ihnen gleich.

Nachdem wir die glatt polierte Kalksteinschlucht des Mistaya Canyons durchfahren haben, gelingt uns eine letzte Erkundung der Gebirgswelt ohne Menschenkontakt. Beim Waterfowl Lakes Campground bietet sich die Möglichkeit zu zwei außergewöhnlichen Wanderungen, von denen die eine zum Cirque Lake führt, die andere zum Lake Chephren. Wir entscheiden uns für den letzteren. Nach 4 Kilometern durch dichten Wald werden wir reich belohnt. Hinter dem leuchtend blauen See erhebt sich der majestätische Mt. Chephren (3307m). Noch nie in meinem Leben habe ich mich in unberührter Natur einsam gefühlt. Die Abwesenheit von Menschen hebt die Aufmerksamkeit für die Anwesenheit der Natur. Nun, hier bin ich ja mit meiner Familie unterwegs, also nicht gänzlich allein. Dennoch empfinde ich den Moment auf spirituelle Weise erhebend. Meine Buchreihe „Poesie des Reisens" gibt solchen Empfindungen Raum. Und ich bin mit ihnen nicht allein. Ein wunderbarer Moment, mich der Worte von Emily Carr zu entsinnen.

God got to stuffy
squeeted into a church …
In the open He had no form;
He just was, and
filled all the universe.[80]

Wie beim Aufstieg bimmelt die Bärenglocke auch beim Rückweg munter am Rucksack. Durch ständiges Reden auf uns aufmerksam zu machen, kommt nicht in Frage, zu sehr hat uns die Stille vereinnahmt. Vorsichtshalber klatsche ich an besonders unübersichtlichen Stellen in die Hände. Die Natur verdient ohnehin Applaus.

Wesentlich einfacher aber bei weitem nicht so stimmungsvoll gestaltet sich die Besichtigung des Peyto Lake(sprich pi tou). Dieser ist nach dem Trapper, Goldsucher und späteren Parkranger Bill Peyto (1863–1943) benannt. Am 2088 Meter hohen Bow Summit, dem höchsten Punkt des Parkway zweigt eine Stichstraße zu einem Aussichtspunkt ab. Die Nähe zu den Tourismusorten Lake Louise und Banff macht sich deutlich am Ansturm der Touristen bemerkbar. Welch ein Kontrast! Der von Gletscherwasser gespeiste Peyto Lake ist eines der landschaftlichen Juwele des Icefields Parkway. Keiner der Seen-Schönheiten der Region leuchtet derart intensiv wie er, heißt es in der Tourismuswerbung. Nun, darüber lässt sich diskutieren. Es ist wohl die einfache Erreichbarkeit der 200 Meter über dem Tal liegenden Aussichtsplattform, die zur Bewertung des Sees als Superlative beiträgt. Der Blick auf das leuchtende Gewässer und weiter über das ein-

---

80 *Übersetzung: Seite 290 / Quelle: Hundreds and Thousands, Emily Carr / 1940*

same Mistaya Valley ist atemberaubend wie andere Eindrücke auf dem Parkway auch. Dasselbe gilt für den Bow Lake, der heute in eisigem Blau erstrahlt. Die Luft aber spielt Sommer. Bei unserem nachmittäglichen Strandspaziergang flimmert die Hitze über den Steinen. Wir nützen die seltene Gelegenheit, bei einer Gaststätte zuzukehren, teilen unseren Kuchen mit den Vögeln und wundern uns, wie schön das Leben sein kann. Am Hector- und Herbert Lake halten wir uns nicht mehr auf. Der 3544 Meter hohe Mount Temple als Spiegelbild im See ... Wir können einfach nicht mehr. Die internen Speicher sind voll.

Als wir die Einmündung des Icefields Parkway in den Trans Canada Highway erreichen, wissen wir, dass die Rocky Mountains in den nächsten Tagen noch weitere Höhepunkte für uns bereit halten. Ab Morgen werden wir die Berge allerdings mit Menschen teilen müssen. Während auf dem Icefields Parkway Naturliebhaber unter sich sind, die die Wildheit und Einsamkeit der Bergwelt genießen, öffnet sich nun das Gelände für den Transitverkehr auf Straße und Schiene. Zudem nähern wir uns dem touristischen Hotspot im Banff Nationalpark, der zu den beliebtesten Urlaubsdestinationen Kanadas zählt. Seilbahnen bringen Sportbegeisterte das ganze Jahr über in die Gipfelregionen der mächtigen Gebirgsstöcke, Shuttlebusse bewältigen den Besucheransturm auf die Seen und traditionsreichen Thermalbäder.

Es wird wohl so sein wie bei uns zu Hause in den alpinen Tälern, mutmaße ich und stelle mich auf einen gewaltigen touristischen Rummel ein. Es kommt wie erwartet und doch ganz anders.

Das Schönste an Lake Louise ist der Lake Moraine

Bei unserer Ankunft in Lake Louise stellen wir fest, dass das winzige Dorf im Wesentlichen aus einer Tankstelle, einem Bahnhof, der gesichtslosen Samson Mall und etlichen Lodges besteht. Die Gebäude scheinen im dichten Wald des Talbodens in Deckung zu gehen. Sie sind aus demselben Holz wie die Bäume, die sie umgeben, haben gerade so viel Luft und Himmel, wie es brauchte, den Baugrund auszuheben. Die lediglich 950 Einwohner der unscheinbaren Siedlung mit dem großen Namen leben vom ganzjährigen Tourismus. Zugleich sehen sie sich als Naturschützer. Immerhin sind sie im ältesten Nationalpark Kanadas ansässig (Näheres dazu bei Banff).

Das flächenmäßig größte Areal in Lake Louise nimmt der gleichnamige Campground ein. Dennoch erhielten wir bei unserer vier Tage zurückliegenden Reservierung gerade noch einen der drei letzten freien Stellplätze. In der Hauptsaison wäre ein derart kurzfristiger Buchungsversuch wohl erfolglos geblieben. Leider liegt unser Stellplatz weniger als 20 Meter von den Schienen der Trans Canada Railway entfernt. Es wird schon gehen mit dem Schlafen, denke ich und nehme sicherheitshalber einen hochprozentigen Schlummertrunk zu mir. Aber es kommt, wie es kommen muss: die Warnsignale der Lok – eins, zwei, drei, vier – dann das schon bekannte Quietschen, Rattern, Stampfen, gnadenlos alle Viertelstunden bis weit nach Mitternacht. An Schlafen ist nicht zu denken. Ob der Lastverkehr zum Morgen hin eine Pause einlegt, entzieht sich meiner Kenntnis, weil zuletzt Traum und Realität verschwimmen.

→ ÜN.: Lake Louis Campground
N. 51° 24,4738′ / W. 116° 10,0808′ / 1545m über NN
→ 95 Km

Beim Frühstück hilft uns der Galgenhumor auf die Beine. Wir wissen jetzt, woher der Ausdruck „gerädert sein" kommt. Auf einem kleinen Spaziergang im Campground versuchen wir endgültig munter zu werden. Die Ziesel des Platzes sind der Meinung, wir hätten so früh am Morgen hier nichts zu suchen. Vielleicht konnten sie ja auch nicht schlafen, denke ich schmunzelnd. Der Columbian Ground Squirrel ist ein hübscher kleiner Kerl: 26 Zentimeter vom Kopf zum Rumpf, 9 Zentimeter Schwanz, zimtbraunes Fell mit graumeliertem Rücken, sandfarbener Kajal um mandelförmige, schwarzbraune Augen. In Erdmännchen-Manier bewachen die Ziesel die Eingänge ihres weitverzweigten Höhlensystems. Was in vielen zoologischen Gärten der Welt eine der Hauptattraktionen darstellt, ein Gehege mit diversen Erdhörnchen, haben wir hier gratis vor der Nase.

Weil sich die Menschen das Terrain in und um Lake Louise mit mehr als einem Dutzend Grizzlys und etlichen Schwarzbären teilen, ist der Campingplatz in Sektoren mit diversen Schutzvorrichtungen unterteilt. Während der für Wohnmobile vorgesehene Bereich („hard-sided") zum Wald hin offen ist, sind die Parzellen für Zelte („soft-sided") von einem unter Strom stehenden Zaun umgeben. Bei der hohen Bestandsdichte an Bären kommt es zwangsläufig zu Begegnungen. Auf Futtersuche herumziehende Tiere queren Straßen und Eisenbahnschienen. Für Privatbesitz fehlt ihnen jegliches Verständnis, zumal Gärten mit potentiellen Naschereien locken. Die uns so übertrieben erschienen, nächtlichen Warnsignale der Lockführer sollen, wie wir erst jetzt erfahren, vor allem Bären und andere Wildtiere von den Gleisen fernhalten. Na gut – jetzt wissen wir wenigstens, warum wir wohl auch in der kommenden Nacht unruhig schlafen werden.

Selbstverständlich gibt es zur Ortschaft Lake Louise den See Lake Louise, eine viel gepriesene Naturschönheit, die wir uns nicht entgehen lassen wollen. Aber das nahe Umfeld kann mit viel Sehenswertem aufwarten. Im Bewusstsein, dass zwei Tage Aufenthalt zu knapp für alle Möglichkeiten bemessen sind, wählen wir aus. Weil wir heute so früh zum Aufbruch bereit sind, entscheiden für uns für den Moraine Lake als Tagesziel. Um 8 Uhr fährt das erste Campground-Shuttle zum Park-and-Ride am „St. Louise Ski Centre". Von dort bringt ein Zubringerbus die Gäste in das 14 Kilometer entfernte „Valley of Ten Peaks", ein Service, das wir, angesichts der begrenzten Parkmöglichkeiten vor Ort, gerne in Anspruch nehmen. Zeitig am Tag, werden wir vor dem Ansturm der Touristen da sein, hoffen wir und behalten recht.

Als wir nach kurzem Aufstieg auf dem 50 Meter hohen Schuttkegel Rock Pile stehen, haben wir die Sonne im Rücken, somit beste Voraussetzungen, das kobaltblaue Wasser des Moraine Lake zu bewundern. Zehn 3000er umrahmen das funkelnde Gewässer. Die Wände der teils senkrecht abfallenden Bergspitzen vor uns sind bereits voll beschienen. Vom stillen Seeufer wächst der dunkle Bergwald zum Fels hoch, bleiche Stämme türmen sich im Auslauf des Sees. Wir befinden uns vor einem der meist fotografierten Motive Kanadas, dem grandiosen Panorama, das die Rückseite des alten kanadischen Zwanzig-Dollar-Scheins zierte.

Mittlerweile legen die ersten Kanus mit zahlungskräftigen Insassen ab. Eine Stunde Paddeln kostet stolze $ 140,-. Für uns wird es Zeit zu unserer Wanderung aufzubrechen, denn aus den ohne Unterbrechung ankommenden Bussen quellen Trauben von Touristen. Wie rasch es gelingt, dem Trubel zu entkommen, freut uns. Denn kaum sind die ersten steilen Kehren des Weges zum Larch Valley überwunden, umfängt uns Ruhe. Bereits lange vor dem Höchststand, brennt die Sonne heiß in den Bergkessel. Die wenigen Einheimischen, die mit uns auf der Route unterwegs sind, zeigen sich freundlich und redselig. „It will be cooking up there", stöhnt ein verschwitzter Mann, um gleich darauf haltlos zu schwärmen: „The best day ever!"

Kurz bevor wir die Waldgrenze erreichen, kommen wir zum Abzweig in Richtung Eiffel Lake. Wäre es September und stünden die zahlreichen Lärchen rundum in leuchtender Herbstfärbung, folgten wir wohl wie die meisten Wanderer der Markierung ins Larch Valley. Aber jetzt im strahlenden Frühsommertag lockt der freie Blick auf den See, auf das frische Grün der Almmatten zwischen den mächtigen Schutthalden. Wie der Kamm eines zum Schlafen eingerollten Drachen ragen die Zinnen ins Blau des Himmels. Wir zählen, es sind wirklich zehn – Ten Peaks, deren Geröllfelder wie die Zungen des Fabeltiers anmuten. Sie strecken sich hinunter zum See, als wollten sie von seiner blauen Tinte lecken und ihre eigene Geschichte schreiben.

Der Weg schenkt uns zwei zwei Stunden genussvollen Wanderns. Hin und zurück sind es 10 km, in denen lediglich 420 Höhenmeter überwunden werden. Wir wissen, dass der Trail öfter gesperrt wird, wenn gefährliche Wildtiere in seinem Umfeld gesichtet werden.

Wer unterwegs einem Bären begegnet, ist aufgefordert, dies der Parkverwaltung zu melden. Wanderer haben die Möglichkeit, entsprechende Informationen per Internet abzurufen. Unser Weg heute ist frei, wir können uns also sicher fühlen. Die Aufforderung „Hiking in tight groups of four or more is recommendet" (Wandern in geschlossenen Gruppen zu vier oder mehr Personen wird empfohlen), gilt nicht nur rund um den Moraine Lake sondern generell in den Rockies. Doch daran halten sich die wenigsten. Dabei beruht die Zahl Vier auf der langjährigen Erfahrung, dass Grizzlys in der Regel Menschengruppen ab dieser Größe ausweichen und nur im absoluten Ausnahmefall angreifen. Dort, wo die Vierergruppe für Wanderungen verpflichtend (mandatory) ist, droht bei Nichteinhaltung des Gebots eine Strafe von $ 5000,-.

Wie schön, dass es im Valley of Ten Peaks neben Bären noch andere Wildtiere gibt und die in Legion. Auf die Größe kommt es nicht an, stellen wir fest und zählen amüsiert die kleinen Wilden unterwegs.

1 Red Squirrel (Eichhörnchen)
8 Chipmunks (Streifenhörnchen)
3 Golden-mantled Ground Squirrel (kleiner Ziesel)
6 Columbian Ground Squirrel (mittelgroßer Ziesel)
3 Groundhog (Murmeltier)

Alle Tierchen haben ihre Wohnhöhlen verlassen, genießen den warmen Tag und zeigen sich gar nicht fotoscheu. Auch die Vogelwelt ist bemerkenswert. Wir bewundern ein Pärchen Pine grosbeak[81] bei der Balz und einen Clark´s nutcracker[82]. Die Botanik hält mit der auffallend roten Blüte des Giant Red Indian Paintbrush[83] eine liebliche Augenweide bereit.

---

81 *Pine grosbeak: Pinicola enucleator; zu Deutsch: Hakengimpel*
82 *Clark´s nutcracker: Nucifraga columbiana; zu Deutsch: Spechtkrähe*
83 *Giant Red Indian Paintbrush: Castilleja miniata; zu Deutsch: Großer roter indianischer Pinsel*

Nach fünf Stunden in großteils praller Sonne sind wir froh, beim Wohnmobil zurück zu sein. Ein im Liquor Store der Mall erstandenes Steamworks Strong Beer löscht den ersten Durst. Dann geht es zum Duschen. Nichts ahnend ziehen wir los und stellen fest, dass für die 180 Hard-sided-Stellplätze des Campgrounds lediglich 5 Frauen- und 5 Männerduschen zur Verfügung stehen. Wir sehen uns gezwungen dreiviertel Kilometer zurückzulegen und dann auch noch zu warten, bis eine Duschkabine frei ist. Das unserem Stellpatz am nächsten gelegene Klo ist „out of order". Es hilft nichts, sich zu ärgern. Das schlechte Preis-Leistungsverhältnis können sich die Betreiber des Campingplatzes angesichts des Besucheransturms leider erlauben.

Teezeremonie auf Kanadisch

Wohl kein Tourist, der in Lake Louise Station macht, lässt den nahegelegenen, gleichnamigen See aus. Auf tausenden Fotos abgebildet, in ebenso vielen Büchern gepriesen, gilt er als der berühmteste See der Rocky Mountains. Die beeindruckendste Art, sich ihm anzunähern, wäre es wohl gewesen, gestern durch das Larch Valley, über den Senitinel Pass (2611 m) zu wandern, weiter über den Lake Anette und zuletzt vom 2743 Meter hohen Fairview Mountain zum See abzusteigen. Unterwegs hätten wir bei Windstille das Spiegelbild der Ten Peaks im Lake Minnestimma bewundert, ein weiteres unzählige Male abgebildetes Postkartenmotiv. Die Tour hätte einen ganzen Tag in Anspruch genommen. Wie schade, dass uns nicht unbegrenzt Zeit zur Verfügung steht, denke ich, während wir im öffentlichen Bus der Linie 11 zum Lake Louise hochfahren und zuletzt auf dem riesigen Parkplatz vor dem Luxushotel „Fairmount Chateau Lake Louise" aussteigen. Heute werden wir es wohl nicht schaffen, den Touristenhorden zu entkommen, konstatiere ich enttäuscht, erkenne aber im selben Moment, dass auch das pralle Leben an der Uferpromenade seinen Reiz hat. Und das protzige Ambiente des Hotelpalasts sowie das snobistische Getue seiner Klientel hat eine interessante Geschichte.

Der Banff Nationalpark wurde im Jahre 1885 auf Anregung der Canadian Pacific Railway gegründet. Die wirtschaftlichen Erwägungen, die hinter der Initiative des Unternehmens steckten, waren von Erfolg gekrönt, wenngleich es dauerte, bis der Naturraum als Tourismusdestination nennenswerte Einnahmen einspielte. Noch im späten 19. Jahrhundert war die Provinz British Columiba vom Rest des Landes weitgehend abgeschnitten. Als im Jahre 1885 die letzte Schwelle der Bahnstrecke gelegt wurde, fuhr die Pazific Railway deshalb sofort Gewinne ein. Aber erst in den Goldenen Zwanzigern nutzten gutsituierte Touristen aus ganz Europa die Personenzüge, um in die angesagte Urlaubsregion der Rocky Mountains zu gelangen. In der Absicht, dem illustren Publikum das Hochgebirgserlebnis in Verbindung mit britischer Noblesse zu bieten, ließen die Bosse des Bahnunternehmens die beiden Fairmount Chateaus am Lake Louise und in Banff bauen. Auf den Wanderwegen erwarteten die Gäste bald Almhütten, in denen wie selbstverständlich Afternoon Tea serviert wurde. Der sommerliche Auftrieb von Almvieh ist in den Rocky Mountains bis in die Gegenwart unbekannt. Sennereien, die für Wanderer frische Kuhmilch bereit halten, fehlen daher, Teehäuser hingegen nicht.

Wenn wir nun gleich vom westlichen Ufer des Lake Louise abzweigen und in den Bergwald hochsteigen werden, ist eines dieser Tea Houses unser Ziel. Zuvor aber hält uns noch das Chateau mit seiner Geschichte gefangen. Auf Schautafeln ist Interessantes zu lesen, so zum Beispiel vom Hotelbrand am 3. Juli 1924, der den hölzernen Rattebury-Flügel zerstörte. Die Katastrophe ereignete sich um 6 Uhr abends, während des Dinners, das ungeachtet der Gefahr, die Flammen könnten auf das restliche Gebäude übergreifen, serviert wurde; mit Orchestermusik als Begleitung, versteht sich. Auf kultivierte Lebensart legt man auch heute in den Räumlichkeiten des Chateaus großen Wert. Es verfügt gegenwärtig über 550 Zimmer, sieben Restaurants und einen Ballsaal.

Die heftige Bautätigkeit legt nahe, dass es dabei nicht bleiben wird. Wenn die elitären Gäste schon den Lärm der Baustelle ertragen müssen, so werden sie wenigstens vom Trubel am Seeufer abgeschirmt. Schaulustigen ist der Zutritt zum Hotel weitgehend untersagt.

Eine andere Schautafel verrät, dass das milchig türkise Seewasser vom Eis des 3464 Meter hohen Mount Victoria stammt. Dieser bildet auch die majestätische, bei Schlechtwetter wohl ein wenig bedrohliche Kulisse für den leuchtenden See. Heute im sonnigen Frühsommertag kann man kaum glauben, dass der Lake Louise nicht selten bis in den Juni hinein entweder gänzlich zugefroren oder voller schwimmender Eisschollen ist. Die in der Region beheimateten Stoney-Indianer nannten ihn sinngemäß „See der kleinen Fische". Selbst im August beträgt die Temperatur des Gletscherwassers lediglich neun Grad Celsius, was das Wachstum der Fische bremst.

Mittlerweile ist die Sonne die Bergzinnen hochgeklettert. Es wird Zeit für unsere Tagestour. Von den zahlreichen Walks im Nahbereich des Sees entscheiden wir uns für den Lake Agnes Trail. Er ist, wie sich herausstellt, wesentlich belebter als unser gestriger Weg, weil einfacher zu begehen. Während wir entspannt den Bergwald hochwandern, blitzt die hellgrüne Wasseroberfläche durch die Äste und wir bemerken überrascht, wie viele Kanus in der Zwischenzeit auf dem See unterwegs sind. Nach weniger als einer Stunde ist der Lake Mirror erreicht, ein kleiner, glasklarer Bergsee. Die Stoney-Indianer nannten ihn lustigerweise „The Goat´s looking glass[84]". Der Name bezieht sich auf eine Legende, derzufolge weiße Bergziegen den See als Spiegel genutzt haben sollen, um sich die Bärte zu kämmen. Es ist nur eine der heiteren Geschichten, die sich um die Seenamen ranken. Der Lake Louise selbst wurde im Jahre 1884 nach Prinzessin Louise Caroline Alberta benannt, einer Tochter von Königin Victoria. Nichts zum Schmunzeln also; wohl aber der Hintergrund zum Namen des

---

84 *Übersetzung: Spiegel der Ziegen*

Lake Agnes. Dieser geht nämlich auf die in Toronto beheimatete, öffentliche Rednerin Agnes Knox zurück, die als erste „weiße" Frau den See besuchte. Als einige Tage später Lady MacDonald, die Frau des ersten kanadischen Premierministers, ankam, ließ man sie im Glauben, der See wäre nach ihr benannt. Sie schöpfte keinen Verdacht, lautet doch auch ihr Vorname Agnes.

Nach insgesamt 380 Höhenmetern und 3,4 Kilometern Wegstrecke stehen wir am Ufer des Bergsees. Wir bestaunen die geschichtete Wand des 2270 Meter hohen Big Beehive[85], des größeren der beiden bienenkorbförmigen Berge am See. Während wir, am Ufer sitzend, in Ruhe unsere mitgebrachte Jause verspeisen und die Gesellschaft der extrem zutraulichen Chipmunks genießen, beobachten wir die Warteschlange vor der Ausschank des Teehauses. Die extrem diszipliniert anstehenden Bergwanderer werden, wenn sie nach frühestens einer halben Stunde an der Reihe sind, aus einem für uns Alpinisten ungewöhnlichen Angebot wählen dürfen. „You wait for hearty homemade soup, sandwiches on freshly baked bread, and more than 100 varieties of delicious tea", lautet die am Zaun angebrachte, großgeschriebene Ermunterung, durchzuhalten. Ein prächtiger Clark´s Nutcracker und einer der blau schillernden Diademhäher des Sees verirren sich zu unserem Rastplatz. Sie bereuen es nicht. Selbstverständlich teilen wir mit ihnen unsere Jause.

---

85 *Übersetzung: Großer Bienenstock*

Ein weiteres traditionelles Teehaus erwartet Gäste auf dem abgelegenen Plain of Six Glaciers. Hier wird noch alles ohne Strom zubereitet und der Dampf, der von der Teetasse aufsteigt, weht, wie auch die tibetischen Gebetsfahnen der Hütte, im Gletscherwind. „Schon wieder – ein Tag zu wenig", denke ich am Campground bedauernd, während wir uns für die morgige Fahrt nach Banff bereit machen.

Banff und Spektrolith – Halbedelsteine der Rockies

Wer Spektakuläres liebt und es gerne glitzernd hat, fahre nach Banff. Der 8000 Einwohner zählende Tourismusort posaunt seine Superlativen marktschreierisch in die Welt hinaus. Und sein Ruf wird gehört. Banff verhält sich gewissermaßen wie der Spektrolit[86], der in den Schaufenstern seiner Juwelierläden glänzt. Der irisierend metallische Schimmer dieses Steins deckt das gesamte Farbspektrum ab. Er lässt das Licht auf der Oberfläche wie einen Harlekin tanzen und mimt dabei den Edelstein. Banff wiederum ist der Spielplatz der Vergnügungssüchtigen mit einer schier endlosen Palette an Unterhaltungsmöglichkeiten. Die Effekte des Spektroliths beruhen auf Interferenz und Spiegelung. Sie zeigen somit die dem Licht innewohnende Schönheit, wie Banff sich im edlen Umfeld einer großartigen Natur inszeniert.

Im Spektrolith schimmert das Perlmutt von versteinerten Ammoniten, die einem urzeitlichen Meer entstammen. Dieses erstreckte sich über die jetzigen kanadischen Provinzen Alberta und Saskatchewan[87]. Aber erst die Juweliere von Banff geben dem Stein den Schliff, der sein Herz offenbart. Es braucht eine ruhige Hand, viel Geduld und Erfahrung, um jedes Einzelstück auf die ihm eigene Art zum Leuchten zu bringen. Bereits ein Grad Abweichung vom perfekten Schliff beeinträchtigt die Lichtbrechung entscheidend. Im Scheinwerferlicht der Auslagen machen die Spektrolithe von Banff vergessen, dass sie nur Halbedelsteine sind. Angeblich verfügen sie über heilende Wirkung, ebenso wie die heißen Quellen des Sulphur Mountain am Rande der Stadt. Eigentlich kurieren sie noch besser als diese, denn Spektrolith hilft nicht nur bei zahllosen Krankheitssymptomen sondern deckt auch das gesamte Spektrum seelischer Mängel und Nöte ab. Stress, Angst, Wut und Egoezentrik lässt er verschwinden. Zugleich hilft er der Phantasie, der Intuition, dem Ausdrucksvermö-

---

86 *Spektrolith: auch Ammolit*
87 *Saskatchewan: Provinz östlich von Alberta*

gen und tiefen Gefühlen auf die Sprünge. Ein wahres Wunder also, dieser Stein, ebenso wie Banff. Angesichts der Tatsache, dass den Stadtbewohnern der Spagat zwischen Naturschutz und touristischer Top-Destination weitgehend gelingt, gönne ich ihnen ihren Erfolg. Es bleibt ja jedem Gast freigestellt, was er aus seinem Aufenthalt hier macht. Unterhaltung, Shopping, Kulinarisches, Thermalbäder und gehobene Hotellerie hat die Stadt ebenso zu bieten wie die Faszination einer wilden Gebirgswelt gleich vor der Haustür. Die malerische Talweitung des Bow River zwischen dem Mount Norquay (2523 m), dem Rundel (2948 m), Sulphur Mountain (2451 m) und Cascade Mountain (2998 m) bekam die Stadt geschenkt, wie der Stein das Licht.

Wir versuchen bereits bei unserer Anreise, möglichst viel von der Natur mitzubekommen. Reizvoller als über den Trans Canada Highway gelangen wir nämlich über den Bow Valley Parkway nach Banff. Die seit den 1950er-Jahren existierende Verbindungsstrecke zwischen den Ortschaften Lake Louise und Banff ist die ältere der beiden Straßen und somit weniger befahren. Sie führt durch Wiesen und Wälder, die als Hotspot für Wildtierbeobachtung gelten. Von Mai bis Juni stehen die Chancen auf der Route gut, Bären anzutreffen, weil die vom Winterschlaf noch ausgehungerten Tiere die höheren Berglagen verlassen, um sich an den Wildkräutern der Lichtungen zu laben. Obwohl wir auf unserer Fahrt die Augen offen halten, werden wir mit keiner Sichtung belohnt. Aber die Landschaft gefällt uns sehr. Das markante Massiv des Castle Mountain erhebt sich wie eine Krone über die von Baumgruppen geteilten Wiesen.

Bereits wenige Kilometer nach Lake Louise bietet die malerische Morant's Curve einen interessanten Aussichtspunkt auf den gebogenen Schwung der Eisenbahnschienen. Während der Trans Canada Highway kaum Haltemöglichkeiten bietet, können wir am Bow Valley Parkway an zahlreichen lauschigen Plätzen stehenbleiben und die Landschaft genießen. Der Bow Rover windet sich in Schlaufen und Schlingen durch das Tal, dümpelt da und dort an einer breiten Schotterfläche dahin, um gleich darauf wieder Fahrt aufzunehmen. Gleithang und Prallhang bilden die gegensätzlichen Biotope eines Flusses, der strömen darf, wie es den physikalischen Naturgesetzen entspricht. Ehemals nutzten die Stoney-Indianer das am Ufer wachsende, biegsame Schilfrohr zum Bau ihrer Bogen, weshalb der Fluss Bow River genannt wurde.

Ab Castel Junction ist der Parkway zum Schutz der Wildtiere
für den Verkehr gesperrt. Wir wechseln also auf den Highway.
Eine Autobahn mitten durch einen Nationalpark – kann das gut
gehen? Auf dem Teilstück bis Banff ermöglichen 24 bewaldete
Brücken und harmonisch eingebettete Unterführungen Wildtieren das gefahrlose Wechseln zur gegenüberliegenden Straßensei-
te.

Auf dem Highway geht es zügig dahin und es dauert nicht lange, bis wir Banff erreichen. Auf den ersten Blick wird klar, dass
sich die Kleinstadt weniger bescheiden gibt als Lake Louise. Sie
ist, laut Reiseführer, nach europäischem Vorbild gebaut, obwohl
man einen vergleichbaren Mix an Bausubstanz auf dem alten

Kontinent wohl vergeblich sucht. Europäische Einwanderer drückten der Stadt ihren Stempel auf und exportierten die Baukultur ihre Heimat als Inspiration für Galerien, Kunsthandwerksläden, Restaurants, Hotels oder Museen. Nur wer in Banff eine Arbeitsstelle hat, darf sich hier niederlassen. Deshalb bleibt die Einwohnerzahl relativ konstant bei 8000 und der anderenorts wütende Flächenfraß wird verhindert. Die Bewohner darf man getrost als Naturschützer der geschäftstüchtigen Art bezeichnen.

Bei unserer Ankunft nützen wie die erste Möglichkeit, das Wohnmobil auf einem RV-Parkplatz abzustellen. Wir wissen, das geschäftige Zentrum ist mit öffentlichem Verkehr bestens erschlossen. Somit können wir es also später vom Campground aus gut erreichen. Der zwei Kilometer lange Fenland Loop Trail hingegen liegt etwas abseits. Er führt uns über einen idyllischen Weg durch den lichten Auwald des Forty Mile Creek. Ein bisschen enttäuscht sind wir allerdings schon, denn das Feuchtgebiet der Vermillion Lakes sieht heute in der Hitze des Sommertages aus wie die Steppe rund um den Neusiedlersee. Statt der versprochenen Vögel fliegen uns Gelsen um die Ohren.

Unser zweiter Halt in Banff gestaltet sich als wesentlich interessanter. Die Cave and Basin National Historic Site ist der Geburtsort von Kanadas erstem Nationalpark, denn hier, an der Basis des Sulphur Mountain, liegt rund um die heiße Quelle die Keimzelle zum Schutzgebiet. Dieses nannte sich anfangs Banff Hot Spring Reserve. Es ist älter als die Stadt selbst (Gründung, wie bereits im Buch erwähnt: 1885). Im Gelände der Historic Site gelangt man in die Höhle mit dem Quellteich und in ein inzwischen stillgelegtes, steinernes Badehaus aus dem Jahr 1914. Im Schwefelbecken lassen sich Quellblasenschnecken[88] bestaunen, ehe man auf Schautafeln von den drei Eisenbahnarbeitern liest, die durch Zufall auf die heißen Quellen von Banff stießen – eine Entdeckung die bald für touristischen Zustrom sorgte. In den badezimmerlosen Zeiten des ausgehenden 19. Jahrhunderts war

---

88 *Quellblasenschnecke: Physa fontinalis; eine sehr anpassungsfähige Süßwasserlungenschnecke; linksdrehendes Haus in der Größe eines Maiskorns*

temperiertes Wasser eine Kostbarkeit und darin zu plätschern wurde als purer Luxus empfunden. Heute darf nur noch in den Upper Hot Springs, am Hang des Sulphur Mountain, gebadet werden. 39 Grad Celsius Wassertemperatur, malerische Umgebung und ein originelles Angebot machen den Besuch in der Therme zu einem einmaligen Erlebnis. Auf Wunsch können die Gäste hier nämlich ein altmodisches Badekostüm ausleihen und sich in der Anlage wie eine Lady oder ein Gentleman der 30er Jahre fühlen.

Am frühen Nachmittag fahren wir auf den Tunnel Mountain Campground und warten ab, bis die Hitze etwas nachlässt. Das erste Mal auf unserer Reise tut die Klimaanlage des Wohnmobils gute Dienste. Während wir unser Mittagessen im Freien einnehmen, mit prachtvollem Blick auf den Cascade Mountain, stehen wir unter Beobachtung. Die Wiese vor unserem Holztisch ist unterhöhlt; ein unterirdisches Gangsystem – so viel ist klar. Da und dort huscht es. Spione lugen aus kreisrunden Bodenöffnungen. Bald ist das Geheimnis gelüftet, denn die Ground Squirrels hält es nicht lange im Untergrund. Es werden ihrer immer mehr. Bald stehen sie wie Mini-Erdmännchen vor ihren Bauten und beobachten neugierig unser Tun. Mit artig übereinander geschlagenen Vorderpfoten machen sie einen überaus manierlichen Eindruck.

Kurzweilig verläuft auch unser Abend im Städtchen. In der Bannf Avenue ist der Bär los, glücklicherweise nur im übertragenen Sinn. Zahllose Shops bieten den Touristen alles, was das Herz begehrt – von den üblichen Souvenirs über fantastische Mineralien, Outdoor-Bekleidung, Wilderness-Equipement, bis zu eindrucksvollen von First Nations-Künstlern gestalteten Drucken und Ansichtskarten. Was dem restlichen Land weitgehend an Gastronomie fehlt, findet sich hier im Übermaß, für jeden Gaumen, aber nicht für jede Geldtasche. Das Preisniveau ist extrem hoch. Mit vollem Magen und belasteter Kreditkarte kehren wir zum Campground zurück. Hier lodern die Firepits[89] vor den Wohnmobilen, ungeachtet der als extrem hoch eingestuften Feuergefahr. „Wildlife ist very activ now", wurden wir bei unserer Ankunft an der Rezeption gewarnt. Also lagert man am Campground, sobald es finster wird, um ein Feuer und fühlt sich auf diese Weise vor wilden Tieren geschützt.

→ ÜN.: Tunnel Mountain Campground
N. 51° 11,2288′ / W. 115° 32,6503′ / 1466m über NN
→ 80 Km

---

89 *Firepit: zu Deutsch: Feuerstelle*

Obwohl heute Zeit wäre auszuschlafen, bin ich vor Sonnenaufgang munter. Wie so oft auf Reisen stelle ich fest, wie sehr sich mein Biorhythmus an die Gegebenheiten des Landes anpasst. In den extrem kurzen Nächten des kanadischen Sommers, die Dunkelheit währt aktuell kürzer als fünf Stunden, reicht es, wenig zu schlafen. Der Energieschub, den das Licht dem Leben schenkt, ist beachtlich. Das erklärt wohl auch, wie intensiv ich die Tage hier erlebe, wie leicht es fällt, die Aufmerksamkeit hochzuhalten. Die Ruhe des Morgens bietet mir heute die Möglichkeit, die Erlebnisse der letzten Tage in gedankliche Bilder zu gießen, um sie anschließend zu betrachten. Momente wie diese sind ausgesprochen wichtig für mich. Will ich Ereignisse und Beobachtungen literarisch festhalten, und sei es nur in einem Tagebuch, gilt es, ein Gleichgewicht zwischen Eindruck und Ausdruck zu schaffen. Dazwischen liegt der Prozess der Aneignung, in welchem sich Erlebnisse zu Erfahrungen verinnerlichen. Die Inspiration auf Reisen ist hoch, sehr hoch. Sie im Schreiben quasi wieder loszuwerden schenkt Entlastung. Es ist wie Ein- und Ausatmen, wie eine Beziehung eingehen, sie mit Eigenem anreichern und danach wieder entlassen.

Hier in Kanada drücke ich vieles in einer Sprache aus, die von der Wildnis zu kommen scheint. Manchmal ist mir, als gäbe ich in meinen Texten den geistigen Dimensionen der Natur Raum, als erzählte ich von einer zwischen Realität und Imagination angesiedelten Welt. Dieser Gedanke mag befremdlich klingen und doch teile ich ihn mit anderen Menschen. Von Emily Carr sind folgende Worte überliefert[90].

The woods are
rim full of thoughts …
Trick is to adjust
one´s ear trumpet.

---

90 *Übersetzung: Seite 290 / Quelle: Hundreds and Thousands, Emily Carr / 1936*

Die kanadische Dichterin nimmt im Wald offenbar ein Bewusstsein wahr, weil sie, wie sie es poetisch formuliert, ihre Ohrtrompete auf dieses justiert. Ähnlich ergeht es mir, wenn ich in einem Gedicht den Bären sprechen lasse, nicht den realen Grizzly, sondern seine geistige Dimension. Die Indigenen des Landes nannten diese Art von Präsenz „Spirit", „Guardian" und, im Falle des Bären, „King of Forest". Heute melden sich bei mir kleinere Wesenheiten zu Wort – der Rabe im Geäst, der Squirrel am Stamm und der Chipmunk im Wurzelwerk der Pinie sowie der Baum selbst[91].

The Pine

Lift up
stay strong
and go back stout-hearted
your branches like routes
got lost in the dark

but still giving hold
giving place
for so many funny things
as the squirrel
jumping

and loving you
with the old
shabby branches
of your past
youthful wisdom

---

91 *Übersetzung: Seite 291 / Quelle: Anthrazit, Duanna Mund*

Ich weiß, wie sehr ich mit dem Niederschreiben solcher Gedanken herkömmlichen Erwartungen an eine Reiseerzählung zuwiderhandle. Meine Anmutung muss dennoch in „Kanada wie es im Buhe steht" Platz finden, will ich darin authentisch bleiben. Denn die Natur schreibt sich in mir fest, ob ich es will oder nicht. So auch heute Morgen. Als die Sonne den Berggrat überschreitet, setzt sie noch feurige Spuren ins Erdreich. Dann kehrt mit ihrem Licht die Realität zurück, wie wir Menschen sie die meiste Zeit über wahrnehmen. Augenblicklich erscheint das Köpfchen des ersten Ground Squirrel im sandigen Erdloch. Er reibt sich die Augen, so richtig menschlich nur mit kleinen Händen. Er wendet den Kopf in alle Richtungen, baut sich zu stattlicher Erdmännchen-Größe auf und erstarrt zur Säule.

Heute werde ich mich wieder im touristischen Städtchen Banff aufhalten. Höchste Zeit also, in mein sozialisiertes Ich zurückzukehren, das man von mir kennt. Beim Frühstück sorgt der kleine Squirrel noch einmal für Unterhaltung. Er hat nämlich mittlerweile begonnen, den Eingang zu seiner Wohnhöhle sauber zu fegen. Die Reinigungsarbeiten nimmt er dermaßen ernst, dass der Sand, den er mit den Hinterbeinen ins Freie befördert, in einer mächtigen Staubwolke hochsteigt. Unsere Wohnmobil-Nachbarn haben Pech. Sie werden dermaßen eingenebelt, dass sie das Frühstück im Freien abbrechen und ins Innere ihres Fahrzeugs verlegen.

Banff bietet reichlich Möglichkeiten, sich mit den Facetten menschlicher Urlaubsfreuden auseinanderzusetzen. Da ist beispielsweise das Fairmont Banff Springs, das schlossartige Luxushotel oberhalb der rauschenden Bow River Falls, noch luxuriöser als jenes am Lake Louise. Das architektonische Wahrzeichen der Stadt wurde 1888 im spätviktorianischen Stil erbaut und übertrumpft alles, was es in den Rockies an Bettenburgen gibt. Die High Society residiert hier in 764 Zimmern, lässt sich in Schönheitssalons verwöhnen, faulenzt auf der hoch über dem Fluss gelegenen Sonnenterrasse oder verbessert ihr Handicap auf dem riesigen Golfplatz am Spray River. Dessen Dimensionen erfasst man am Besten bei der elf Kilometer langen Rundfahrt mit dem

Auto. Es wäre nicht Kanada trieben sich auf dem Platz nicht auch Wildtiere herum. Hier sind es glücklicherweise nur die harmlosen Wapiti-Hirsche.

Ermutigt von meinem Reiseführer, der vorschlägt, im Teesaloon des Hauses stilvoll einen Earl Grey zu trinken, dringen wir in die „heiligen Hallen" des Hotels vor. Der Concierge lässt sich nicht anmerken, dass wir auf den ersten Blick als Touristen zu erkennen sind. Ohne unsere Kameras, kurzen Sommerhosen und staubigen Straßenschuhe zu beachten, fragt er in liebenswürdigem Ton, ob wir eine Reservierung vorgenommen hätten. Als wir verneinen, gibt er vor, nachsehen zu müssen, ob denn irgendwo ein Tisch frei wäre (wohlgemerkt: im Salon sind jetzt am Vormittag kaum Gäste anwesend). Er drückt uns die Getränkekarte in die Hand und verschwindet für einige Minuten. Die Zeit reicht, um uns darüber klar zu werden, dass der Tearoom eine Kragenweite zu groß für uns ist. Ganz oben in der Liste entdecke ich auf den ersten Blick mein Wunschgetränk, den Earl Grey. Er wird mit winzigen Pastries[92] serviert und kostet pro Person $ 100,-. Unser Rückzugsgefecht stößt auf warmherzige Noblesse. Der Concierge macht einen Bückling und weist darauf hin, dass uns in der Cafeteria in Gesellschaft anderer Touristen ein Cappuccino im Plastikbecher gereicht werde, wenn wir es wünschen auch ein Beuteltee nach Wahl. Dort sei es fast ebenso gemütlich wie in dem Salon. Derart rücksichtsvoll wurden wir noch nie hinauskomplimentiert.

Auf dem Weg hinunter zu den Bow River Falls bewegen wir uns wieder unter Unseresgleichen. Kurz vor dem Talboden rauscht der breite Fluss in mehreren Weißwasserstrecken über eine Geländeschwelle. Ein schöner Ort zum Verweilen, aber wir sind hungrig und fahren infolgedessen mit dem ersten Bus ins Zentrum. Hier bekommen wir endlich die Gelegenheit, eine Old Spaghetti Factory aufzusuchen. Die in Kanada beliebte Gastronomie-kette ist für ihre preiswerten und wohlschmeckenden Pastagerichte bekannt. Mit Freude stellen wir fest, dass die gewählte

---

92 Pastries: herzhaftes oder gesüßtes Gebäck

170

Hauptspeise von Brötchen mit Knoblauchbutter, Salat und zuletzt Eis als Dessert begleitet wird. Nachdem wir schon am Vormittag Bear paws (Karamellschokolade in Form von Bärentatzen)
und Fuge (Softschoko mit Kirschlikör) geschlemmt haben, über-
essen wir uns nun endgültig.

Meine Wahl fällt auf Potpourri Spaghetti (drei Pastavariationen in einem Gericht), Franz schlägt sich tapfer bei Manicotti (tubes with pasta filled with ricotta, mozzarella, spinach, topped with marinarasauce und melted mozzarella). Monika schließlich weiß, dass Spaghetti with handrolled meatballs (Spaghetti mit von Hand geformten Fleischbällchen) besser schmecken als Spaghetti with impossible meatballs, made with plants for meatlovers (Spaghetti mit Fleischersatz-Bällchen, aus Pflanzen für Fleischliebhaber gemacht).

Als wir im Buffalo Nations Luxton Museum das erste Mal auf unserer Reise eine Ausstellung zum Thema Kunst und Kultur der Natives offen vorfinden, habe ich Banff endgültig liebgewonnen. Die Ausstellungsstücke sind beeindruckend, die Hintergründe umfassend und übersichtlich dargestellt. Kleidung, Handschuhe und Mokassins mit Perlenstickereien, prächtiger Federschmuck, Tomahawk, Pfeil und Bogen, die heilige Pfeife, Totembeutel und ausdrucksstarke Schwarzweiß-Fotos von ehrwürdigen Chiefs und weisen Frauen geben einen berührenden Einblick in die hochstehende Kultur der Natives der Region. Die Tragik, dass diese unterging, wird nur am Rande thematisiert und doch ist sie in jedem Detail der Ausstellung spürbar.

Weil Monika morgen abreisen wird, lassen wir den Tag ruhig ausklingen. Nach einem Besuch des kleinen Parks Cascades of Time Gardens mit seinen treppenförmig angelegten Blumenrabatten und Pavillions schlendern wir durch die Gassen des Zentrums und erfreuen uns an der abwechslungsreichen Architektur. Die Bauwerke zeigen skandinavische, irische und alpenländische Einflüsse, da und dort deutsche Fachwerkhäuser und heimische Gebäude in Blockbauweise. Unterhaltsam finde ich, dass die Straßen die Namen kanadischer Wildtiere tragen. Sie heißen Elkstreet, Moosestreet, Wolfstreet, Bearstreet, Biberstreet, Cariboustreet und so weiter. Zurück am Campground teilen wir unsere Mikrowellen-Popcorns mit dem ortsansässigen Ground Squirrel. Weil er uns auf seinem Revier duldet, ehre ich ihn, indem ich mir einen Namen für ihn ausdenke. Der flinke Kerl, der

mutig genug ist, es mit uns Menschen aufzunehmen, soll in schöner indianischer Tradition „Chief Quickfoot"[93] heißen. Der kleine
Erdmann reagiert auf seinen neuen Namen ebenso wenig wie auf
unser Gekicher. Hauptsache, der Nachschub an Popcorn stimmt.

93 *Chief Quickfoot: Häuptling Schneller Fuß*

Wie schön Kanada ist, befinden Franz, Monika und ich einstimmig und lassen ein Steamwork Pilsener und ein fruchtiges
Berry Ale mit dem Namen „What the huck"[94] in die durstigen
Kehlen rinnen. So endet der Tag heute wie er begonnen hat. Ich
sitze am Holztisch, beobachte die schrägen Strahlen der Sonne
und spüre dem Geistigen nach, das mich umgibt. Mit Alkohol im
Blut fällt dies leichter als ohne, aber die Indianer nutzten ja auch
diverse bewusstseinserweiternde Stoffe und Praktiken, um Uakan-Tanka, dem Großen Geist nahe zu sein.

Der Morgen bricht an und Monika packt den Koffer. Melan-
cholie macht sich breit. Ein Blick ins Freie: Chief Quickfoot is
walking. Sofort geht es uns besser. Augenscheinlich hat uns das
halb domestizierte Wildtier ins Herz geschlossen. Es behandelt
uns mittlerweile fast wie seinesgleichen, was Kontrahenten anlockt. Als gleich drei Anwärter auf die Brösel unseres Frühstücks-
brots auftauchen, kommt es zum Showdown. Chief trägt den Sieg
davon und frisst nun mit gestärktem Selbstbewusstsein Monika
aus der Hand.

Der an der Cave and Basin National Historic Site beginnende
Marsh Boardwalk wird die letzte Unternehmung mit unserer
Tochter. Auf einem Bretterweg spazieren wir durch ein von
Wildrosen durchsetztes Wäldchen mit Aussichtspunkten auf das
Sumpfgebiet des Bow River. Die Kronen der Bäume sind erfüllt
vom Gesang der Vögel. Willow Flycatcher[95], Singer Vireo[96] und
vor allem der wunderschöne Red-winged Blackbird[97] begeistern
mich, denn von Vögeln kann ich nie genug bekommen. Dann

---

94 *What the huck: Was zum Teufel*
95 *Willow Flycatcher: Empidonax traillii, auch Weiden-Tyrann aus der Familie der Ty-
rannen (Tyrannidae); der Name kommt vom aggressiven Balzverhalten; im Westen
Nordamerikas beheimatet*
96 *Singer Vireo: Vireo gilvus, auch Sängervireo; nordamerikanischer Singvogel; melodi-
scher Gesang mit langen Strophen*
97 *Red-winged Blackbird: Agelaius phoeniceus, auch Rotflügelstärling oder rotschultriger
Star; einer der bestuntersuchten Singvögel Nordamerikas, Männchen:schwarzes Gefieder
mit roten Flügelflecken, die von kleinen gelben oder weißen Streifen eingefasst sind*

aber heißt es wirklich Abschied nehmen. Der Airport-Shuttle bringt Monika nach Calgary, von wo aus sie den Heimflug antreten wird.

Kaum sind wir zu zweit, trübt sich das Wetter ein. Den Nachmittag nutzen wir dazu, die Lebensmittelvorräte aufzufüllen, zu duschen und die nächsten Reisetage zu planen. Auf dem neuen Stellplatz, der alte war bereits reserviert, weshalb wir uns umstellen mussten, haben wir zwei Haustiere: ein Wapiti und einen prächtigen Raben mit schwarz glänzendem Gefieder. Wir sitzen am Lagerfeuer und lassen unsere Gedanken schweifen. Monika und Chief Quickfood fehlen.

Vom Feuer gezeichnet, mit roter Erde geschrieben
Kootenay

Der Tag beginnt mit einer akustischen Vogelbeobachtung beim Frühstück. Unsere Vogelstimmen-App verrät, es ist ein Rubingoldhähnchen[98], das seinen Morgengesang in den Himmel schmettert. Man braucht kein Ornithologe zu sein, um sich in die Vögel Kanadas zu verlieben.

Nach drei ereignisreichen Tagen in Banff bleiben uns nur noch 9 Tage, die Runde zurück nach Vancouver zu schließen – es wird also Zeit, Strecke zu machen. In Anbetracht dessen, wie viele interessante Unternehmungen hier in und rund um Banff noch möglich wären, wächst mein Wunsch, die Region ein zweites Mal zu bereisen. Es bliebe jedenfalls noch viel Neues zu entdecken: Museen zur Geschichte, der Flora und Fauna der Region (Banff Park Museum National Historic Site, Whyte Museum of Canadian Rockies), die Fahrt mit der Banff Gondola auf den Sulphur Mountain, die Radtour auf dem Sundance Trail mit anschließender Wanderung in den gleichnamigen Canyon, die 13 Kilometer

---

98 *Rubingoldhähnchen: Corthylio calendula bzw. Regulus calendula, auch Ruby-crowned Kinglet, kleiner amerikanischer Singvogel, olivgrau, der rote Fleck am Kopf des Männchens ist nur zu sehen, wenn es erregt ist*

lange Lake Minnewanka Runde plus Bootsfahrt auf dem See, sowie die Erkundung des nahen Sunshine Village. Alle diese Unternehmungen reizen uns, aber der Abstecher in den Kootenay Nationalpark lockt noch mehr.

Wir brechen also auf und gelangen bereits nach kurzer Fahrt auf dem Highway 1 in die abgelegene Schutzzone an den Westhängen der Rocky Mountains. Bei Castle Junction zweigt der Highway 93 nach Süden ab. Folgten wir ihm bis Radium Hot Springs, ginge es über die 95 wieder zurück zum Trans-Canada Highway. Für diese Strecke bräuchten wir einen Tag und würden zudem den Yoho-Nationalpark auslassen. Wir entscheiden uns deshalb für einen halbtägigen Hin-und-Zurück-Abstecher bis zu den Paint Pots, ein Kurzbesuch in Kootenay sozusagen. Diesen kleinen Umweg eingerechnet, liegen auf der geplanten Südrunde über das Okanagan Valley noch an die 1000 Kilometer vor uns (Rückgabe des Wohnmobils bei Four Seasons, ca. 80 km östlich von Vancouver).

Die Straße 93 wurde bereits im Jahr 1922 gebaut und war die erste Autoroute über die kanadischen Rockies. Die Schutzzone des Kootenay Parks beschränkt sich heute auf einen jeweils acht Kilometer schmalen Streifen links und rechts der Autoroute. Der Name Kootenay bezieht sich auf die hier beheimateten Ktunaxa (Aussprache: K-tuu-Na-cha), somit auf einen von sieben Indianerstämmen im Grenzgebiet zwischen Kanada und den USA. Von ihrem Nachbarstamm, den Piegan-Blackfoot[99], wurden die Ktunaxa Kutenai genannt, was dem Namen Kootenay schon näher kommt und „sanftes Volk" bedeutet. Wie so oft in Kanada begegnet uns also auch hier die indianische Geschichte zuerst in den geografischen Bezeichnungen. Zu sehen sind die Indigenen ebenso wenig wie die Nachfahren der europäischen Einwanderer, denn menschliche Spuren beschränken sich im Kootenay auf die Straße und einige wenige, von dieser abzweigende Wanderwege.

---

99 *Piegan-Blackfoot: die Piegan waren der größte der drei Stämme der Blackfoot, zugleich der militärisch wichtigste; das Stammesgebiete reichte bis in die nordwestlichen Plains der USA;*

Wie halten auf dem 1651 Meter hohen Vermilion Pass an der kontinentalen Wasserscheide zwischen Atlantik und Pazifik. Wie bereits vor einer Woche queren wir die Grenze zwischen den beiden Bundesstaaten, dieses Mal geht es von Alberta nach British Columbia zurück; wieder eine Zeitumstellung. Da die Hauptrichtung unserer Reise nun zurück zum Pazifik schwenkt, somit nach Westen führt, gewinnen wir eine Stunde.

Die Straße folgt dem nach Süden zu abfallenden Tal des Vermilion River, das deutlich die Wunden eines Waldbrandes zeigt. Obwohl dieser bereits 20 Jahre zurückliegt, ragen auf den steilen Talflanken Abertausende verkohlte Stämme hoch. Sie muten an wie die Lanzen eines im Feuersturm untergegangenen Heeres. An vielen Stellen ist der frische Nadelwald bereits mannshoch nachgewachsen, das Unterholz darin blüht unbändiger als in den vom Feuer verschonten Waldbereichen. Die Asche nährt das Leben und dieses beeilt sich zu wachsen, sich zu mehren, ehe die nächste Feuersbrunst seinem Streben erneut ein Ende setzt. In Anbetracht der Tatsache, dass Waldbrände die Region häufig heimsuchen, bereitet uns die aktuell anhaltende Trockenheit Sorgen. Ein Funke genügt, so viel ist klar, und der Wald lodert abermals. Die für den heutigen Tag angekündigte Wetterumstellung klang nach Monaten der Trockenheit wie ein Versprechen. Aber die Bewölkung lockert auf und die Sonne zückt erneut ihr Brennglas. Unserer Wanderung durch den Marble Canyon[100] aber schenkt sie die Farben des Sommers.

Der erhöht angelegte Trail über dem Tokumm Creek führt auf Stegen und sieben Brücken über die bis zu 40 Meter tiefe, teils extrem schmale Schlucht. Der namengebende Marmor formte sich über einen Zeitraum von tausenden Jahren unter Druck und hoher Temperatur aus dem Kalkstein der Region. Nach massiver Erosion entstand schließlich der beeindruckende Canyon mit seiner betörend schönen, alpinen Flora. An einer besonders eindrucksvollen Stelle des Weges kommen wir zu zwei Exemplaren

---

100 *Marble Canyon: Marmorschlucht*

178

des Red Chair Experience. Bei diesem handelt es sich um rote Holzsessel, die in den Nationalparks und an sogenannten Historic Sites Besucher wie Wanderer zum Verweilen einladen. Als begehrte Fotomotive lösen sie in so manchem Reisenden eine wahre Sammlerleidenschaft aus. Selfies in den roten Stühlen werden zusammengetragen wie anderenorts Hütten- bzw. Gipfelkreuz-Stempel und Wandernadeln. Im Internet findet sich eine Auflistung der Red Chairs mit GPS-Daten zu deren problemloser Auffindung.

Nur drei Kilometer nach dem Marble Canyon kommen wir auf der Straße 93 zum Ausgangspunkt unserer zweiten, für heute geplanten Wanderung. Im sumpfigen Terrain der Paint Pots ist wasserdichtes Schuhwerk mit gutem Profil erforderlich, will man trockenen Fußes zu den rot-orangen Ockerteichen gelangen. Hier stoßen wir ein weiteres Mal auf die Geschichte der Indianer, denn die Ktunaxa nutzten hier jahrhundertelang das vom Wasser zermahlene Gesteinsmehl für die Herstellung einer roten Körperfarbe. Hierzu trockneten sie den eisenhaltigen Lehm, mahlten ihn zu feinstem Pulver und vermischten dieses zuletzt mit Tierfett. Das Endprodukt war eine feste Paste.

Alle, die einmal mit den Büchern von Karl May in Berührung kamen und lesend in die Welt des Wilden Westens eintauchten, wissen heute, dass das in den Romanen gezeichnete Bild vom edlen Indianer ebenso wenig den historischen Gegebenheiten entspricht wie jenes von der blutrünstigen Rothaut. Der Schriftsteller betrat nie den amerikanischen Kontinent und seine Recherchen waren weltanschaulich eingefärbt. Wohl aber ließ er seiner Fantasie freien Lauf. Wenngleich dies allgemein bekannt ist, sind unsere klischeehaften Vorstellungen von den Indigenen Nordamerikas durch die Lektüre seiner Werke ebenso beeinflusst wie von der Filmindustrie Hollywoods. Zutreffend ist, dass der wenig schmeichelhafte Name Rothaut sich auf die Kriegsbemalung bezieht, welche die Männer bei kriegerischen Auseinandersetzungen trugen. Diese sollte die Gegner einschüchtern und verbarg zudem die Identität der Kämpfer hinter einem rot entstellten Gesicht.

Häufig kam es vor, dass ein Stamm seine Nachbarn überfiel. Der Aggressor blieb dabei unerkannt und entging so der Rache. Bei der Kriegsbemalung handelte es sich also um eine Form der psychologischen Kriegsführung, welche die Indianer natürlich auch im Kampf mit den „weißen" Siedlern anwendeten. Immerhin verteidigten sie ihre Jagdgründe und suchten den heiligen Bison zu retten. Am Ende der Kampfhandlungen ging es nur noch ums Überleben.

Dass die Stämme der Ktunaxa die Friedfertigkeit in dem ihnen verliehenen Namen „sanftes Volk" trugen, lässt allerdings darauf schließen, dass sie die rote Erde der Paint Pots nicht nur zur Kriegsbemalung nutzten. Körperfarben waren auch bei Initiationsfesten üblich, bei Jagdzügen, Heilungszeremonien und Totenfesten. Farbe und Motive gaben Aufschluss über die soziale Stellung eines Stammesmitglieds und verschönerten die Tipis. Egal ob friedlich oder kriegerisch – die Paint Pots im Kootenay erinnern an eine Kultur, deren weitgehende Auslöschung dem Land ebenso eingeschrieben bleibt, wie die Wunden, die ihm das Feuer schlug. Im sprichwörtlichen Sinn mag über beides Gras gewachsen sein. Vergangenes trat in den Hintergrund, doch was geschehen ist, bleibt geschehen. Das Feuer ruft sich als periodisch wiederkehrende Katastrophe in Erinnerung. Das Schicksal der „Rothaut" aber brennt dauerhaft im Gewissen des nur scheinbar siegreich gebliebenen „Weißen Mannes". Im Krieg gibt es letzten Endes zwei Verlierer, die ihren Nachkommen die Bürde der Vergebung auferlegen.

Bahngeschichten: Kicking Horse / Letzter Nagel
Yoho Nationalpark, Kicking Horse Pass, Rogers Pass, Revelstoke Railway Muesum, Last Spike Historical Site

Nach unserem Abstecher in den Kootenay Nationalpark setzen wir unsere Fahrt auf dem Trans-Canada Highway fort. Weil er die kürzeste Verbindung nach Vancouver ist, werden wir ihm auf unserer restlichen Strecke durch das Hochgebirge folgen. Unterwegs erreichen wir mit Yoho bald den nächsten Nationalpark. Er ist das kleinste der vier zusammenhängenden Schutzgebiete der Rocky Mountains, die uns noch eine geraume Zeit begleiten. Angesichts der 28 von Gletschern umflossenen Gipfel, die allesamt die 3000er Marke überragen, und des schroffen Tals des Kicking Horse, verstehe ich, wie beeindruckt die Indigenen der Region von ihrer Heimat waren. Die Cree-Indianer[101] gaben dem Land den Namen „Yoho", was soviel wie „erstaunen" bedeutet. Der 1627 Meter hohe Kicking Horse Pass ist nicht nur der höchste Punkt des Trans-Canada Highway, sondern auch die größte Herausforderung für die transkanadische Eisenbahn. Nach Westen zu stürzt das Gelände abrupt in ein felsiges und von Geröll übersätes Tal ab, das die Bahn-Ingenieure vor schier unlösbare Aufgaben stellte. Die Techniker leisteten bei der Überwindung des Hochgebirges wahre Pionierarbeit, weshalb man ihrer in zahlreichen Historic Sites gedenkt. Das Kicking Horse Tal wurde Ende des 19. Jahrhunderts durch den Bau der ersten transkanadischen Eisenbahn erschlossen. Mit viereinhalb Prozent Gefälle gehörte die von Major A.B. Rogers konzipierte Strecke nicht nur zu den steilsten und kurvigsten Abschnitten des kanadischen Eisenbahnnetzes, sie galt auch als die gefährlichste. Viele Züge entgleisten auf der Strecke zwischen dem Pass und der Ortschaft Field. Der im Jahr 1909 erfolgte Bau zweier Tunnel mit jeweils doppelstöckig angeordneten, spiralförmigen Kurven im Berginneren verringerte das Gefälle von 4,5% auf 2,2%. 1992 erhöhte man die Tunnel, um die Durchfahrt doppelstöckiger Containerzüge zu ermöglichen. Die Plattform der „Kicking Horse Pass National Historic Site" ermöglicht den gleichzeitigen Blick auf den Eingang und Ausgang des Lower Spiral Tunnels. Weil die kanadischen Güterzüge meist aus mehr als 100 Waggons bestehen, kann man an den beiden Enden der Bergdurchfahrt häufig denselben Zug sehen. Uns fehlt allerdings die Geduld im Gedränge der schaulustigen Touristen auf den nächsten Zug zu warten, zumal die Aussicht von hoch aufragenden Bäumen behindert ist. Die Lokalität steht ohnehin am Beginn einer ganzen Reihe von historisch interessanten Punkten zum Thema Eisenbahn.

Weil sich um die Geschichte der Pazific Railway zahlreiche Ge-

---

101 *Cree: die mit Abstand größte Gruppe unter den First Nations Nordamerikas; das Stammesgebiet erstreckt sich von den Rocky Mountains zum Atlantischen Ozean, bis weit in die Vereinigten Staaten hinein; 135 offiziell anerkannte Stämme, rund 200.000 Menschen; die Cree bezeichnen sich als Ayisiniwok („wahre Menschen")*

schichten ranken, unterhaltsam und erstaunlich zugleich, ist die Fahrt entlang der Schienen nicht nur für erklärte Eisenbahnfreunde von Interesse. Bemerkenswert finde ich bereits die Anekdote, die erzählt, wie der Fluss, das Tal und der Pass zu ihrem Namen kamen. Sie alle heißen nämlich Kicking horse. Auf einer Schautafel der Historic Site steht zu lesen, dass ein gewisser Dr. James Hector, der als Arzt eine Expedition zur Erkundung des Passgeländes begleitete, von seinem Pferd getreten wurde. So einfach geht man hier in Kanada in die Geschichte ein. Ein bisschen Pionier, ein kleines Missgeschick und schon ist man ausreichend berühmt, um als Namensgeber für die gesamte Region zu dienen.

Damit die Attraktionen rund um die Pacific Railway zusammengefasst in diesem Buch erscheinen, werde ich nun unsere sonstigen Erlebnisse in Golden und weiter im Glacier- bzw. Mount Revelstoke-Nationalpark erst im nächsten Kapitel schildern. Wir folgen erst einmal den Schienen und ihren teils abenteuerlichen Erzählungen. Am Rande der westlichen Ausläufer der Rockies, im heutigen Glacier National Park, liegt der Rogers Pass. Hier wurde Eisenbahngeschichte geschrieben. Weil sich an den Bergketten der Columbia Mountains vom Pazifik kommende, feuchte Luftmassen stauen, schneit bzw. regnet es hier statistisch gesehen an drei von fünf Tagen. Im langen Winter liegt die Durchschnittshöhe der Schneedecke bei neun Metern und es herrscht extreme Lawinengefahr. Deshalb wurde in den Fels unterhalb des Rogers Passes der acht Kilometer lange Connaught Tunnel gegraben. Im Jahr 1988 ersetzte man ihn durch den Mount MacDonald Tunnel, der mit 14,7 Kilometern der längste Eisenbahntunnel Nordamerikas ist. Die „Rogers Pass National Historic Site" informiert über den Bau der Schienenstränge, eine mehr als abenteuerliche Unternehmung. Die Schwerarbeit wurde mehrheitlich von chinesischen Einwanderern für einen Hungerlohn geleistet.

Zudem liest man vom Landvermesser A. B. Rogers, der den Pass im Jahr 1882 als erster Weißer überquerte. Er war es auch, der das Gelände des Passes für eisenbahntauglich erklärte und die Streckenführung der Schienen konzipierte. Nach Fertigstellung des bautechnischen Großprojekts wurde der Pass nach ihm benannt.

Eisenbahnfreunde werden auf ihrer Fahrt Richtung Vancouver in jedem Fall in Revelstoke, dem Städtchen am Rande des gleichnamigen Nationalparks, halten. Die Geschichte der Siedlung ist eng mit der Canadian Pacific Railway verknüpft. Ihr Name bezieht sich auf Lord Edward Charles Revelstoke, einem britischen Geschäftsmann, der mit einer Finanzspritze der fast bankrotten Eisenbahngesellschaft den Weiterbau der Strecke ermöglichte.

Wenn wir schon seit Tagen des Nachts die ratternden Waggons der Pazific Railway aushalten müssen, wollen wir nun wenigstens über die Geschichte der Bahnstrecke Bescheid wissen. Deshalb beschließen wir das berühmte Railway Museum der Stadt zu besuchen, das wohl zu den interessantesten des nordamerikanischen Kontinents zählt. In einer mächtigen Halle ist hier alles versammelt, was in der kanadischen Eisenbahngeschichte Rang und Namen hat. Einer der Höhepunkte der Ausstellung ist die historische Dampflok Nr. 4568, ein wahrlich gigantisches Stahlross, das auf die Menschen des ausgehenden 19. Jahrhunderts einen furchterregenden Eindruck gemacht haben muss. Unterhaltsam, weil einer kleinen Zeitreise gleichend, finde ich den Rundgang durch luxuriöse Personenabteile. Dieser führt an Einrichtungsgegenständen, technischem Zubehör und großformatigen Fotomontagen vorbei. Im Freigelände bestaunen wir zahllose historische Waggons und einen mächtigen Schienenschneepflug, der sich den Schneemassen des winterlichen Rogers Passes gewachsen zeigte.

Als wir nach dem Museumsbesuch weiterfahren wollen, bekommen wir es mit den Eisenbahnmonstern der Gegenwart zu tun. Ein Bahnschranken wird just in dem Moment, da wir die Schienen queren wollen, heruntergelassen und verhindert eine dreiviertel Stunde lang unsere Weiterfahrt. Wenn einer der Güterzüge kommt, steht hier alles still. Im Schritttempo rattern die Waggons beladen mit doppelstöckigen Containern vorbei, gezogen und geschoben von schnaufenden Dieselloks am Anfang in der Mitte und am Ende einer endlos erscheinenden Kette. Beschriftungen verraten die Herkunftsländer der Container. Sie stammen aus China, Hamburg, den USA und natürlich aus dem Osten Kanadas. Somit haben sie bereits eine lange Reise hinter sich. Kanada setzt im Güterverkehr stark auf die Schiene, was angesichts der Entfernungen im zweitgrößten Staat der Erde vernünftig erscheint. Personenzüge hingegen verkehren auf der wichtigen West-Ostverbindung über die Rocky Mountains nicht. Unsere Fluchtversuche aus der Sackgasse, die durch die Schranken entstanden ist, scheitern. Das Navi leitet uns auf elendslange Umfahrungen, die eigentümlicherweise im Nirgendwo enden und noch dazu untauglich für Wohnmobile sind. Mein Rat an Reisende, die in Revelstoke vor niedergelassenen Bahnschranken warten, lautet deshalb: eine gemütliche Kaffeepause einlegen, oder je nach Tageszeit ein kleines Mittagessen bzw. Abendessen kochen und verzehren – das geht sich locker aus. Oder eine Meditation einlegen, je nach individueller Prädisposition. Vielleicht gibt es ja auch Zenmeister, die beim Warten vor einem kanadischen Bahnschranken zu Erleuchtung gelangen.

Obwohl wir von lärmenden Zügen nun langsam genug haben, und weil es ja nicht lange dauert, halten wir auch beim letzten Pflicht-Stopp für Eisenbahnfans, bei der „Last Spike Historical Site" von Craigellachie. Sie liegt bereits südlich des Revelstoke Nationalparks und markiert die Stelle, wo am 7. November 1885 der letzte Schwellennagel eingeschlagen wurde. Mit diesem als Festakt zelebrierten Ereignis schlossen sich die von beiden Richtungen fertiggestellten Schienenstränge zur durchgehenden Pazific Railway; selbstredend, dass der letzte Nagel nicht von einem der chinesischen Fronarbeiter eingeschlagen wurde.

Unerreichte Gletscher und Wiesen im Himmel
Golden, Glacier Nationalpark, Canyon Hot Springs, Mount Revelstoke Nationalpark, Sicamous

Unsere Reise entlang der Eisenbahnschienen führt durch die westlichen Gebirgszüge der Rockies hinein in die Columbia Mountains. Es liegt auf der Hand, dass die Pazific Railway zwar die lauteste der Attraktionen unterwegs ist, aber sicher nicht die einzige. In meiner Erzählung springe ich daher zurück nach Field,

dem kleinen und einzigen Nationalparkort von Yoho. Er hinterlässt einen verlorenen, ja bedrohten Eindruck, denn oberhalb des
Ortes türmen sich die Massive von Mount Stephen (3199 m) und
Mount Dennis (2539 m). Die Szenerie lässt wenig Platz für die
Weite des Himmels. Vielmehr erhebt sie sich zu einer Größe, die
einengt und gewissermaßen zwingt, sich mit der Kleinheit der eigenen Existenz zu befassen. Hochfliegende Gedanken erschlagen
sich an unverrückbaren Felswänden und kommen quasi als Echo
zurück. Unser Roadmovie flimmert vor meinen Augen, ein Streifen, dem mit Monika die frische, jugendliche Protagonistin ab-
handen gekommen ist. Er muss nun mit zwei in die Jahre
gekommenen Darstellern auskommen, die zu Ende bringen, was
sie vor vier Wochen begonnen haben.

Mein Unterwegssein ist voller Höhen und Tiefen, wie das Land
das ich bereise. Die vom Wall des Gebirges reflektierte Schau auf
mein Nomadentum zeigt deutlich die Ambivalenz meines Tuns.
In der Tradition des klassischen Roadmovies sucht der Held nach
Lösungen zu einem Konflikt, den er mit sich und der Gesellschaft austrägt. Der darin erlebte Widerstreit zwischen Freiheit
und Moral kann auch misslingen, aber der Held bleibt Held,
selbst wenn er verliert. Dieser Gedanke schenkt Mut, sich mit eigenen Konflikten zu befassen und das Ergebnis im Niederschreiben zu festigen, wie einen Weg für zukünftige Schritte. Ich bin
auf Straßen unterwegs, die der Natur abgerungen sind, nutze statt
meiner Beine ein Wohnmobil zur Fortbewegung, das Abgase und
Lärm produziert und mich auf diese Weise vom Fluss des Lebens
trennt. In der Heimat verankerten Menschen mag ich Reisende
wie eine Getriebene vorkommen, suchend und in weiten Teilen
orientierungslos. Somit erfülle ich ein wesentliches Merkmal des
Roadmovie-Helden, der ja bei allem, was er tut, angreifbar bleibt.

Ich räume ein, dass Reisen, wie ich es praktiziere, eine gehörige
Portion Egoismus in sich trägt, denn die kartografische Einord-
nung meines Erlebens erfolgt zuallererst in der Weltkarte meiner
Psyche. Diese ist gezeichnet von zutiefst persönlichen Gedanken
und Empfindungen. Den Stift führen meine Sinne, die ich so weit

öffne, wie es mir in der gegenwärtigen Phase meines Lebens möglich ist. Wohin ich die Aufmerksamkeit richte, worum meine Gedanken kreisen, zeigt den mir eigenen Horizont auf. Jeder Tag meiner Kanada-Reise weitet diesen Kreis, lässt das Lasso meines Blicks länger schwingen. Dabei überschreite ich Grenzen, meine eigenen und die des mir zustehenden Anteils an der ökologischen Gesamtrechnung. Das ist der nicht auflösbare Konflikt meines Tuns, die Wand, die ich wohl nicht überwinden werde, die ich akzeptieren muss, um voranzukommen.

Während ich meinen Gedanken nachhänge, biegt Franz in eine Stichstraße ein. Nur drei Kilometer abseits vom Highway 1 weitet sich mein Blick und fällt auf das smaragdgrüne Wasser des Emerald Lake. Die Farbe schmeichelt, beruhigt und beglückt. Eben hat sich noch der Kicking Horse River wild schäumend durch eine natürliche Felsbrücke gezwängt, jetzt herrscht Ruhe. Der See liegt da wie eine Einladung. Wir können nicht anders, als dieser zu folgen, trotz der fortgeschrittenen Stunde. So lassen wir den Großparkplatz und die Blockhäuser der Emerald Lake Lodge hinter uns und tun endlich, was uns gut tut. Wir gehen. Auf der fünf Kilometer langen Runde um den See lenkt die Botanik die Aufmerksamkeit auf sich.

Wilde Orchideen, winzig klein bis hin zum prächtigen Frauenschuh, säumen den Weg. Das Delta des am oberen Ende des Sees einströmenden Gebirgsbachs ist vom leuchtend roten Indian Paintbrush[102] bestanden.

---

102 *Indian Paintbrush: Castilleja, auch Indischer Pinsel und Präriefeuer genannt; zu den Sommerwurzgewächsen gehörig; die essbaren Blüten wurden und werden von den Indianerstämmen zum Würzen verwendet, Wurzeln und grüne Teile sind giftig*

191

Der Hochwald hinter dem Blütenmeer ist auf gewisse Weise ehrfurchtgebietend. Ich weiß, er ist das Reich von Wolf, Luchs, Adler und Bär. Schilder machen darauf aufmerksam, dass hier der Zutritt verboten ist. Der Rückweg führt durch unwegsamen Urwald. Hinter seinem üppig freundlichen Gesicht verbirgt sich das Geheimnis seiner Wildheit.

Look twice[103]

Birchwhite
shaken by the wind
with flocks of robins
spreading up
singing up
the tune of everlasting
happy summer

And berries on the way
nest around
to appetize the spirit bear
white and unique
as you
as me

Als wir unsere Fahrt nach Golden fortsetzen, dämmert es bereits. Die Strecke durch das extrem wilde Tal des auf Schotterflächen schwingenden Flusses zieht sich. Kaum haben wir den Nationalpark hinter uns gelassen, durchfahren wir einen wüsten Baustellenbereich. Ganze Felswände werden hier zur Erweiterung des Highway weggesprengt, Abstürze mit Unmengen an Beton verkleidet. Angesichts der erschreckenden Eingriffe in die Natur wird mir bewusst, wie wichtig die Nationalparks selbst in der abgeschiedenen Region des Hochgebirges sind.

---

103 *Übersetzung: Seite 292 / Quelle: Anthrazit, Duanna Mund*

Das Städtchen Golden am Zusammenfluss des Kicking Horse- und Columbia River ist die einzige nennenswerte Siedlung auf der heutigen Fahrt. Weil wir auf unserer Suche nach einem freien Übernachtungsplatz scheitern, bleibt uns nichts anderes übrig, als zum einfachen Golden Municipal Campground zu fahren. Wir haben Glück und bekommen den letzten freien Platz. Was für ein Tag – randvoll mit Eindrücken. Ich bin mehr als müde und das Rattern der Bahn wird mir bald wie ein Schlummerlied vorkommen.

→ ÜN.: Golden Municipal Campground
N. 51° 17,8438′/ W. 116° 56,8609′ /800m über NN
→ 250 Km

Der Wecker am nächsten Morgen klingt nach Zug. Er ist nicht zu überhören und wir beginnen den Tag zeitiger als geplant. Ehe wir aufbrechen, schlendern wir noch durch Goldens „Down Town", die sich auf eine Straße beschränkt. Trotzdem bedauern wir, gestern nicht eines der gemütlichen Lokale besucht zu haben. In einem der Saloons wäre es wohl leicht gefallen, bei einem Glas fresh brewed Beer mit einem der Locals in Kontakt zu kommen. Die bärbeißigen Bewohner des Städtchens machen selbst heute Morgen einen geselligen Eindruck, weshalb sie gestern Abend einem gemütlichen Schwatz sicher nicht abgeneigt gewesen wären. Warum nur haben wir nicht mehr Zeit? Heute Morgen müssen wir jedenfalls weiter.

Auf unserem Weg in Richtung Pazifik wartet nun der vorletzte Nationalpark auf uns. Auf dem Trans-Canada Highway durchfahren wir den nach dem ewigen Eis der schroffen Selkirk- und Purcell Range benannten Glacier Nationalpark. Die zu den Columbia Montians gehörenden steilen Bergketten und engen Täler können mit rund 400 Gletschern und Eisfeldern aufwarten, die bekanntesten unter ihnen der Asulkan- und Illecillewaet Glacier. Der Mount Mac Donald Tunnel und Lawinengalerien ermöglichen die ganzjährige Querung des Roger Passes. Die starke Vergletsche-rung des Gebirgszuges wird von hohen Niederschlagsmengen ge-speist, die an der Grenze des kontinental beeinflussten Klimas zum Meeresklima entstehen. Im Winter ist im Park, abgesehen vom Rogers Pass Centre und dem Trans-Canada Highway, alles geschlossen. Wegen der oft extremen Schneehöhen, regelmäßig werden neun Meter erreicht, betreibt man hier Lawinenschutz mit fix verankerten Sprengladungen. Die aktuell herrschenden som-merlichen Temperaturen fallen somit gänzlich aus dem Rahmen.

Gerne hätten wir uns das landschaftlich reizvolle Gebiet wan-dernd erschlossen, die üppig-grünen Regenwälder, ihren Über-gang zu den subalpinen Almen und fantastischen Blumenwiesen oberhalb der Baumgrenze. Aber bereits auf dem Rogers Pass scheitern wir. Die hier startenden Wanderwege sind wegen der montierten Sprengladungen auch im kurzen Sommer geschlossen. Wozu mit empfohlenen Wanderrouten die Lust auf ein Berger-lebnis wecken und dieses dann verbieten, fragen wir uns. Aus Är-ger lassen wir die Historic Site des Passes links liegen und begnügen uns mit einer Jause im Freien. Zwei zutrauliche Dia-demhäher leisten uns Gesellschaft und bieten eine hervorragende Entschädigung für entgangene Wanderfreuden.

Weiter talabwärts finden wir den Hemlock Grove Trail, den Meeting of the Waters Trail und Loop Brook Trail geschlossen vor. Einzig der weniger als einen Kilometer lange Rock Garden Trail ist zugänglich. Er bringt uns in ein pittoreskes Bergsturzge-lände.

In der Ortschaft Hot Springs nächtigen wir heute in einem Campground, der an ein kleines Thermalbad angeschlossen ist. Ein Bad in den Pools, einer 40° C heiß, der andere 36 ° C warm, entspannt. Nach mehr als drei Wochen Körperpflege unter wenig komfortablen Campingplatz-Duschen ist uns eine gründliche Körperreinigung zudem höchst willkommen. Beim Schlafengehen bleiben die Gelsen draußen – einer erholsamen Nacht steht also nichts im Wege. Wäre da nicht … Ich glaube, ich brauche nichts mehr zu sagen.

→ ÜN.: Canyon Hot Springs Campground
N. 51° 08,2211′/W. 117° 51,4487′ / 700m über NN
→ 120 Km

Heute geht es weiter durch den Mount Revelstoke Nationalpark, dem kleinen Bruder der großen Schutzgebiete in den Rocky Mountains. Leider setzt sich die gestrige Serie der geschlossenen Wanderwege fort. Bei dem Giant Cedars Boardwalk Trail kann ich die Sperre noch nachvollziehen. In den drei eben erst zurückliegenden Corona-Jahren wurde der Weg nicht gewartet und umgestürzte Zedern machen deutlich, wie gefährlich aktuell das Begehen der Route ist. Warum auf dem Skunk Cabbage[104] Trail allerdings nach wenigen 100 Metern schon wieder Schluss ist und wir folglich zur Umkehr gezwungen sind, entzieht sich einer Erklärung. Namengebend für den Pfad durch das feucht-sumpfige Auengebiet des Illecilleweat River ist eine hier wachsende Riesenkohlart. Der Aasgeruch der Blüten soll den Ausdünstungen eines Stinktiers gleichen. Im zeitigen Frühjahr locken die leuchtend gelben Kelche nicht nur bestäubende Insekten an sondern auch Schwarzbären. Nach dem Winterschlaf, noch vor dem ersten Stuhlgang, fressen diese die Blätter und Blütenknospen des Cabbage, um ihr Verdauungssystem zu reinigen und zu aktivieren.

---

104 *Skunk Cabbage: Symplocarpus foetidus, Stinkkohl, der Familie der Aronstabgewächse zugehörig, mit der Calla verwandt*

Jetzt, im Juni, ist die Gefahr Bären zu überraschen gering, denn nun finden sie Nahrhafteres in höheren Gebirgslagen.

Am schwersten unter den vertanen Chancen trifft uns die Teilsperre des „Meadows in the Sky Parkway"[105]. Nach 12 Kilometern serpentinenreicher Fahrt auf den Mount Revelstoke ist Schluss. Der Aussage der Frau an der Mautstelle, weiter oben läge auf der Straße noch Schnee, schenken wir keinen Glauben, denn die umliegenden Berge sind bis in die Gletscherregionen hinauf schneefrei. Der Gipfel des Mount Revelstoke aber liegt tiefer als 2000 Meter, also weit unter dem ewigen Eis. Zudem ist die Mautstraße auf dem der Sonne zugewandten Südhang geführt und wenn wirklich noch da und dort Schnee läge, gäbe es auch in Kanada Schneepflüge, die zum Einsatz kommen könnten. Also, was soll das? Wir sind äußerst verärgert. Aber es hilft nichts. Um die „Wiesen im Himmel" zu sehen, muss ich meine Phantasie bemühen. Die Aussichtspunkte auf dem befahrbaren Teilstück der Bergstraße versöhnen mich ein bisschen. Wir blicken hinunter zum Columbia River, dem größten Fluss Nordamerikas, der in den Pazifik mündet. Auch der Eagle Pass ist zu sehen mit dem Highway in Richtung Shuswap Lake und das benachbarte Gebirgsmassiv der Monashee Mountains. In der Talsohle liegt das Städtchen Revelstoke, am Zusammenfluss von Illecillewaet- und Columbia River. Dieses ist unser nächstes Ziel. Die Ortseinfahrt von Revelstoke wird von zwei großen, hölzernen Grizzly-Skulpturen eingerahmt – eine Erinnerung an die wilden Bewohner des Tales. In der Stadt allerdings dreht sich alles um die Pacific Railway, um das berühmte Bahnmuseum, wie schon im letzten Kapitel beschrieben.

Wir folgen dem ansteigenden Tal des Eagle River und halten nach kurzer Strecke bei der überaus fotogenen Hotelanlage „Three Valley Lake Chateau". Rote Dächer spiegeln sich malerisch im See. Angeschlossen an das luxuriöse Etablissement ist eine touristische Geisterstadt. In Österreich wäre ein Heimatmu-

---

105 *Meadows in the Sky Parkway: Wiesen im Himmel Straße*

seum von dieser Größe und Qualität mit Sicherheit gut besucht, wenn nicht sogar überlaufen. Hier begibt sich neben uns nur eine Hand voll Besucher auf die Zeitreise in die Epoche der Pioniere und Siedler. Unser Streifzug durch Saloon, Theater, Gefängnis, Poststation, Gemischtwarenladen, Bergwerk und Schule hat hohen Unterhaltungswert.

Am Abend erreichen wir Sicamous am Shuswap Lake. Der weitverzweigte See weist eine Uferlänge von über 1000 Kilometern auf und liegt in einem weitgehend unberührten Umfeld. Nur im Süden stören der Highway 1 und die Bahnlinie seine Ruhe. Sicamous ist ein beliebtes Freizeitzentrum und nennt sich selbstbewusst „Hausboothauptstadt der Welt". Bei unserer Ankunft im Übergang vom Frühjahr zum Sommer liegt ein großer Teil der Schiffe in der Marina. Ab Juli aber kann man hier komplett ausgestattete Hausboote für bis zu zwölf Personen mieten. Den Proviant für das Leben auf dem Wasser bringt man selbst mit.

Wir sind glücklich, am Gelände des öffentlichen Strands einen Übernachtungsplatz für unser „Landboot" zu finden. Die Gleise der Bahn führen allerdings direkt am Parkplatz vorbei – ein gewaltiger Schönheitsfehler. Zu Hause werden wir ohne das Dröhnen des Güterzugs wahrscheinlich nicht mehr schlafen können, sagen wir uns mit einer gehörigen Portion Galgenhumor. Trotz der fortgeschrittenen Tageszeit beträgt die Außentemperatur im Schatten 32° C. Erst nach Sonnenuntergang spazieren wir deshalb ein kleines Stück am sandigen Seeufer entlang und geraten in ein exklusives Campingplatzgelände. Ein kurzes Bad im sehr kalten See erfrischt herrlich. Die Temperaturen im Wohnmobil sinken auf erträgliches Niveau. Zeit, schlafen zu gehen – warum nur weiß der Zug das nicht?

→ ÜN.: Parkplatz am öffentlichen Strandbad Sicamous
N. 50° 50,2834` / W. 118° 59, 5083´ / 340m über NN
→ 140 Km

Der mit dem Bison tanzt
Rocky Mountain Buffalo Ranch

Wer, von Golden kommend, in das idyllische Tal des Blaeberry River[106] fährt, wird wohl auf der Suche nach Ruhe sein. Auf der Talschulter des Columbia Valley lässt man nämlich die lärmgeplagte Hauptverkehrsroute zurück und gelangt in die lieblichen Wiesen und Mischwälder der Gebirgsausläufer. Oder aber das Ziel der Fahrt ist Leo Downey, der Eigentümer der Rocky Mountain Buffalo Ranch. Immerhin gibt es mehrere Beweggründe den Mann mit dem abenteuerlichen Leben aufzusuchen: Rockmusiker, Wildnisführer, Guru des indianischen Einweihungswegs, christlich Berufener, Leiter einer Bisonfarm, leidenschaftlicher Sprecher für das der Natur innewohnende, große Geheimnis, das die Prärie-Indianer Uakan Tanka nennen.

Da Downey sich aktuell vor allem den spirituellen Aspekten des Lebens zuwendet, möchte ich an dieser Stelle auf die „Legende von der Weißen Büffelfrau" eingehen. Auf sie beziehen sich nicht nur die Riten der Indigenen, insbesondere jene der Lakota[107], sondern auch ein wesentlicher Teil der komplexen Lebensphilosophie Downeys.

---

106 *Blaeberry River:: blae (schottisch): blau; also: Blaubeerfluss*
107 *Lakota: gehören zu den drei wichtigsten Subkulturen der ursprünglich im Gebiet der heutigen USA beheimateten Sioux*

Exkurs: Die sieben Riten der indianischen Mythologie
Die Legende von der Weißen Büffelfrau[108]

Vor vielen Wintern gingen zwei Männer auf die Jagd. Sie standen auf einem Hügel und hielten nach Wild Ausschau. Als die Sonne aufging, beobachteten sie etwas, das sich aus der Ferne auf wunderbare Weise annäherte. Bald erkannten sie, es war eine schöne Frau, in weißes Hirschleder gekleidet mit einem Bündel auf dem Rücken. Weil einer der beiden Männer Begierde empfand, sprach er zu seinem Freund von seinen Gelüsten. Dieser wies ihn zurecht und sagte, es handle sich sicher um eine Uakan-Frau[109]. Als die Fremdartige ganz nahe bei den Männern war, legte sie ihr Bündel ab und winkte jenen mit den bösen Absichten zu sich heran. Der junge Mann näherte sich ihr und beide wurden augenblicklich von einer großen Wolke verhüllt. Bald darauf hob sich diese wieder und der böse Mann lag reglos zu Füßen der heiligen Frau. Schlangen[110] fraßen sein Fleisch, bis nur noch die Knochen übrig waren. Die Uakan-Frau sagte darauf zu dem erschrockenen zweiten Mann: „Schau, was du siehst! Ich komme zu deinem Volk und wünsche mit eurem Häuptling zu sprechen. Kehre zu ihm zurück und befehle ihm, ein großes Tipi zu errichten, in dem er sich mit seinem versammelten Volk auf mein Kommen vorbereiten soll. Ich will euch etwas von großer Wichtigkeit mitteilen.“

(…) Die Leute waren gespannt, als sie in dem großen Zelt auf das Kommen der heiligen Frau warteten.

(…) und dann erschien diese plötzlich, schritt im Sinne der Sonnenbahn um und das große Tipi und trat vor den Häuptling „Stehendes Hohlhorn“. Sie nahm das Bündel von ihrem Rücken, hielt es dem Mann entgegen und sagte: „Betrachte dies und liebe es stets! Es ist hochheilig und du musst es immer ehrfürchtig behandeln. Kein unreiner Mensch darf es zu Gesicht bekommen,

---

108 *Die Weiße Büffelfrau: eine Figur der Lakota-Mythologie, die in die Erzählungen anderer indigener Völker einging; wird als die Kulturbringerin, sowie als Gattin des Südwindes verehrt*

109 *Uakan-Frau: heilige, geweihte Frau; uakan wird auch als machtvoll, geheimnisvoll übersetzt*

110 *Schlangen: ein allgemeingültiges Symbol der indianischen Mythologie für das Schicksal, das Menschen widerfährt, die ein Leben führen, das auf die Sinne des Körpers und die Dinge dieser Welt beschränkt bleibt; sie stehen für die Leidenschaften, die aufzehren.*

denn in diesem Bündel befindet sich eine heilige Pfeife. Mit ihr sollt ihr in den kommenden Wintern eure Stimme zu Uakan-Tanka[111], eurem Altvater und Vater, erheben."

Mit diesen Worten nahm sie die Pfeife und hob sie mit dem Stil gegen den Himmel. Sie fuhr fort: „Mit dieser heiligen Pfeife sollt ihr auf der Erde leben; denn sie ist eure Altmutter und Mutter[112] und heilig. Jeder Schritt, der auf ihr getan wird, soll fortan wie ein Gebet sein. (…)

Im Mythos folgen nun die sieben Riten, die den Menschen zur Verfeinerung ihres Wesens gegeben werden. Die Erklärungen der Weißen Büffelfrau zur Durchführung und Nutzung der Riten an dieser Stelle wiederzugeben, führte zu weit. Daher zähle ich sie nur auf.

Das Zurückhalten der Seele
Der Reinigungsritus der Schwitzhütte
Das Flehen um ein Gesicht
Der Sonnentanz
Das Verwandtschaft-machen
Die Vorbereitung eines Mädchens auf das Frausein
Das Aufwerfen des Balls

Weiter in der Rede der Weißen Büffelfrau:
(…) „Die Frucht eurer Mutter, der Erde, und die Frucht von allem, was sie trägt, wird mit den Riten gesegnet sein. Und dein Volk wird mit ihrer Hilfe den Lebenspfad in einer dem Geheimnis gemäßen Art abschreiten. Vergesst nicht, dass euch Uakan-Tanka sieben Tage gab, um eure Stimmen zu Ihm zu erheben. Solange ihr dessen eingedenk seid, werdet ihr leben."

---

111 *Uakan-Tanka: als „Altvater": der Große Geist, unabhängig von jeglicher Wirkung, eigenschaftslos, unbegrenzt; als „Vater": der Große Geist in seiner Kundgebung als Schöpfer, Erhalter und Zerstörer;*

112 *Mutter und Altmutter: Unterscheidung wie zwischen Vater und Altvater; Die Mutter steht für die Erde als Erschafferin aller wachsenden Formen, in der Wirkung, während die Altmutter sich auf den Grund oder die Substanz aller wachsenden Dinge bezieht, auf das Vermögen; vergleichbar mit der Unterscheidung zwischen natura naturans und natura naturata bei den christlichen Scholastikern;*

Nun begann die Uakan-Frau das Zelt zu verlassen (…)
Nachdem sie dieses im Sinne der Sonnenbahn umschritten hatte, entfernte sie
sich. Aber bald blickte sie zu den Menschen zurück, setzte sich und wurde
ein rotbraunes Büffelkalb. Dieses ging ein Stück weit, ließ sich wie zuvor
nieder, um sich zu wälzen. Wieder schaute es zu den Leuten zurück. Als es
sich erhob, war es ein weißer Büffel. Auch der weiße Büffel tat wie zuvor und
verwandelte sich in einen schwarzen Büffel. Ehe dieser sich endgültig entfernte, hielt er ein letztes Mal an, um sich in die vier Richtungen des Weltalls zu
verneigen. Dann verschwand er hinter dem Hügel.

Many Mules [ca. 1905]
Kainai (Blood)

Sitting Eagle (John Hunter) [ca. 1927]
Îyârhe Nakoda (Stoney)

Nach diesem Ausflug in die indianische Mythologie drängen sich wohl mehrere Fragen auf: Was hat die spirituelle Welt der Lakota mit jener der kanadischen Indigenen gemein, und wie kann es sein, dass geheime Riten in die Welt hinausgetragen wurden, dass Menschen von ihnen lesen, die weder der indianischen Kultur zugehörig sind, noch als eingeweiht betrachtet werden können. Erklärungsbedürftig auch, was das alles mit Leo Downey zu tun hat und mit meiner persönlichen Begegnung mit den Bisons auf der Rocky Mountain Buffalo Ranch? Um das Verständnis hierfür zu erleichtern, werde ich in umgekehrter Reihenfolge auf die Fragen eingehen. Ich nehme Sie nun also mit auf die Bisonfarm im Blaeberry.

Zehn Minuten Fußweg sind es von einem an der schmalen Landstraße gelegenen Parkplatz bis zu Ranch. Bei unserer Ankunft scheint es, als würden wir nicht erwartet. Das Haupthaus wirkt verlassen; vor einem Schuppen Holzbänke, eine kalte Feuerstelle, Tische mit Werkzeug, Fetischen und Kultgegenständen, die sich einer Erklärung entziehen. An der Rückwand hängt das Fell eines mächtigen Bisons, sowie der gewaltige Schädel des Tieres. Während ich noch in die Betrachtung der Fotos von der Arbeit auf der Ranch versunken bin, kommt Downey auch schon – die Führung kann beginnen. Vorerst allerdings sind wir aufgefordert, Platz zu nehmen und den Worten des Ranchers zu lauschen. Wie wir gleich bemerken, hat er viel zu erzählen, mehr noch – es ist eine Botschaft, die er vorbringt und das mit einer Freude und Leidenschaft, als wären wir die ersten, die von seinem Weltbild erfahren. Obwohl er weit ausholt und in der ersten halben Stunde eigentlich nur Einblicke in seine Biografie gewährt, langweilt er uns keine Sekunde. Wir begreifen nämlich, dass sein Lebensweg zur Farm einfach dazugehört.

Downey wurde in Kalifornien geboren. Nach Jahren einer erfolgreichen Karriere als Rockmusiker geriet er in eine existenzielle Sinnkrise. Sie zwang ihn, sein Leben zu ändern. Zum Entsetzen seiner Freunde verbrachte er drei Jahre abseits von menschlicher Zivilisation in der halbtrockenen Sierra Madre. Nachts schlief er unter freiem Himmel, auf der Erde, auf Steinen und schütterem Bewuchs, tagsüber meditierte er. Es gelang ihm, weitgehend von dem zu leben, was er jagte und sammelte. Wie er in seinem Buch „Soultracker – Following the Beauty"[113] schreibt, erlebte er, zurückgeworfen auf sich selbst und die Wüste, eine Bewusstseinserweiterung. Das „Haus der Sonne" zeigte sich ihm voller Wunder. Als er in die Zivilisation zurückkehrte, erwarb er eine Lizenz als Wildnis-Führer und begann Menschen auf, wie er sagt, Visionsreisen mitzunehmen. Seine Erlebnisse mit dem indigenen Volk der Chumash[114] prägten sich ihm tief ein. Mit den Indianern teilte er vor allem die Verehrung der Natur, in welcher sich das Göttliche ausdrückt. Um seinen Empfindungen Taten folgen zu lassen, beteiligte er sich bald an diversen Schutzprogrammen, unter anderem am California Condor Recovery Project, das sich um den in Downeys Heimat vom Aussterben bedrohten Kondor kümmerte.

Seit dem Jahr 1998 betreibt der Aussteiger nun, weit entfernt von seinem Geburtsort, im Westen des kanadischen Glacier Nationaparks, eine Farm mit Bisonzucht. Diese darf man aktuell um den Preis von $ 25,- pro Person besuchen. Downeys Wissen über Bisons ist groß und er lässt uns mit sichtbarer Freude daran teilhaben. Die Wildnis und vor allem der Kontakt mit den Tieren hätten sein Leben verändert, mehr noch, es ihm erklärt, betont er während seines lebendigen Vortrags mehrfach. Hier seine Ausführungen im Überblick:

Downey betreibt die Farm aus Leidenschaft für den Bison und verdient zugleich damit seinen Unterhalt. Er lebt von der Züchtung, artgerechten Haltung und dem Verkauf der überzähligen Tiere. Selbstverständlich werden die Bisons auch geschlachtet. Das Fleisch kommt auf den Markt und alles, was an dem getöteten Tier nutzbar ist, wird verwertet und ebenso feilgeboten. Downeys Herde lebt in ihrem weiten Terrain in einem natürlichen Familienverband. Dieser besteht aus einem dominanten Bullen

---

113 *Herausgeber: Xlibris US / 2014*
114 *Chumash: indigenes Volk im Süden Kaliforniens*

und einer stattlichen Zahl von Kühen. Alle Mitglieder der Herde sind miteinander verwandt. In freier Natur dominiert ein Bulle bis zu 80 Kühe, von denen er ungefähr 40 pro Jahr deckt. Um seine Gene weitergeben zu dürfen, muss er alle Kämpfe, die er Zeit seines Lebens austrägt, gewinnen. Downeys erster Bulle hieß Chester und erreichte ein Alter von 17 Jahren. Sein Schädel hängt nach echter Wildwest-Manier an der Wand des Schuppens, vor dem wir sitzen, während wir lauschen. Jetzt regiert Chesters Sohn die Herde. Er heißt Chester Junior, wie sonst?

Am liebsten würde ich nun zu den Bisons hinüberlaufen, zur eingezäunten Weide und die prachtvollen Tiere bewundern. Ich weiß, das größte Landsäugetier Amerikas misst in der Körperlänge bis zu dreieinhalb Meter. Die Widerristhöhe liegt beim ausgewachsenen männlichen Tier bei 180 Zentimetern. Was für ein mächtiges Wesen! Ich muss mich gedulden, denn Downeys Ausführungen gehen weiter und nichts von dem, was noch kommt, möchte ich versäumen.

Wir erfahren, dass die männlichen Kälber der Herde vor Erreichen der Geschlechtsreife im dritten Lebensjahr geschlachtet werden, weil Chester Junior sie sonst vertreibt und es dabei zu schweren Kämpfen kommt. Dennoch hat der Leitbulle bereits drei junge Konkurrenten getötet und etliche schwer verletzt. Chester Junior darf kein einziges Mal verlieren und er hat es auch noch nie getan, sonst wäre er nicht mehr am Leben. Immer wieder betont Downey, wie gefährlich Bisons seien. Im Yellowstone Nationalpark wären in den letzten zehn Jahren 50 Menschen von Bisons getötet worden. Aber gerade die Wildheit dieser Tiere scheint Downey zu reizen. Stolz erzählt er davon, wie er in jahrelanger Arbeit das Vertrauen von Chester, seinem ersten Leitbullen, gewann. Mit Ausdauer und Mut schaffte er es, von ihm und der Herde als Mitglied anerkannt zu werden. Zu Chester Junior hat er, wie er sagt, eine fast freundschaftliche Beziehung. Der 1000 Kilogramm schwere Bulle achte ihn. Er sei berechenbar und gäbe ihm klarere Zeichen, als es die halb so schweren Kühe tun würden. Downeys Schmunzeln verwandelt sich in ein breites

Grinsen. „Try cows", das heißt nicht gedeckte Kühe bzw. solche, die ein Kalb verloren haben, seien die Gefährlichsten unter den Bisons. Mit einer von ihnen habe er einmal einen wochenlangen psychologischen Krieg geführt, der ihn fast das Leben gekostet hätte.

Offenbar braucht Downey jetzt selbst eine Pause. Er unterbricht die Erzählung und wir marschieren los in Richtung Weide. Ein kurzer Weg am Zaun entlang und eine gut einsehbare Stelle ist erreicht. Die Herde hat uns längst gewittert. Chester Junior, wegen seiner Größe deutlich von den Kühen zu unterscheiden, hat den Kopf gehoben und beobachtet uns aufmerksam.

Augenscheinlich kennt er das Ritual seines menschlichen Freundes, der ihn regelmäßig mit Gästen besucht. Die kleinen Menschengruppen schätzt er als harmlos ein, solange diese hinter dem Zaun bleiben. Fast leichtfüßig trabt er heute heran und scheint sich auf die angebotenen Getreidekörner ebenso zu freuen wie auf Downey selbst. Das Tier zu beschreiben, fehlen mir die Worte. Es ist einfach prächtig; so nahe, so entspannt, so kraftvoll und auf gewisse Weise ehrfurchtgebietend. Ich bin begeistert, berührt und dankbar für diese Begegnung. Mittlerweile sind auch einige Kühe und drei Kälber herangekommen. Nachdem Chester das Interesse an uns Menschen verloren hat, gibt er der Herde den Weg frei. Jetzt dürfen wir auch seine Familie in Ruhe betrachten.

Rührend ist, wie Downey mit den Tieren umgeht, seine innere Beteiligung bei allem, was er tut, obwohl er die Bison-Zucht schon 25 Jahre lang betreibt. Wieder zurück beim Schuppen, blättere ich in seinem Buch, das er zum Kauf aufliegen hat. Ich finde in den wenigen Zeilen, die ich in der kurzen Zeit lese, meinen Eindruck bestätigt: Downey erfüllt nicht nur das Klischee eines Aussteigers, vielmehr folgt er einer Berufung, die auf mehreren Ebenen seines Lebens sichtbar wird. Später kaufe ich seinen „Soultracker", den „Fährtenleser auf den Spuren der Seele". Ich freue mich auf die Lektüre, denn Downey bringt in dem Buch tiefe christliche Gläubigkeit und indianische Demut sowie Ehrfurcht vor dem Leben in Einklang.

InSpiration[115]
(aus Soultracker – Following the Beauty)

One of the most beautiful mysteries
I have entered is the mystery of the buffalo
As creatures they are a "people"
As buffalo nation
Of a Great Spirit
On my hand I have a vein of Red Clay
It stains their robes like blood
They are a chain linked by ancient love
The kind legends are made of
And I knew one

I saw him kill bulls and lick calves
To be in his presence was always an encounter
It took about six years for him
To say, "Okay, you can come closer".
I saw him in my dreams
They´re the only ones that wander alone
Because they aren´t afraid of anything
They win every fight they ever have
For as long as they live they won´t give up
The first one they lose is the last
He did more than inspire
He was a living InSpiration

As he died I breathed his last breath
He closed his eye and cried one tear
Mine felt like a sea
In dreams he´d tried
To give me his strength
But I was afraid

---

115 *Übersetzung: Seite 293 / Quelle: Soultracker, Leo Downey*

I didn´t have the guts to take
What I long to give
I´m learning
It´s the same with God
His strength is his InSpiration

Our body grows wings
And our soul grows guts
Life is something every creature dies for
What we perceive as separation
Is more than an illusion
It is our own Oneness
Our likeness to God.
For me
To be an Artist
Is to become a prayer

Obwohl die für unseren Besuch vorgesehene Zeit sich dem
Ende zuneigt, zeigt Downey uns noch den beeindruckenden Tomahawk, den er von einem indianischen Freund geschenkt bekommen hat. Dann wohnen wir einer Demonstration des
Feuermachens mit ausschließlich der Natur entnommenen Hilfs-
mitteln bei und setzen uns mit der mehr als tragischen Geschichte der Bisons auseinander. Downey hat die erschreckenden Daten
abrufbereit im Kopf: Vor Eintreffen der Weißen rund um das
Jahr 1850 lebten in Nordamerika geschätzte 60 Millionen Bisons.
Nur vierzig Jahre später bestanden die fragmentierten Kleingrup-
pen nur noch aus wenigen tausend Tieren. Der Bison stand vor
der Ausrottung. Indianische Geschichten erzählen von riesigen
Herden, die einst das Grasland vom subarktischen Sklavensee bis
zum Golf von Mexiko durchwanderten. Wenn sie im Herbst süd-
wärts zogen, vereinigten sie sich. Die Prärie soll dann von Horizont zu Horizont von einer einzigen dunklen Masse von Bisons
bedeckt gewesen sein. Zu Beginn der von den europäischen Inva-

soren durchgeführten, gnadenlosen Jagd wurden die mächtigen Tiere wegen des hervorragenden Leders erlegt, später in einem wahren Blutrausch abgeschlachtet. Im Krieg zwischen den Regierungstruppen und den Indianern ging es darum, die Lebensgrundlage der Natives zu zerstören. Als Farmer zuletzt das gewaltsam in Besitz genommene Land einzäunten und mit den domestizierten Schafen ein Virus einführten, auf das die Bisons letal reagierten, gab dies den dezimierten Beständen den Rest.

Mit dem Buffalo nahm man den Indianern nicht nur die Hauptnahrungsquelle, sondern auch das Leder für Zelte und Bekleidung, Sehnen für Bogen und andere Schnüre. Vor allem aber brachen die Aggressoren in das spirituelle Weltbild der Indigenen ein. Jeder einzelne Bison verkörperte für sie die Weiße Büffel Frau, welche die direkteste Verbindung zu Uakan Tanka darstellt. Wenn sie erscheint, werden Gebete erhört und eine Zeit voller Segen bricht an. Wie in der christlichen Heilslehre die Wiederkunft des Messias erwartet wird, so gibt es bei den Indianern das Versprechen, beim erneuten Erscheinen der Weißen Büffel Frau Erlösung zu erlangen.

Heute leben im gesamten Nordamerika wieder an die 650.000 Bisons; viele von ihnen streifen durch Schutzzonen des Kontinents. Die Indianer haben sich schlechter erholt als ihre tierischen Brüder. Die Mehrheit von ihnen muss als assimiliert bezeichnet werden und nicht als integriert. Sie lebt unter prekären Verhältnissen in Städten oder auf freiwilliger Basis in den Reservaten. Letztere befinden sich in ökologisch und ökonomisch benachteiligten Zonen des Landes.

Es bleibt noch auf die Frage einzugehen, warum ich das Kapitel „Der mit dem Bison tanzt" mit dem Mythos von der Weißen Büffel Frau begonnen habe. Dieser geht ja, wie bereits erwähnt, auf die in den USA beheimateten Lakota zurück. Woher kommt der Bezug zu Kanada? Hierzu habe ich folgende Erklärung:

In der zweiten Hälfte des letzten Jahrhunderts entschlossen sich Häuptlinge der Lakota, die Geschichte ihres Volkes aus der Innensicht in Buchform zu veröffentlichen. Zugleich brachen sie das Geheimnis um ihre Riten. Die Schamanen Sitzender Bulle (Sitting Bull), Verrücktes Pferd (Crazy Horse), Schwarzer Hirsch (Black Elk) sowie der Schriftsteller John Okute Sica, alle den Lakota zugehörig, stießen anfangs auf Widerstand in den eigenen Reihen. Mittlerweile hat sich bei den Indigenen jedoch die Erkenntnis durchgesetzt, dass die Bücher helfen, die Wahrheit über das eigene Volk zu bewahren. Viele der entwurzelten Mitglieder ihres Stammes kennen die eigenen Bräuche nicht mehr. Dazu kommt, dass, bei Betrachtung des spirituellen Aspekts der literarischen Werke, man durchaus von einer Missionsarbeit sprechen kann.

Der im Jahre 1831 geborene Lakota Sitting Bull trug maßgeblich dazu bei, dass wir heute von der indianischen Kultur lesen können. Als Junge zog er noch durch die Weiten der Prärie, die Traditionen seines Volkes waren Teil seines Lebens. Später, als Häuptling, wurde Sitting Bull zu einem der wichtigsten Anführer im Kampf gegen die Landnahme der Siedler und deren militärische Unterstützung. Nach der verlorenen Schlacht am Little Bighorn im Jahre 1876 floh er mit einigen Tausend Angehörigen aller sieben Stammesgruppen der Sioux nach Kanada. Doch da waren die Büffel bereits fast ausgerottet und die Lakota somit ihrer Lebensgrundlage beraubt. Deshalb ergab sich Sitting Bull mit dem Großteil seines Stammes. Weniger als 250 Lakota aber blieben in Kanada oder flohen nach kurzem Aufenthalt in Reservaten wieder dorthin zurück. Neun Bands siedelten sich dauerhaft in Manitoba und Südsaskatchewan an, in den östlich von Alberta gelegenen kanadischen Provinzen. An den Verhandlungen um die den Indianern zustehenden Landrechte beteiligten sie sich nicht, weil sie dem Grundsatz treu blieben, Natur könne man nicht besitzen. Sie gehöre nur sich selbst. Eine im Jahre 2008 angebotene Entschädigung in der Höhe von 60 Millionen US-Dollar lehnten sie ab. Die Bedingungslosigkeit, mit der sie zur Weisheit ihres Volkes stehen, beeindruckt nicht nur in ihrer US-amerikanischen sondern auch in ihrer neuen Heimat. Somit ist die Kultur der Lakota in Kanada fast ebenso bekannt wie jene der im Land beheimateten Küstenindianer.

Wie bereits erwähnt, überspringt die der indianischen Lebensart zugrunde liegende Spiritualität derzeit nicht nur die Grenzen ihres Volkes sondern auch die Grenzen ihres Landes. Mehr noch, sie findet Einzug in das Wissen der gesamten Menschheit. Dies schmälert jedoch nicht die Tragik im Leben des Schriftstellers Okute Sica, der sich bewusst war, der Letzte der alten Lakota gewesen zu sein. Von ihm sind folgende Worte überliefert: „Leb wohl, Amerika, Land der Geheimnisse, Land des eingeborenen Menschen … Die Zeit der Lakota ist zu Ende… Mit meinem Amerika bin ich gestorben und ich hinterließ keine Spuren. Wie der Büffel bin ich entschwunden. Ich bin in ein anderes Land der Geheimnisse gegangen. Dort lebe ich mit meinem Gott, für immer."

Die Mär vom bösen Wolf
Northern Lights Wildlife Wolf Centre

Unweit der Bisonranch liegt das „Northern Lights Wildlife Wolf Centre", eine Wildtierstation, deren Hauptziel es ist, die öffentliche Wahrnehmung vom Wolf als böse Bestie zu korrigieren. Wölfe, die im Gehege vor sich hin dösen wie gelangweilte Schäferhunde und nach der Fütterung nicht wissen, was sie mit ihrer freien Zeit anfangen sollen, sieht man anderenorts auch. Für mich geben die in diversen Wildtierparks zur Schau gestellten Wölfe ein verzerrtes Bild ihres ursprünglichen Wesens ab. Im Wildlife Wolf Centre, das inmitten einer Wildnis liegt, in der Wölfe ihr natürliches Habitat haben, verstärkt sich dieser Eindruck. Die urzeitlichen Wildhunde waren in ihrer Geschichte stets Konkurrenten zum Menschen, erst in der Jagd, später im Anspruch auf Land und domestizierte Tiere. Kein Wunder also, dass sie einander nicht über den Weg trauten.

Die im Wolf Centre lebenden Grauwölfe unterscheiden sich in Aussehen und Charakter stark voneinander. Ihr Fell ist dick und für gewöhnlich grau. Bei wenigen Tieren variiert es zwischen reinem Weiß, Rot, Braun und Schwarz. Meist kommen sie als in Not geratene Welpen in die Schutzstation und erfahren somit eine natürliche Sozialisierung im Rudel sowie im Umgang mit den Menschen. Wenn ich höre, dass Touristen hier nach vorheriger Anmeldung, um teures Geld eine Kurzwanderung in Begleitung abgerichteter Wölfe machen können, frage ich mich, ob ein solches Erlebnis das Verständnis für das Wildtier hebt. Auch der Vortrag der zwei jungen Frauen, die das Zentrum führen, lässt vorerst Wünsche offen. Sie leiern ihren Text im Eilzugtempo herunter, wie sie es schon hunderte, vielleicht tausend Male getan ha-

217

ben. Interessant wird es aber, als eine der beiden von ihrer persönlichen Geschichte mit den Wölfen erzählt, denn nun schlägt sie kritische Töne an.

Wir erfahren, dass die Frau, wie Downey, aus Kalifornien stammt, wo sie jahrelang als Wolfstrainerin für die Filmindustrie arbeitete. Die in den Hollywoodstreifen übliche Inszenierung des Wolfs als böse Bestie erforderte eine Dressur, die sie letztlich mit ihrem Gewissen nicht mehr vereinbaren konnte. Sie kündigte und begann sich fortan für die Rehabilitierung des Wolfes zu engagieren. In ihren Ausführungen zur Koexistenz von Mensch und Wolf, stellt sie die Frage, wer darin die Bestie abgibt. Sowohl die USA als auch Kanada spielen im Umgang mit Wölfen bis in die Gegenwart eine unrühmliche Rolle. So erhielten Trapper in British Columbia am Beginn des 20. Jahrhunderts für jeden erlegten Wolf zweieinhalb Dollar Kopfgeld. Bis zum Jahre 1949 stieg die Prämie auf 40 Dollar. Als der Wolf im Yellowstone National Park in den späten 1920er Jahren trotz der für alle anderen Wildtiere geltenden strengen Schutzbestimmungen ausgerottet war, brachte dies das Ökosystem beinahe zum Kippen. In den 1950ern traten Wapiti Hirsche, Elche und Bisons in Massen auf. Sie zeigten sich zunehmend unterernährt, die Schwächsten unter ihnen verhungerten. Außerdem waren die Gewässer begleitenden Baumarten wie Espe, Pappel und Weide extrem rückläufig und die Fischbestände schrumpften. Im gesamten Naturschutzgebiet gab es keinen einzigen Biber mehr. Im Jahre 1995 bat die Nationalparkverwaltung die kanadische Regierung um Unterstützung, worauf diese 60 Wölfe nach Yellowstone schickte. Weil sich durch die Dezimierung des Wildbestandes der Bewuchs entlang der Flüsse rasch erholte, fanden Biber wieder Baumaterial für die Dämme, die Fische kehrten zurück. Bereits acht Jahre nach Wiedereinsetzen des Wolfes hatten sich nicht nur dessen eigene Bestände erholt, auch das Gleichgewicht zwischen den Arten war wiederhergestellt.

Mit trauriger Miene fährt die Leiterin des Wildlife Centre fort. Die Kanadier hätten nichts aus dieser Geschichte gelernt. Im

Lande werde zwar viel für den Schutz der Bären unternommen, weil diese Touristen anlockten und somit Geld einspielten. Die Wölfe seien aber nach wie vor Freiwild. Der Nationalpark Banff zeige heute die gleichen Symptome wie der Yellowstone Park im 20. Jahrhundert. Grasland und Bäume wären überfressen, denn in den vier zusammenhängenden Schutzgebieten der Rocky Mountains lebten gerade einmal geschätzte 50 Wölfe. Vor vier Jahren seien es noch 120 gewesen. Das Bow Valley beheimate weniger als zwölf Biber, das große Feuchtgebiet in Banff weise nur noch einen einzigen Biberdamm auf.

Dieses vernichtende Resümee der jungen Frau rückt mein Bild von den Nationalparks in ein neues Licht. Der ungeschönte Blick auf die Realität zeigt: Straßen, Schienen und Siedlungen stressen und vertreiben Wildtiere. Bleiben diese, passen sie sich dem menschlichen Umfeld an und weiten ihre Nahrungssuche auf dieses aus. Zwangsläufig kommt es dabei zu Konflikten. Seit der langsamen aber stetigen Rückkehr des Wolfes in Europa kennen wir das Problem auch auf dem Alten Kontinent. Dort ist das Zusammenleben von Wildtieren und Menschen wegen der weitgehend dichten Besiedlung und intensiven Landnutzung mindestens ebenso konfliktträchtig wie hier. Umso trauriger ist es, dass in Kanada trotz der Weite des Landes Wölfe bis heute ohne Genehmigung gejagt, mit Hunden gehetzt und vergiftet werden.

Als ich das Wolf Centre verlasse, bin ich bedrückt. Die Devise „Wildnis oder Mensch" steht weltweit noch immer über der von „Wildnis und Mensch". Nach Angaben des WWF erlebt unser Planet derzeit das größte Artensterben seit dem Ende der Dinosaurier in der ausgehenden Kreidezeit vor 66 Millionen Jahren. Zu dem kommt, dass sich die Bestände der meisten noch nicht vom Aussterben bedrohten Gattungen massiv dezimieren. Es geht also nicht nur die Artenvielfalt der Erde in rasantem Tempo zurück sondern auch deren Biomasse. Lässt man einzelne Entwicklungen außer Acht, die auf natürliche Ursachen zurückzuführen sind, muss man eingestehen, dass das Desaster menschengemacht ist. Ich entsinne mich des Satzes eines Freundes, der mir während eines Gesprächs zur Umweltproblematik, wenngleich in einem anderen Zusammenhang als mit dem Wolf, an den Kopf warf: „Aber zuerst kommt schon noch der Mensch und dann die Viecherln!".

Egal ob in Kanada oder Europa – das Märchen vom Bösen Wolf sitzt tief. Und der Gedanke von der Natur, die dem Menschen zu dienen hat, scheint in unser Denken eingebrannt, egal ob wir wirtschaftlich, kulturell oder religiös motiviert sind. Die schier unermessliche Weite Kanadas zeigt, dass es nicht immer um begrenzte Ressourcen gehen muss, um uralte Ressentiments zu letalen Verhaltensmustern zu verfestigen. Achtete man in Kanada die Ethik der Indigenen nicht bloß als hochstehendes kulturelles Erbe, sondern versuchte man indianisches Denken in die moderne Welt zu übertragen, geriete die blutrünstige Bestie aus Grimms Märchen wohl bald in Vergessenheit. Denn der Wolf spielt in den Mythen der Coast Salish eine gänzlich andere Rolle.

Exkurs: Der Wolf als blutsverwandter Bruder

Eine Mär vom Ursprung der Küstenindianer erzählt, dass vier Ahnen einst vor einer großen Überschwemmung auf den Gipfel eines hohen Berges geflüchtet seien. Als Zwischenwesen, die Mensch und Wolf in sich trugen, hätten sie und ihre Nachkommen geglaubt, die einzigen ihrer Art zu sein. Als sie bei einem der rituellen Wolfstänze auf ihr Heulen hin eine Antwort erhalten hätten, wären sie, neugierig geworden, vom Berg heruntergestiegen und Menschen wie Wölfen begegnet. Sie seien geblieben und hätten Nachkommen gezeugt.

In der Kultur der Salish-Völker ist der Wolf dem Menschen somit blutsverwandt. Er wird quasi als Bruder gesehen. Indigene Völker, die ihn als Wappentier tragen, bezeichnen sich als Wolf-Stämme. Für sie sprechen Wölfe nicht nur die Sprache der Menschen, sie können auch Menschengestalt annehmen. Dasselbe gilt umgekehrt. Dabei wird der Mensch nicht nur wie ein Wolf sondern er wird zum Wolf. Ein Vergleich mit der Realpräsenz, der wirklichen Gegenwart von Jesus Christus, in den verwandelten Substanzen von Brot und Wein bei der katholischen Eucharistiefeier mag gewagt erscheinen. Mir drängt er sich förmlich auf. Ein Ahne der Salish-Völker, der einst einen Wolfshäuptling tötete, soll in der Haut des erlegten Tieres getanzt und auf diese Weise dessen Macht erlangt haben, Krankheiten zu heilen. Wolfstänze werden auch heute noch als Heilungsritus durchgeführt, allerdings mittlerweile gegen Bezahlung.

Was die Indigenen seit jeher über das Verhalten der Wölfe wissen, ist mittlerweile wissenschaftlich nachgewiesen: Wölfe leben am liebsten abgeschieden, in großen Gemeinschaften. Ihr soziales Gefüge verfügt über fein austarierte Beziehungen, wie wir sie von menschlichen Großfamilien her kennen. Wolfsrudel meiden die Nähe des Menschen und verhalten sich diesem gegenüber misstrauisch. Gewinnt ein Wolf jedoch Zutrauen, zeigt er sich freundschaftlich und hilfsbereit. Aus dieser Erfahrung heraus sehen die Indigenen im spirituellen Prinzip des Wolfs einen Schutzgeist oder Ahnen, was ihn zu einem ihrer wichtigsten Totemtiere macht. Können wir modernen Menschen uns etwas von der indianischen Partnerschaft mit dem Wolf abschauen? Ist es reine Naturromantik, die Bestie als Freund und Helfer zu sehen? Als Lehrer und Begleiter? Jeder von uns darf sich darauf eine eigene Antwort geben. Der Wolf bleibt jedenfalls auch für die Indigenen Kanadas Teil der gnadenlosen Wildheit der Natur. Er begegnet ihnen auf Augenhöhe und muss infolgedessen nicht sein Existenzrecht einfordern.

Wer im Blaeberry Uno, Flora, Farley, Mac, Scrappy Dave, Murphy und Honi kennenlernen möchte, sollte sich Zeit nehmen und nicht gerade kommen, wenn die Wölfe Siesta halten. Lehrreich und sympathisch gestaltet sich der Webauftritt des Northern Lights Wildlife Wolf Centre, der über die Lebensgeschichte jedes Rudelmitglieds Einblick in deren unterschiedliche Verhaltensweisen und Charaktere gibt. Wolf ist nicht gleich Wolf, ebenso wenig, wie ein Mensch dem anderen gleicht. Vielleicht hilft es,

Wölfe als Individuen wahrzunehmen, um ihnen zuzugestehen, was sie verdienen: einen Raum zum Leben und eine Chance darauf, wild zu sein.

Der Süden – im Okanagan Valley

Das Seenland – Kanda wie es nicht im Buche steht
Shuswap Lake: Sicamous, Salmon Arm; Kalamalka Lake; Okanagan Lake: Kelowna, Summerland, Penticton

Die Großen Seen? Ja klar! Sie gehören in ein Buch von Kanada. Man kennt sie, die mächtigen Süßwasserwannen an der Grenze zur USA, den Eriesee, den Huron- und Michigansee, den Oberen See und Ontariosee. Doch wir sind im Westen des Kontinents unterwegs, tausende Kilometer von dem weltweit größten Seensystem entfernt und bewegen uns in Richtung Süden auf eine zunehmend semiaride Landschaft zu. Wenn es hier Seen gibt, dann solche, wie sie nicht in einem Kanadabuch stehen, das sich auf gemeinhin bekannte Highlights des Landes beschränkt. In dem vor uns liegenden Okanagan Valley werden wir an endlos erscheinenden, romantischen Badestränden entlangfahren, zwischen ausgedehnten Vineyards[116] uns nach Südeuropa versetzt fühlen und zuletzt in eine Strauchsteppe gelangen, wie man sie in Kanada nicht für möglich hält. Uns erwarten staubige Flächen, bedeckt mit silbrigem Sagebrush[117] und Feigenkakteen, bevölkert von Klapperschlangen. Die Sorge, nach den in den Rockies erlebten, sommerlichen Temperaturen nun bald endgültig der Hitze ausgesetzt zu sein, treibt uns um. Vorerst aber genießen wir noch die bewaldeten Ufer des vierarmigen Shuswap Lake, zuerst bei einem Morgenspaziergang, später auf der Fahrt nach Salmon Arm.

Das Hausboot-Städtchen Sicamous wirkt heute Morgen verschlafen. Der Jachthafen scheint verlassen, bei einigen wenigen Freizeitschiffchen werden die Planken geputzt, sowie Technik und Interieur für die bald beginnende Saison überprüft. Als sich völlig überraschend die mächtige Eisenbahnbrücke über einer Schmalstelle des Sees öffnet, um einem größeren Boot die

---

116 *Vineyards: Weingärten*
117 *Sagebrush: Artemisia tridentata, Wüsten-Beifuß, auch Wüsten-Salbei genannt (aber nicht mit dem Salbei verwandt); silbergrauer Strauch, durchschnittlich 1,20 Meter hoch, eine der heiligsten Pflanzen der nordamerikanischen Indianer, wird unter anderem im Schwitzhüttenritual verwendet;*

Durchfahrt zu ermöglichen, wissen wir, warum die Güterzüge heute Nacht so einen Höllenlärm verursacht haben. Die teils doppelstöckig mit Containern beladenen Waggons ratterten über die Fuge zwischen Brücke und Festland und ließen die gesamte Stahlkonstruktion erzittern. Nun, bald werden wir ins Okanagan Valley abzweigen und unsere leidvolle Geschichte mit der Transcanada Railway wird der Vergangenheit angehören. Schon jetzt, bei unserem Morgenspaziergang auf dem Riverfront Naturepark Trail, lassen wir den Zuglärm hinter uns. Der stellenweise überflutete, einer Flussschlinge folgende Pfad wird zur Herausforderung für Schuhwerk und Mensch. Ersteres erweist sich als tauglicher. Während das Goretex-Material an unseren Füßen den Sieg davon trägt, tun wir, bzw. tut dies unsere Haut nicht. Gegen den Schwarm von Stechmücken haben wir trotz des aufgetragenem Insektensprays keine Chance. Trotz des herzerwärmenden Vogelgesangs ergreifen wir die Flucht. Rotaugenvireo, Zedernseidenschwanz[118], Schnäpperwaldsänger[119] und Wanderdrossel nehmen wir als Vogelbeobachtung auf der Handy-App mit. Kanadagänse[120] schnattern irgendwo in der Au. Sie zu bestimmen gelingt auch ohne Sichtung und technische Hilfestellung.

Bis zur 31 Kilometer entfernten Ortschaft Salmon Arm folgen wir noch dem Trans-Canada Highway. Er begleitet die Uferlinie des Shuswap Lake. Die Dimensionen des Sees sind gewaltig. Allein der Salmon Arm ist halb so groß wie der Bodensee. Die gleichnamige Ortschaft überrascht uns mit einer hübschen, bogenförmigen Mole und dem Shuswap Naturalist Club Nature

---

118 *Zedernseidenschwanz: Bombycilla cedrorum; mittelgroßer Vogel mit aufrichtbarer Federhaube, schwarze Kehle und schwarze Augenbinde mit weißen Rändern, gelber Bauch und gelbe Schwanzspitze*

119 *Schnäpperwaldsänger: Setophaga ruticilla, auch Rotschwanzwaldsänger; Männchen: schwarz mit leuchtend orangefarbenen Partien an Flügel, Schwanz und Flanken, weißer Bauch; Weibchen: graugrün bis gelb; schlägt heftig mit Flügeln und Schwanz, um Fressinsekten von Blättern aufzuscheuchen*

120 *Kanadagans: Branta canadensis; etwas größer als die Graugans, schwarzer Kopf und Hals, ausgedehntes, weißes Kinnband, Füße und Schnabel ebenfalls schwarz. Weibchen und Männchen sind gleich gefärbt*

Trail. Letzterer führt auf einem langgestreckten Steg in die Randzone des Schilfgürtels. An dessen Beginn verrät eine Tafel, wo wir hier sind: „One of the best birdings sites in BC"[121]. Und es wird uns nicht zu viel versprochen, denn nun hören wir die prachtvollen Vögel nicht nur, sondern sehen sie auch: Yellowheaded Blackbird, Singammer und Rotflügelstärling;

121 *Einer der besten Beobachtungsplätze in British Columbia*

im Schilf Kanadagänse mit flauschigen, grauen Küken und noch einige andere Vögel, deren Namen wir nicht kennen. Alle sind, der Jahreszeit entsprechend, hochgestimmt und überaus aktiv. An dieser Stelle des Buches, müsste klar sein, wie begeistert ich bin.

Wer Naturbeobachtungen liebt und Salmon Arm nicht im Frühsommer bereist, sollte im Herbst kommen. Je nach Saison ziehen nämlich ein- bis zweieinhalb Millionen Lachse von der Meeresmündung des Fraser River über den Thompson- und Adams River zu den Laichgründen im Salmon Arm hoch. Anfang Oktober trifft schließlich der Zug der Sockeye Lachse[122] ein. Diese färben sich auffälliger um als die Königs-, Silber- und Buckellachse (Chinook, Coho und Pink Salmon), die es hier ebenfalls zu sehen gibt. Ein in den Straßen von Salmon Arm veranstaltetes Sockeye Festival begleitet das Naturschauspiel und trägt zur Festtagsstimmung von Fischern und Schaulustigen bei.

Um dem Okanagan Valley in Richtung Süden zu folgen, zweigen wir auf den etwas ruhigeren Highway 97 ab. Jetzt sind wir endlich den Zug los. Erst nach einer großen Runde, die bis an die Grenze zur USA reicht, werden wir bei Hope wieder auf ihn stoßen. Er wird uns nicht fehlen. Weil wir etwas mehr von der ländlichen Szenerie des Tales mitbekommen wollen, fahren wir bald auf eine Landstraße ab. Auf ihr geht es durch fruchtbares, großflächig bewässertes Farmland. Mais, Weizen, Apfel-, Kirsch- und Pfirsichbäume gedeihen hier prächtig. Links und rechts riesige Stallungen, die nicht verraten, ob sie Hühner, Schweine oder Rinder enthalten.

Nahe der Stadt Vernon kann man einen ehemaligen Viehzuchtbetrieb besichtigen, der einst der größte in British Columbia war. Die 1867 gegründete O'Keefe Ranch belieferte im 19. Jahrhundert Goldsucher und Pioniere mit Rindfleisch. Zu ihr gehör-

---

122 *Sockeye Lachs: Oncorhynchus nerka, Rotlachs oder Blaurückenlachs; im Pazifik beheimatet; bis zu 90 cm lang; hat im Meer einen blaugrünen Rücken und silbernen Bauch, in den Flüssen einen hellgrünen Kopf, silbernen Bauch und leuchtend roten Rücken bzw. Schwanz. Auf den Wanderungen zu den Laichgründen folgen die Fische ihrem Magnetsinn.*

ten 20 Hektar Land. Die zwölf im Originalzustand erhaltenen Gebäude der Ranch sind heute ein Freilichtmuseum. Bei unserer Ankunft ist dieses leider geschlossen. Vernon, die älteste Stadt des Okanagan Valley, reizt uns nicht. Um die 27 bis zu 100 Meter langen Wandbemalungen in der kleinen Innenstadt zu besichtigen, ist es aktuell zu heiß. Die Murals, die von arbeitslosen Jugendlichen angefertigt wurden, entwickelten sich zu einer touristischen Attraktion. Ein tolles Projekt – aber eine Besichtigung ohne Schatten. Wir setzten also unsere Fahrt fort.

Schwül kündigt sich am Horizont die prognostizierte Gewitterfront an. Als wir den östlich vom Okanagan Lake gelegenen Kalamalka Lake erreichen, geben dunkle Wolken der Szenerie einen dramatischen Anstrich. Das idyllisch in grüngelbe Grashügel eingebettete Gewässer trägt den Namen „See der tausend Farben", was auf Farbschattierungen zurückzuführen ist, die je nach Sonneneinstrahlung von Cyan bis Indigo reichen. Die variable Streuung des Lichts soll auf die Ausfällung von Calcit im Wasser zurückzuführen sein. Heute allerdings zeigt sich der See grau wie der Himmel darüber. So sind wir froh, im Kekuli Bay Provincial Park einen hübschen Campground mit terrassierten Parzellen zu finden. Die erhöhte Lage über dem See schenkt uns den Blick auf das finstere Gewässer mit einem Regenbogen darüber. Seine Leuchtkraft ist erstaunlich. Die Verwaltung des Campingplatzes warnt vor den Wildtieren der Umgebung. Dieses Mal sind es die Klapperschlangen, denen unsere Aufmerksamkeit gelten soll. Chipmunks und größere Grounddogs sind die freundlichen Nachbarn, die uns heute einen Besuch abstatten. Eine halbe Stunde nach unserer Ankunft beginnt es zu gewittern. Der Himmel öffnet endlich die Schleusen. Es ist der zweite Regen auf unserer Reise. Die mit ihm einhergehende Abkühlung schenkt Erleichterung.

→ ÜN.: Kekuli Bay Provincial Park Campground
N. 50° 10,9510´ / W. 119° 20,5566 ´/ 410m über NN
→ 95 Km

Ein anthrazitfarbener See, dunkler Himmel, in der Luft Brandgeruch. Heute Nacht ist der Thunderbird über das Land gezogen, mächtig und zorngeladen. Die Donner kamen vom Schlag seiner Flügel, die zuckenden Blitze waren seine leuchtenden Schlangen. Er ist der Götterbote, vor dem man auf der Hut sein sollte, wissen die Indigenen des Landes. Und dass sich Gewitter nicht auf ihre bloße Erscheinung beschränken. Wie alles Wahrnehmbare besitzen sie eine immanente Macht und diese umfasst das Gute wie das Böse. Bringen sie Feuer, ist dieses die unmittelbare Kundgebung des Großen Geistes, allmächtig und allumfassend. Der Funke kann das Feuerkind sein, in seinem Bett aus Zundernest, unter dem Tipi des Anmachholzes. Der Funke – das wärmende und nährenden Lagerfeuer, aber auch das Buschfeuer, das entsetzt, zerstört und tötet, ehe es Neues zulässt.

Seit Wochen brennt es bereits im Osten Kanadas. Nicht nur unsere Familie zu Hause ist besorgt darüber, es könnte bald in British Columbia zu großflächigen Bränden kommen. Auch hier im Okanagan sind die Menschen alarmiert. Von offizieller Seite wird die Brandgefahr als extrem eingestuft. Auf Leuchttafeln sind in regelmäßigen Abständen am Highway Telefonnummern zu lesen, unter denen man sich über Buschbrände und mit ihnen verbundene Straßensperrungen informieren kann. Der Brandgeruch, den wir heute Morgen wahrnehmen, ist nicht der erste auf unserer Reise, aber der intensivste. Deshalb brechen wir auch ohne zu zögern auf. Als wir eine Stunde später Kelowna, die größte Stadt am Okanagan Lake, erreichen, ist die Luft wieder klar. Es fühlt sich zwar wie ein Aufschub an, dennoch atmen wir erleichtert auf. In den Nachrichten lesen wir seit Tagen, dass die von den Buschfeuern im Osten Kanadas über die USA ziehenden Rauchwolken New York erreicht haben und dort mittlerweile ein Gesundheitsrisiko darstellen.

In kanadischen Medien reißt die raumfüllende Berichterstattung über die Brände, die zu weiten Teilen außer Kontrolle sind, nicht ab. Die Sorge über die aktuelle Katastrophensituation und die zukünftigen Bedrohungsszenarien sind im gesamten Land spürbar. Die Menschen sprechen von den „Rauchzeichen des Klimawandels"[123].

Schöne Strände bieten nicht nur den Bewohnern von Kelowna ein schönes Freizeitareal. Die Stadt ist auch eine Hochburg des Tourismus. Mondäne Jachten in der Marina und eine kleine Skyline mit durchaus vornehm wirkenden Hochhäusern zeugen von der hohen Lebensqualität im Viertel rund um die Waterfront. Anstelle von Wegen führen kleine Kanäle zu den luxuriösen Wohnungen, statt Autos parken Jachten vor der Haustür. Wir interessieren uns weniger für die Reichen und Schönen der Stadt und folgen lieber dem durch Stadtpark und Zentrum führenden Kulturpfad. Er bietet das perfekte Programm für das heute herrschende unfreundliche Wetter. Eine in der Touristeninformation erhältliche Broschüre erklärt die Skulpturen des öffentlichen Kunstraums.

Ästhetisch gelungen finde ich vor allem die „Spirit of the Sail", eine Andeutung von weißen Segeln des Künstlers Robert Dow Reid[124]. Von ihm stammt auch die „Rhapsody", ein Brunnen mit einem großen Ensemble von Fieberglas-Delphinen. Die Themen der Künstler und Künstlerinnen reichen von Wildnismotiven (der aus Draht geflochtene „Bear" von Brower Hatchet) bis zur Verherrlichung der Artenvielfalt. Der chinesische Sänger und Schauspieler Zhao Llei bringt sein Anliegen in poetische Form. Die in zwei fossilienreiche Marmorsteine gemeißelten Worte „I had a dream" spiegeln seine Sorge wider, die Menschheit könne, nur

---

123 *Am 15. August 2023 bricht im Okanagan Valley, nahe Kelowna, ein verheerender Waldbrand aus, der sich auf 139 Quadratkilometer ausweitet. Bewohner der Stadt müssen evakuiert werden. Mehr als einen Monat später kann das Feuer unter Kontrolle gebracht werden. Am 20. August desselben Jahres wird in der gesamten Provinz British Columbia der Notstand ausgerufen. Mehr als 30.000 Menschen müssen sich in Sicherheit bringen. Landesweit lodern in Kanada 5.700 Brände auf mehr als 137.000 Quadratkilometern. Dies entspricht der gesamten Landfläche Griechenlands, inklusive aller Inseln. Im Sommer 2023 erlebt Kanada somit die verheerendste Waldbrandsaison seit Beginn der Aufzeichnungen.*

124 *Robert Dow Reid: geboren 1933, zeitgenössischer Bildhauer; nicht zu verwechseln mit Bill Reid*

versteinerte Überreste vergangenen Lebens hinterlassen, wenn sie sich nicht endlich besinnt.

"...I saw a stone in the wilderness. Ripples of water were frozen on the surface of the stone, just like fossils, ... but there is a sad story behind it forever - the tragedy of humanity. I hope this will not be our future, and will remain a dream."[125]

Der Traum in John Lennons „I had a dream" verwandelt sich bei Zhao Llei in einen Alptraum, der hoffentlich nicht Realität wird. Naturschutz ist jedenfalls eines der zentralen Themen der künstlerischen Installationen von Kelowna. Beeindruckend und bedrückend zugleich empfinde ich aber auch die idealisierte Darstellung des Häuptlings Chief Sw´kn´cut. Der Stammesführer der Sylix[126] versuchte zwischen den frühen Siedlern und seinem Volk zu vermitteln. Ob seine Bemühungen von Erfolg gekrönt waren, entzieht sich meiner Kenntnis. Ich hoffe es, denn heute steht er als stählern erstarrter Schönling am Rande des Freizeitparks vermögender Weißer. In reuevoller Rückschau weist der Begleittext auf die Beinahe-Auslöschung der indianischen Kultur hin.

Ein beliebtes Fotomotiv gibt die ulkige Skulptur von „Ogopogo" ab. Das drachenähnliche Fabelwesen soll einer Legende nach im See leben und sich nur ganz selten zeigen. Naheliegend dass wir an Nessie denken, die ja bekanntermaßen in Schottland den Loch Ness unsicher macht. Hier in Kelowna sind zwei Millionen Dollar Belohnung für einen wie auch immer gearteten Existenzbeweis ausgeschrieben. Nach dem Seeungeheuer zu tauchen, zahlt sich also aus. Von den vielen Skulpturen, Street-Art-Gemälden, Bannern sowie intimeren Werkstücken der Ausstellung möchte ich noch die „Spirit of Kelowna" von Geert Maas erwähnen. Die 104 aus Bronzeguss gefertigten Medaillons wurden von Einwohnern der Stadt entworfen und unter Anleitung des Künstlers hergestellt. Jedes Einzelstück des Mosaiks am Radhaus spiegelt eine Begebenheit der Stadtgeschichte wider.

---

125 *Übersetzung: Seite 294*
126 *Sylix: Aussprache: [sjılx], auch bekannt als Okanagan; ein Volk der First Nations, dessen traditionelles Territorium an der Grenze von Kanada und den USA liegt*

Am Nachmittag geht es für uns weiter Richtung Süden. Die Straße 97 ist bis Peachland stark befahren. Weil hier die 97C Richtung Vancouver abzweigt, beruhigt sich das Verkehrsaufkommen auf der Strecke, der wir zur US-amerikanischen Grenze hin folgen. Der Highway schmiegt sich nun an die Uferlinie des 135 Kilometer langen Okanagan Lake. An seiner breitesten Stelle misst der schlangenförmige See nur 5 Kilometer. Typisch für seine Ufer sind die stufenförmigen Terrassen, die durch das periodische Absinken eines Vorgängersees entstanden sind. Das heutige Gewässer wie das Tal sind somit das Ergebnis von Sedimentation und Erosion während und nach der Eiszeit. Heute erweisen sich die terrassenförmigen Ablagerungen als ideal für Obst- und Weinbau, zumal sich die Geländestufen gut bewässern lassen.

In flotter Fahrt geht es an den belebten Stränden von Summerland vorbei. 5 Kilometer weiter und der heutige Übernachtungsplatz ist erreicht. Er liegt am Rand des Powell Beach Parks bei Trout Creek. Wir stehen hier gebührenfrei direkt an einem Sandstrand und freuen uns darauf, den See morgen im blauen Sommerkleid zu erleben.

→ ÜN.: Powell Beach Park
N. 49° 34,4444′ / W. 119° 37,4612′ / 350m über NN
→ 100 Km

Nach dem Aufwachen verrät der erste Blick aus dem Fenster, dass wir gestern zu viel erwartet haben. Es scheint zwar die Sonne, aber der See spiegelt den diesigen Himmel, der auch die umgebenden Berge im Dunst verschwimmen lässt. Wieder riecht es nach Rauch. Der See liegt da wie ein unnahbarer Schild. Einzig die Wasservögel, zu weit draußen, um sie benennen zu können, beleben das Bild. Schnatternd erfreuen sie sich an einem gemeinschaftlichen Morgenbad und benetzten dazu flügelschlagend das Gefieder. Ölweiden[127] überziehen das Land mit ihrem süßlichen Duft, Tamarisken[128] und eigentümlich große Schachtelhalme stehen unbewegt am Ufer. Mächtige Föhren fristen ein Dasein als Einzelgänger in der sie umgebenden Welt aus Dürre. Fehlte dem Tal die gigantische Wasserreserve des Sees, es zeigte deutlicher, dass es zum intramontanen[129] Trockenraum gehört, der, weit im Süden, im kalifornischen „Tal des Todes" seinen Höhepunkt findet.

---

127 *Ölweide: Elaeagnus, kleinwüchsiger Baum mit silbrigen, schmalen Blättern, Blüte: klein, gelb, süßlich duftend*

128 *Tamariske: Tamarix, Strauch mit kleinen, schuppenförmigen Blättern, rispenförmige Blütenstände, Blüte: rosa bis purpur; liebt trockene Standorte*

129 *intramontan: zwischen Gebirgszügen gelegen; meist in Verbindung mit „intramontanes Becken" verwendet*

Gerne hätten wir in Summerland eine Fahrt mit der historischen Kettle Valley Steam Railway unternommen, die einst die
Kootenay-Region mit der Küste verband. Im Hochsommer kann
man zu den Ausflügen das »Great Train Robbery & BBQ« dazu-
buchen, einen fingierten Raubüberfall mit anschließender Grille-
rei. Nun, wir sind froh, auf unserer Reise bisher von
räuberischem Gesindel verschont geblieben zu sein und gutes Essen gibt es auch anderswo. Uns treibt es ohnehin weiter Richtung
Süden.

Aussichtsreich führt der Highway entlang der Uferlinie nach
Penticton. Auch hier ein Badestrand neben dem anderen. Am
Südende des Okanagan Lake erwartet uns einer der touristischen
Höhepunkte der Region. In den frühen Siedlertagen wich man
wegen fehlender Uferstraßen im Personen- und Güterverkehr auf
die Schifffahrt aus. Produkte der umliegenden Farmen und die
Post gelangten so in den Norden. Kleinere Schiffe wie die SS Naramata beförderten Passagiere zu den Siedlungen rund um den
See, später zogen sie Touristen an. Der restaurierte Schaufelrad-
dampfer SS »Sicamous« war zwischen 1914 und 1936 das schönste und größte Schiff auf dem Okanagan Lake. Heute ruht es am
Ufer, Seite an Seite mit dem Schleppdampfer »Naramata«. Seine
luxuriösen Räumlichkeiten sind im Rahmen eines Museums zu
besichtigen.

Eine weitere Attraktion von Penticton ist ein Kanal, der den
Okanagan Lake mit dem Skaha Lake, einem weiteren warmen Ba-
desee, verbindet. Hier lässt man sich auf Luftmatratzen oder Au-
toreifen von einem See zum anderen treiben – auch das offenbar
erst ab Juli. Urlaubstage sind rar in Kanada und bei dem gesetz-
lich vorgeschriebenen Mindestanspruch von zehn arbeitsfreien
Tagen im Jahr, bzw. drei bis vier Wochen bei einem länger dauernden Dienstverhältnis geht man wettermäßig auf Nummer sicher und nimmt den Urlaub im Sommer.

The Best of ... Was sonst? Osoyoos
Oliver, Wine District, Osoyoos Lake, Nk´mip Desert Cultural Centre

Auf unserer Fahrt nach Oliver bemerken wir, dass rundum die Kirschernte eingesetzt hat. Dunkelrote Morellen liegen in den Verkaufsständen am Straßenrand bereit, während Pfirsiche und Edelkastanien noch Zeit zum Reifen brauchen. Entlang des südlichen Arms des Okanagan Lake liegt mit über 100 Vineyards das größte Weinanbaugebiet Kanadas. Bevor wir uns in die fruchtbaren Hügel begeben, besuchen wir noch die Linden Gardens am Rande des Ortes Kaleden.

Die leicht verwilderte Anlage gefällt mir, umso mehr als wir in dem lieblichen Dschungel Kolibris sichten. Schmetterlinge schaukeln von Blume zu Blume und Schopfwachteln[130], stets als Pärchen, laufen durch die Wiesen. Im Froghouse Cafe der Anlage munden ein Lemon Square und Turtle Cake bei doppeltem Espresso.

Je weiter wir nach Süden kommen, umso weniger stimmt das Land mit den klischeehaften Vorstellungen von Kanada überein. Die erodierten Sedimenthänge und -türme des Tales gleichen Bildern, wie man sie von der US-amerikanischen Wüste kennt. Vor dem Städtchen Oliver zweigen wir vom Highway in die Berge ab und fahren zu den Vineyards hoch. Vom Blue Mountain aus reicht der Blick bis zum Vaseux Lake – eine malerische Szenerie, weichgezeichnet vom Dunst, der eine Ahnung von Rauch in sich trägt. Bei einem ausgiebigen Fotostopp bringen wir ein Schwalben-Männchen förmlich zur Verzweiflung. Es glaubt seine Brut im nahen Nistkästchen von uns bedroht und attackiert heftig den Spiegel des Wohnmobils, in welchem es einen Rivalen vermutet. Weil sich der tapfere Vogelvater nicht beruhigt und bis zur Erschöpfung gegen das Glas fliegt, ziehen wir uns rascher als beabsichtigt zurück.

Wenngleich die Landschaft des südlichen Okanagan Valley mediterrane Züge aufweist, unterscheiden sich die Häuser der Weingüter von jenen der italienischen Winzer grundlegend. Die Wirtschaftsgebäude sind, wenig romantisch, aus Blech, die Wohnhäuser klein und zweckmäßig gebaut. Klingend und teilweise skurril die Namen der Betriebe. Sie lauten: Dirty loundry winery, French doors-, Gold Hill-, Hidden Chapel-, Kismet Estate winery, La Casa bianca, Phantom Creek-, Pipe Dreams-, Rainmaker-, Red Horses-, Burrowing Owl- sowie Young and Wyse winery. Das District Wine Centre, wenige Kilometer vor Oliver, nennt sich großspurig "The first true wine-village in Canada". In einem Kreis gruppieren sich hier 16 "artisan producers" in Pavillons

---

130 *Schopfwachtel: Callipepla californica; Körperlänge: bis 25 Zentimeter; graubraun, schwarzer Kehldeckel, kontrastreiche Gesichtsverzierung, charakteristische Federhaube*

rund um sterile Wasserbassins. Der selbstbewusst präsentierte, edle Tropfen wird um „angemessenes" Geld verkauft. Deshalb beschließen wir, unsere Neugierde auf den kanadischen Wein noch etwas zu zügeln, zumal ein Gläschen in einem gemütlichen Lokal, am Abend genossen, ohnehin besser mundet. Erschwinglicher als der Wein im Verkaufszentrum sind die Produkte in den zahlreichen Fruit Stands, die wir auf unsere Weiterfahrt am Straßenrand vorfinden. Mit Freude greifen wir bei Kirschen und Marillen zu.

Wir stellen belustigt fest, dass die Kanadier in ihrem von Nationalstolz getragenen Selbstbewusstsein augenscheinlich zu Übertreibungen neigen. The world famoust, the largest, the best, the oldest sind hier im Okanagan Valley die "Major Attractions", selbst wenn sie einen eher durchschnittlichen Eindruck hinterlassen. Keremos nennt sich "Fruit Stand Capital of Canada" und Oliver „Wine Capital". Penticton hat "the Best Climate of Canada" und natürlich ist die Provinz British Columbia "The Best Place on Earth". Im Vaseux Lake Provincial Park, direkt am Highway, befindet sich eine Bird Sanctuary. Die Vögel gehören für mich auf alle Fälle zum „Best of", was Kanada zu bieten hat.

Vier Kilometer nördlich der US-amerikanischen Grenze liegt in einer bereits wüstenhaften Landschaft die Kleinstadt Osoyoos am gleichnamigen Lake. Dieser ist der südlichste der warmen Badeseen des kanadischen Okanagan Valley. An der Ortseinfahrt steht ein großes Plakat mit dem vollmundigen Versprechen: „The real winecapital adventure has catched you". Im Haynes Point Provincial Park, der südlich der Stadt auf einer in den See ragenden, schmalen Landzunge liegt, finden wir einen Stellplatz für die Nacht. Obwohl nur noch im Overflow-Bereich[131] etwas frei ist, gefällt es mir hier ausnehmend gut. Egal auf welcher Seite des Wohnmobils ich aus dem Fenster schaue, ich blicke auf den ruhigen See. Endgültig begeistert bin ich, als, wie aus dem Nichts, ein Pärchen Weißkopfseeadler[132] auftaucht. Während ich die Erlebnisse des Tages notiere, ziehen völlig überraschend die mächtigen Raubvögel wenige Meter über mich hinweg. Die beiden haben sich offenbar gefunden, denn sie turteln wie zwei Täubchen miteinander.

---

131 *Oberflow-Bereich: Stellplätze im erweiterten Bereich, die zur Verfügung stehen, wenn die eigentlichen Plätze ausgebucht sind*

132 *Weißkopfseeadler: Haliaeetus leucocephalus; nach dem Kondor der größte Vogel Amerikas; Körperlänge: 70–90 cm, Flügelspannweite: bis 2,50 m; Kopf, Hals, Schwanz, sowie Unter- und Oberschwanzdecken: weiß; Körper und Flügel: dunkelbraun; Füße, Schnabel, Wachshaut und die Iris der Augen: hellgelb*

→ ÜN: Haynes Point Provincial Park Campground
N. 49° 00,9959′ / W. 119° 27,0404′ / 238m über NN
→ 75 Km

Die Nacht, eine der ruhigsten auf unserer Reise bisher, war begleitet vom Murmeln der Wellen und einem Froschkonzert, das von einem nahen Sumpfgebiet herübertönte. Da heute im Laufe des Tages unsere kanadische Prepaid-Karte für das Internet auslaufen wird, recherchiert Franz noch rasch mögliche Übernachtungsplätze für die Fahrt nach Abbotsford. Lediglich drei Tage bleiben uns , bis wir dort das Wohnmobil zurückgeben müssen. Ich sitze im Freien und genieße die Sonne. Ein Weißkopfseeadler fischt weit draußen im See.

Die Ortschaft Osoyoos erweist sich als amerikanischer als erwartet. In unserem Reiseführer steht nämlich etwas von italienischem Flair. Nun wir entdecken zwei Pizzaläden, einer davon ist geschlossen. Die Strände und Hotelanlagen sind wenig belebt, nirgends ein gepflegtes Cafe oder eine Gelateria. Aber wir sind ja nicht nach Kanada gekommen, um europäischen Lifestile zu genießen. Neugierig hingegen sind wir auf das Nk′mip Desert Cultural Centre (sprich Înkamip). Die Osoyoos Band, eine Regierung der First Nations, betreibt die Einrichtung als Teil einer Hotelanlage und eines Weinguts. Die Sylix, wie sich die Indigenen des Okanagantales nennen, stellen in großflächigen Ausstellungsräumen die Lebensweise ihrer Vorfahren dar.

Besucher erfahren, dass das weitgehende Fehlen von äußeren Kunstschätzen keinen Mangel der indianischen Kultur darstellt, sondern Ausdruck einer stolzen Weltanschauung ist. Immerhin leistete kein anderes Naturvolk einen derart heftigen Widerstand gegen die Übernahme der weißen Zivilisation wie die Indianer. Ihre Kultur hat keine äußeren Kunstwerke zum Ziel sondern die Charakterbildung des Menschen, die diesen der beseelten Natur angleichen soll. Künstlerische Schöpfungen übertreffen das Schöpfungswunder niemals, daher sind sie uninteressant, außer sie umrahmen den Menschen und dienen seiner Verfeinerung. So

beeindrucken beispielsweise die kunstvollen indianischen Gewän-
der, bestickte und mit Symbolen bemalte Festtagskleidung, Kopf-
schmuck mit Adlerfedern und bestickte Mokassins. Die
Frauengewänder zeichnen sich durch vornehme Schlichtheit aus,
die Zelte sind mit hieratischen[133] Symbolen bemalt.

Leo Pretty Youngman Jr.
Siksika Nation - 1999

---

133 *hieratisch: heilig, priesterlich*

Das Nk´mip Desert Cultural Centre informiert auch über die Halbwüste als eines der am stärksten gefährdeten Ökosysteme Kanadas. Die umfassende Schau enthält interaktive Ausstellungsbereiche sowie einen Pfad durch den Naturraum, der einem Demonstrationsgarten für einheimische Pflanzen nahekommt. Weil wir zugleich mit einer Schulklasse in dem Museum eintreffen, kommen wir in den Genuss eines Vortrags zu den Schlangen der Pocket Desert[134]. Mit den Kindern lernen wir die kleine Rubber Boa[135], die Desert Night Snake[136] und die Western yellow bellied Racer Snake[137] voneinander zu unterscheiden. Die letzte ist, wie die Pädagogin verrät, der Speedy Gonzales unter den Schlangen, worauf die Kinder sie einstimmig zu ihrem Liebling erklären. Weil das Umfeld von Osoyoos weltweit die höchste Bestandsdichte an Klapperschlangen aufweist, warten alle gespannt auf den Auftritt der Rattlesnake[138]. Als das Tier schließlich in einem Glasbehälter hereingetragen wird, verhält es sich ruhig. Offenbar kennt es die Prozedur und gerasselt wird ja nur, wenn die Schlange sich bedroht fühlt. Klapperschlangenbisse zählen zu den häufigsten Schlangenbissen weltweit. Sie verursachen Lähmungen, Gewebszerstörungen, innere Blutungen und schwere Schwellungen. Die extrem starken Schmerzen können zu Schockzuständen führen. Nach spätestens vier bis sechs Stunden muss eine medizinische Gegenmaßnahme gesetzt werden. Lebensbedrohlich sind die Bisse vor allem bei großen Klapperschlangenarten oder wenn Kinder gebissen werden. Natürlich gehört die Schlangenkunde in den Schulen des Okanagan zum Pflichtprogramm.

---

134 *Pocket Dessert: Taschenwüste; Name für die Okanagan-Strauchsteppe*

135 *Rubber Boa: Charina bottae, Gummiboa; kleine Boa-Art; die Haut ist faltig, glatt und glänzend, daher der Name; ungiftig*

136 *Desert Night Snake: Hypsiglena chlorophaea, Wüstennachtschlange; gehört zu den Nattern, ungiftig, ca. 60 cm lang, gefleckt*

137 *Western yellow bellied Racer Snake: Coluber constrictor mormon, Westliche Gelbbauch-Rennschlange; ungiftig, lange, sehr schlanke Form*

138 *Rattlesnake: Klapperschlange, mittelgroße Schlange, sehr giftig, gehört zu den Grubenottern*

Nach dem Vortrag verspricht auch der Lehrpfad durch die Strauchsteppe Nervenkitzel. Überall im dichten Unterholz können sich Schlangen aufhalten. Zwischen dem allgegenwärtigen Sagebrush und den Kaninchensträuchern[139] wachsen Bitterwurz[140], Balsamwurzel[141], blühende Schlangenkakteen[142] und hübsche Beifuß-Mariposa Lilien[143].

---

139 *Kaninchenstrauch: Chrysothamnus, mittelgroßer Strauch mit weißen oder gelben Blüten*

140 *Bitterwurz: Lewisia cotyledon, Porzellanröschen; immergrün, rosaweiße, einfache und strahlenförmige Blüten*

141 *Balsamwurzel: Balsamorhiza, niedrige, krautige Pflanze mit gelber Blüte*

142 *Schlangenkaktus: Aporocactus flagelliformis; bis 1 Meter lange Treibe, Blüte: auffällig; rot bis purpur*

143 *Beifuß-Mariposa Lilie: Calochortus macrocarpus, blaugrüne, grasartige Blätter, Blüten groß, dreiblättrig, rosa und lila*

Auch Tiere zeigen sich, zwar keine Klapperschlangen dafür aber Kolibris und Ospreys[144] mit Jungen in einem Horst. Typisch für die Okanagan-Steppe ist das Antilopen-Busch genannte Öko-system, ein Lebensraum, dessen Wirbeltiere zu 30 % auf der Ro-ten Liste und zu 46 % auf der Blauen Liste[145] angeführt sind. Mehr als 24 Arten der Wirbellosen leben nur im Okanagan, sind also endemisch, Weitere 80 Arten kommen sonst nirgendwo in Kanada vor.

Nach dem inspirierenden Aufenthalt im Nk´mip Desert Cultu-ral Centre kehren wir im Owl Pub ein, obwohl wir eigentlich un-sere Essensvorräte aufbrauchen sollten.

---

144 *Osprey: Pandion haliaetus, Fischadler; gehört zu den Habichtartigen, Körperlänge: 50 bis 66 cm, Flügelspannweite: 170 cm*
145 *Blaue Liste: durch Schutzmaßnahmen geförderte Arten, die ehemals auf der Roten Liste standen*

Wir bestellen einen Mexican Burger und eine Avocado Brawn Civiche[146]. Obwohl im Lokal mehrheitlich Bier getrunken wird, wollen wir nun den kanadischen Wein verkosten, der, laut Reiseführer, mehr Aufmerksamkeit verdient hat, als er bekommt. Nun – der Hester Creek Merlot und goldgelbe Desert Sun schmecken ausgezeichnet. Motiviert kaufen wir in dem der Gaststätte angeschlossenen Liquor Shop[147] eine Flasche Chardonnay von der „See ya later Ranch" – ein schwerer Tropfen.

Nach dem üppigen Mal und weil es uns im Haynes Point Provincial Park so gut gefällt, beschließen wir hier eine zweite Nacht zuzubringen.

146 *Avocado Brawn Civiche: Avocado-Fischsalat*
147 *Liquor Shop: Spirituosenladen*

Und wir werden belohnt. Nahe unserem Wohnmobil lässt sich ein Weißkopfseeadler auf der Spitze eines Baumes nieder. Einige Minuten lang gibt er ein perfektes Fotomotiv ab. Dann taucht ein Vogel von der Größe einer Amsel auf und geht dem majestätischen Adler so lange auf die Nerven, bis dieser das Weite sucht.

Sehr erfreulich auch die Vogelbeobachtungen im Feuchtgebiet. Neu unter meinen gefiederten Freunden ist der Goldspecht[148]. Schopfwachteln kenne ich schon, aber das Verhalten dieses einen Männchens nicht. Offensichtlich ist es auf der Suche nach seiner weiblichen Ergänzung. Es hockt nämlich weithin hörbar und sichtbar auf einem Baum und lässt sehnsüchtige Rufe erschallen.

In Ermangelung einer Dusche und weil es höchste Zeit wird, einen der herrlichen Seen des Okanagan Valley schwimmend zu erleben, steige ich am Abend ins angenehm temperierte Wasser. Nach Minuten des Genusses fühle ich mich wie neu geboren.

Die Krähennest-Autobahn
Crowsnest Highway, Spotted Lake, Cawston, Keremeos

Heute Morgen zeigt sich der See von seiner blauen Seite. Der Wind hat den Dunst über Nacht weggeblasen und das Land leuchtet nun mit der Sonne um die Wette. Die freundliche Morgenbrise lässt Myriaden von Minimücken auf der windabgewandten Seite des Wohnmobils Schutz suchen. Auf Kaffee und Müsli im Freien müssen wir deshalb leider verzichten. Wenigstens ist der Frühstückstisch für die Vögel gedeckt, tröste ich mich und beobachte durch unser Panoramafenster, wie die Schwalben mit offenen Schnäbeln die dunklen Mückenschwärme durchpflügen.

Der Abschied von unserem kleinen Paradies am Haines Point fällt schwer. Bevor wir den Osoyoos Lake endgültig hinter uns lassen, fahren wir noch die restlichen zwei Kilometer zum US-amerikanischen Grenzübergang. Er wirkt eigentümlich verwaist. Während unseres Aufenthalts hier, beobachten wir keinen einzigen Grenzübertritt. Zuletzt gönnen wir uns noch einen Abstecher auf dem Crowsnest Highway #3 in Richtung Osten. Das kleine Stück auf den Viewpoint am Anarchist Mountain sollte sich nie-

---

148 *Goldspecht: Colaptes auratus, auch Kupferspecht; bräunlich, unregelmäßig dunkel gebändert; Männchen: markanter, roter Nackenfleck, Wangen, Ohrdecken, Kehle und obere Brustseite: zimtfarben, Bartstreif: schwarz*

mand entgehen lassen, der nun, wie wir, der Krähennest-Autobahn nach Westen folgen wird. Der Blick von oben auf den See und die braunen Hügel, die sich im US-amerikanischen Bundesstaat Washington fortsetzen, ist mehr als lohnend. Wie so oft bin ich beeindruckt von den einprägsamen geografischen Bezeichnungen, die sich die Kanadier einfallen lassen. Oft erzählen sie eine Geschichte, stets bezeugen sie eine tiefe Verbundenheit der Menschen mit ihrem Land. Klar, dass ein Anarchist Mountain meine Fantasie in Gang setzt. Ebenso ergeht es mir mit dem Crowsnest Highway, der, wie ich finde, viel romantischer klingt als Westautobahn.

Nun, der Name Anarchist Mountain stammt von einem Richter von Osoyoos. Näheres konnte ich nicht in Erfahrung bringen. Vielleicht sind ihm einmal Angeklagte ausgebrochen und haben sich vor ihrer Verurteilung in die Berge abgesetzt, schlägt meine Fantasie vor. Und der Crowsnest Highway? Ich blicke mich um. Mehr Krähen als anderswo in Kanada gibt es hier nicht. Aber vielleicht sind die schwarzen Rabenvögel nur zu klug, sich an dem heißen Tag, der Sonne auszusetzen. Bei Nebel und Regen werden sie wohl da sein, ihr Unwesen treiben wie der Raven, ihr geistiges Gegenstück, der als Trickster[149] in die Mythologie der Indianer Eingang gefunden hat. Benannt ist die Krähennest-Autobahn allerdings nach dem Crowsnest Pass, der südlichsten Querung der kanadischen Rocky Mountains, an der Grenze zwischen British Columbia und Alberta. Einer lokalen Auslegung nach, erinnert der Name des Berges an die Abschlachtung der Kräheninndianer durch die Blackfeet. Der unterlegene Stamm hatte versucht, sich in dem „Nest der Krähen" vor seinen Verfolgern in Sicherheit zu bringen. Gesichert ist dies jedoch nicht.

Auf unserer Fahrt Richtung Westen kommen wir bereits nach elf Autobahnkilometern am Spottet Lake vorbei. Der abflusslose Sodasee ist eine überraschende Naturerscheinung. Salze, Kalzite und andere Mineralien lassen auf der Wasseroberfläche kreisför-

---

149 *Trickster: eine mythologische Figur mit hoher Intelligenz oder geheimem Wissen, die Streiche spielt und gegen Regeln verstößt*

mige Muster entstehen. Voraussetzung hierfür ist allerdings, dass ausreichend Wasser verdunstet. Nur im Sommer schillern die kreisrunden Ausfällungen gelb, grün, türkis und blau. Wir können den See nur von der Straße aus betrachten, weil die Sylix Indianer ihn als heilige Stätte verehren und Besuchern den Zugang untersagen.

Dies hält Franz allerdings nicht davon ab, seine Drohne steigen zu lassen, frech und ein bisschen pietätlos. Wenngleich hier niemand ist, den wir mit unserer fotografischen Neugierde verletzen, fliegt das schlechte Gewissen mit. Wie so oft, auf unserer Fahrt durch Kanada, begegnen wir den Indianern auch heute nicht, obwohl der Crowsnest Highway durch mehrere Reservate führt. Jedes von ihnen verfügt über ein Verwaltungsgebäude der Indian Band-Regierung. Plakate am Straßenrand heischen Aufmerksamkeit. Ihr Slogan „We´re still here" bedarf keiner weiteren Erklärung.

Unsere Tagesfahrt führt nicht nur durch abwechslungsreiche Täler und Hügel sondern schenkt uns auch interessante und unterhaltsame Aufenthalte in einigen netten Ortschaften. Das winzige Cawston nennt sich „Organic Capital of Canada"[150]. Die Verkaufsstände der ansässigen Farmer sind mit allerlei Comicfiguren dekoriert – Mickey Mouse und Speedy Gonzales verzieren das „Mum and Pop´s Fruitstore". Bunt, lebensfroh und auffällig ist hier das Motto. Typisch amerikanisch führt der sehr breite Highway durch den Ort. Auf jeder der beiden Spuren fänden mehrere „Amischlitten" nebeneinander Platz. Der Friedhof, auf einer Anhöhe oberhalb des Straßendorfes, ist ein Ort der Ruhe. Augenscheinlich wird hier auf Grabpflege wenig Wert gelegt. Die Natur wächst über den Schmerz, obwohl so mancher verwitterte Grabstein verspricht: In never ending memory.

In dem kleinen Keremeos, der nächsten Ortschaft die wir erreichen, ist gerade eine Countryfair im Gange. Welch ein Glück für uns Fotografen. Die Menschen der Region lassen sich meist gerne fotografieren, bei der Kirmes sind sie zudem in Feierlaune. Diejenigen, denen wir auffallen, verwickeln uns in ein munteres Gespräch. Die Herzlichkeit der Leute ist beeindruckend. Alle wollen uns am Fest teilhaben lassen. Wir müssen mit ihnen ein Bier trinken, uns zur Country-Band setzten und der fetzigen Musik der in die Jahre gekommenen Dorfmusikanten lauschen.

---

150 *Organic Capital: Hauptstadt des biologischen Landbaus*

Natürlich dürfen wir die Limousinen, die hier überall herumstehen, nicht übersehen. Deren Eigentümer wollen mit ihnen bestaunt und abgebildet werden. Es gilt Handwerksprodukte, Nähwaren, Marmeladen und Eingekochtes wertzuschätzen und den versehrten Veteranen zu beachten, der trotz Kriegsverletzung noch zünftig tanzen kann. Die Fahrzeuge von altgedienten Kriegsteilnehmern[151] erkennt man in Kanada übrigens an einem speziellen Autokennzeichen, das im Hintergrund das Bild von Soldaten zeigt.

---

151 *Beteiligung kanadischer Truppen am 2. Weltkrieg auf Seiten der Alliierten, am Koreakrieg (1950 – 53), zweiten Golfkrieg (1990 / 91) und Krieg in Afghanistan (ab 2001)*

Eine nette, englische Lady bedauert es, dass wir nicht Zeit haben, bei ein, zwei, drei Tassen Tee ihrer Geschichte zu lauschen, die sie zum Grand Union Cafe zu erzählen hätte. Ihre Begeisterung über die kleine, zugegebenermaßen gemütliche Gaststätte mit blumenreichem Garten kennt keine Grenzen. Sie sei eine historische Rarität, so 50, 60 oder gar 100 Jahre alt, jedenfalls ein antikes Monument von überregionaler Bedeutung.

253

Auch unser nächster Halt, an der Keremeos Grist Mill, dauert länger als beabsichtigt. Die Mühle verarbeitete im 19. Jahrhundert, damals mit modernster Technik, den Weizen des fruchtbaren Similkameen Tales. Heute sind sie und einige weitere historische Bauten als regionales Freilichtmuseum zu besichtigen. Die slowenisch-stämmige Frau, die die Anlage als Familienbetrieb führt, freut sich ungemein, uns Steirer als Gast zu haben. „Graz?", jubelt sie. Das sei ja nur einen Katzensprung entfernt von Marburg, ihrer Heimatstadt. Klar, dass Jugenderinnerungen hochkommen. Wir werden mit duftendem, frisch gebackenem Weizenbrot bewirtet, das uns angesichts des landesüblichen, schwammähnlichen Backwerks eine willkommene Abwechslung bietet. Das Rezept rückt die Frau gerne heraus: „3 cups flour, 1 ½ cups water, ½ cup butter, salt, 10 times kneaded and carefully baken in a pan with ample butter – that´s it."

Heimweh hat sie schon, verrät die Frau später. Obwohl … sie hebt den Arm und zieht einen Halbkreis über den Garten. Ich verstehe. Schwalbenschwanz-Schmetterlinge schaukeln durch die blumenreiche Anlage, ein Kolibri nascht von einer voll erblühten Milkweed[152]. Sie hat es hier gut, schmunzelt die Frau, trotz ihres arbeitsreichen Lebens fern der Heimat. Und irgendwann wird sie es auch schaffen das nötige Geld zusammenzusparen, um Slowenien mit ihren Kindern zu besuchen. Diese kennen ihre europäischen Verwandten und deren Lebensweise sowie Kultur bisher nur von Erzählungen.

Der Crowsnest Highway, wie wir ihn heute erleben, gefällt mir und sein Name bekommt einen launigen Sinn. Im Tal des Similkameen River leben die Menschen inmitten einer kargen Bergwelt. Die Siedlungen drängen sich förmlich um den Verkehrsweg und streuen kaum in die Seitentäler aus. Orte wirken wie Bodennester in dieser Umgebung und die sie bewohnenden Menschen kommen mir ein bisschen wie schräge Vögel vor. Schlau, erfinderisch und überaus eigenwillig wie Krähen haben sie sich in ihrem

---

152 *Milkweed: Asclepias syriaca, Seidenpflanze; stark duftende, nektarhaltige Doldenblüten in Weiß, Rosa bis Violett*

neuen Leben zurechtgefunden. Ihre europäische Vergangenheit mag geholfen haben, sich das Land zu eigen zu machen. Auch Indianer, wie die namengebenden Crows der nahen Prärie, leben im Tal des Similkameen River, in speziellen Reservaten, aber ihnen begegnen wir bedauerlicher Weise nicht. Sie scheinen von der Bildfläche verschwunden.

Bis Princeton folgt eine reizvolle Strecke, an der zahlreiche RV-Parks den Fluss säumen. Das Gewässer scheint ein beliebtes Anglerrevier zu sein. Nach der Stadt geht es ohne nennenswerte Haltemöglichkeiten durch ein bewaldetes, wenig aufregendes Mittelgebirge, das bis weit in die Geschichte des Landes zurück als Gold-, Kupfer- und Kohlerevier genutzt wurde. Abraumhalden bezeugen die bis in die Gegenwart reichende Bedeutung der Bergbauregion.

Am späteren Nachmittag erreichen wir den Manning Provincial Park. Wir kochen uns ein warmes Mittagessen. Dieses stärkt soweit, dass wir uns anschließend ins regennasse Umfeld hinauswagen. Auf dem Beaver Pond Interpretive Trail begegnen wir einer Speedy Gonzales-Schlange und einem Streifenhörnchen.

Im Lightning Lake Campground machen wir für heute Schluss. Dieser liegt am gleichnamigen See, von dem zahlreiche Wege in den verwunschen anmutenden Wald abzweigen – ein Einladung für morgen.

→ ÜN: Lighthing Lake Campground
N. 49° 03,7383´ / W. 120° 50,1764´ / 1255m über NN
→ 190 Km

Berge im Regen
Manning Provincial Park, Hope, Abbotsford

Auf eine empfindlich kalte Nacht folgt ein frischer Morgen. Es nieselt. Die Berge liegen in Wolken gehüllt. Deshalb lockt uns auch die Lone Duck Bay des Sees nicht. Wir überlassen den dunklen Wald den Eichhörnchen und echten Wildnis-Campern, die frierend, in dicke Decken gehüllt vor ihren Zelten sitzen und sich die Hände an Aluminium-Kaffeebechern wärmen. Wegen der akuten Brandgefahr bleiben hier und heute die Feuerstellen kalt. In British Columbia ist man offenbar endlich vernünftig geworden, anders als in Alberta, wo trotz der großen Brände im Land die kleinen Lagerfeuer überall erlaubt waren. Das Sitzen um den Firepit scheint ein Kulturgut zu sein, an dem nicht gerüttelt wird. Bei aller Unvernunft finde ich diese Eigenart der Kanadier sympathischer als die Waffenmanie der US-Amerikaner oder den Stierkampf, den Spanier mit ihrer nationalen Identität in Verbindung bringen.

Weil uns für die 70 Kilometer nach Hope noch Zeit bleibt, beschließen wir den mittlerweile stärker gewordenen Regen zu ignorieren und den Manning Provincial Park auf vier kleineren Trails zu erwandern: Rein Orchid (15 Minuten), Canyon Nature (45 min), Rhododendron Flats (15 min) und Sumallo Grove (25 min) sind einfache Spaziergänge, von denen der letzte am meisten beeindruckt. Er führt zu mächtigen Roten Zedern, Douglas Fichten und Hemlock Tannen. Die Bäume des Regenwaldes weisen bereits auf die Nähe des Ozeans hin. Das erste Mal auf unserer Reise hängen wir unsere Regenmäntel zum Trocknen ins Wohnmobil. Die Windschutzscheibe beschlägt sich. Nässe nimmt innen und außen die Sicht.

Von der westlichen Parkgrenze sind es nur noch 40 Kilometer nach Hope, wo der Trans-Canadian Highway, der Yellowhead - und der Crowsnest Highway zusammenkommen. Seit jeher ist das Tal des Fraser River eine wichtige Verkehrsader, weshalb wir hier auch wieder auf die Canadian Pazific Railway stoßen. Auf einem Spaziergang durch die Innenstadt von Hope stellen wir fest, dass diese aus einer überbreiten Straße und nichtssagenden kleinen Häusern besteht. Wäre da nicht der für Unterhaltung sorgende Parcours geschnitzter Holzstatuen, wir hielten nicht bis zum Fraser River durch.

Ziemlich müde aber beeindruckt sitzen wir zuletzt am Fluss-
ufer. Der mächtige Strom mutet wie ein letzter Gruß der Wildnis
an. Er wälzt gewaltige Wassermassen, zerreißt die Abendsonne in
glitzernde Splitter und nimmt sie nach Westen mit. Dort, wo die
Lachse die letzte Wanderung ihres Lebens beginnen, wird sie im
Pazifik versinken.

→ ÜN: Coquihalla Campground
N. 49° 22,7934′ / W. 121° 25, 4435′ / 68m über NN
→ 73 Km

Am frühen Morgen lassen wir das Grauwasser ab, packen unsere Koffer und versuchen die zarten Kratzer, die im Lack des
Wohnmobils auf unser Konto gehen, soweit zu säubern, dass sie
möglichst wenig auffallen. Dann ist alles soweit fertig für die
Übergabe unseres Fahrzeugs. Es hat uns gute Dienste geleistet.
   Mit Erreichen der Verleihstation von Four Seasons in Abbotsford schließen wir unsere 3500 Kilometer umfassende Runde
durch den Westen Kanadas. Die Rückgabe des Wohnmobils
klappt problemlos, ebenso der Transfer zur Metrostation Bridge-
port in Vancouver. Mit der Canada-Line fahren wir zur Station
Waterfront, von hier mit dem Bus 22 zur Prinzess Avenue. Jetzt
sind es nur noch wenige Schritte zu unserer kleinen und zweckmäßigen Unterkunft.

→ ÜN: Vancouver / Air BnB „Sweet Strathcona Suite", 554
Unionstreet
→ 80 Km

Vancouver / die zweite

In the City again

Vancouver[153]

In the City again
humans wherever I´m looking

feet in shoes
faces in displays and mirrors

flotsam people washed up to the beach
of pitfalls, mistakes, errors

among glasshouses up to the air
human proud and fair

gras, tree and bloom
arranged as an orderly room

and birds escaping to the sea
with me

Vancouver, die schönste Stadt in Kanadas Westen, glitzernd, lebendig, laut; Puls der Moderne, des Wachstums, der Wirtschaft; kultureller Hotspot, Ort um zu wohnen, zu arbeiten, Wohnung zu suchen, Arbeit zu suchen, zu leben, zu siechen und zu sterben. Zwischen Reichtum und Armut liegt die schier unendliche Bandbreite menschlicher Lebenswelten, auch in Vancouver, der gläsernen Metropole. In der Stadt, die ihren Erfolg in spiegelnden Fassaden vervielfacht, braucht es den zweiten Blick, um die Menschen zu sehen, die mit dem atemberaubenden Tempo des Fort-

---

153 *Übersetzung: Seite 295 / Quelle: Anthrazit, Duanna Mund*

schritts nicht mithalten können; die zurückbleiben, im Tunnelsystem der Metro Schutz suchen, Parkbänke mit ihrem Hab und Gut belegen, sich mit den Graugänsen unterhalten und dort noch sitzen, wenn wir am Abend heimkehren und ein zweites Mal an ihnen vorbeigehen; Treibgut Mensch am Strand der Fallen, Fehler, Irrtümer …

Aber der Tag ist voll Sonne, die Stadt ein Versprechen, randvoll mit Möglichkeiten für mich, die ich weitergehen kann, für mich, die Sammlerin von Erinnerungen, für mich, die alles aufschreibt, was später in ihrem Buche steht. Eine Fahrt mit der Metro oder dem Bus, am besten während der mittäglichen Rush Hour, schenkt die Möglichkeit, die Menschen der Stadt in einem Ausschnitt ihres Alltags zu beobachten. Ich vernehme das hundertfache, freundliche „Thank you", mit dem man sich hier beim Aussteigen vom Fahrer verabschiedet. In die überfüllten Abteile wagen sich gebrechliche Fahrgäste, gestützt auf einen Rollator oder im elektrisch betriebenen Rollstuhl sitzend. Sie sind in den engen Bussen allgegenwärtig, während Mütter und Väter mit Kinderwagen weitgehend fehlen. Das Verhältnis zwischen Noch-nicht-gehen-können und Nicht-mehr-gehen-können weist deutlich auf die Überalterung der Gesellschaft hin. Zu einer unterhaltsamen Busfahrt gehört natürlich auch das Multikulti-Ambiente der Stadt und die soziale Durchmischung der Fahrgäste. Wenn wir aussteigen wollen, ziehen wir im wortwörtlichen Sinn die Reißleine. Ein mit gelbem Plastik umwickeltes, von jedem Sitzplatz aus erreichbares Stahlseil ersetzt in Vancouvers Bussen den Halteknopf.

Die Straßen und Plätze sind voller Menschen, die in alle Richtungen eilen. Folgten wir ihnen, wir würden uns um unsere eigene Achse drehen. Gut, dass die eleganten Hochhäuser sich einprägen, Orientierung schenken und den Weg zur Waterfront weisen. Völlig überraschend stehen wir hier inmitten von hunderten Scateboardern. Ohrenbetäubend der Lärm, tausendfaches Rattern – es klingt, als rolle die Pazific Railway über uns hinweg. Jetzt können wir nicht anders, als uns mitreißen zu lassen. Unter wildem Geschrei versammeln wir uns um den Anführer der Scater-Community – ein Bienenstock in Aufregung ist nichts gegen uns. Plötzlich – ein Schwärmen, in keine Richtung, oder besser gesagt in alle Richtungen ... Minuten später ist der Spuk vorbei.

Im Trubel hat es uns in die Robsonstreet verschlagen. Das passt, denn hier gibt es zahllose Möglichkeiten, unseren Hunger zu stillen. Vergiss Mac Donalds, Subway und Tim Hortons – in Vancouver wählt man zwischen Falafel King, Vietnamese Sub, Japandog, Curry Fusion, Traktor – Healthy food, Propaganda Cafe, Xing Fu Happiness, Fatburger, Trees Cheesecake, Lennox Pub, The Halal Guy, Pi Ca Pizza Bar, The Kep Steakhouse, Hungry Guys Kitchen und Tiger Sugar. Schon wieder wird uns schwindlig. Förmlich erschlagen vom kulinarischen Angebot irren wir von einem Lokal zum nächsten. Wenn wir uns entschieden haben, einzutreten, prallen wir vor dem „Wait to be seated"-Schild zurück und verzweifeln an der Länge der Warteschlangen. Nun, es gibt ja noch den Bus 50, der zur Granville Island fährt. Im dortigen Public Market wird es wohl gelingen, satt zu werden.

Unter den hässlichen Betonpfeilern der Stadtautobahn liegt die kleine Insel, gleich neben der Granville Bridge, die den Meeresstumpf False Creek überspannt. Sie ist ein Must-do-Ziel für Touristen und ein Want-do-Ziel für die Stadtbewohner. Wo früher der Rauch von Industriebetrieben aufstieg, befinden sich heute kleine Brauereien, beliebte Comedy Clubs, ja und natürlich der Besuchermagnet schlechthin, der Public Market. Hier kaufen Vancouverianer lokale Produkte vom Feinsten: Blaubeeren, Kirschen, Pfirsiche, Wildlachse, Jakobsmuscheln, Garnelen, Ahornsirup, Süßgebäck und vieles mehr. Die Speiselokale sind so vielfältig wie überlaufen. Daher dauert es auch hier, bis wir endlich mit zwei Plastikschüsseln dampfender Gemüsesuppe (einmal mit Hühnchen, einmal mit Lachs) einen Sitzplatz gefunden haben. Dasselbe gilt für Kaffee und Kuchen. Aber der Besuch von Granville Island zahlt sich in jedem Fall aus. Zuletzt schaukeln wir in einem der lustigen Aquabus-Boote, die wie bunte Wasserkäfer aussehen, über den False Creek und fühlen uns rundum wohl. Die gläserne Skyline der City zieht wie in einem Film an uns vorbei. An der geodätischen Kuppel[154] der Science World ist für uns Endstation. Wir steigen an der Haltestelle Olympia Village aus und flanieren durch die belebte Chinatown.

---

154 *Geodätische Kuppel: eine statisch stabile Kuppelkonstruktion mit einer Gitterschale aus Dreiecken*

Erholung und Ruhe versprechen in Vancouver die zahlreichen Parks der Stadt. Unter ihnen wählen wir trotz der zeitraubenden Anreise den Queen Elizabeth Park aus. Wir wandern durch die gepflegte Anlage zum Bloedel Observatory hoch. Dieses beheimatet zahlreiche Papageienarten und andere tropische Vögel. Meine gefiederten Freunde wären mir als freie, in den Kronen der mächtigen Bäume hausende Wildtiere lieber, aber oben im dunklen Laub ist es merkwürdig ruhig. Nach den dynamischen Naturräumen der Wildnis wirkt die von Menschen gemachte Anlage steril und leer. Vielleicht sehnen sich die Stadtbewohner Vancouvers auch nach den Vögeln der Wildnis. Dies erklärte, warum hier beim Grünzeichen die Ampeln zwitschern, was ich überaus sympathisch finde. Schön ist der Blick vom höchsten Punkt des Queen Elisabeth Parks. Er reicht über die Hochhäuser des Stadtzentrums hinweg bis zu den Schneebergen der Coast Mountains. Auf dem weitläufigen Flaniergelände vor dem Bloedel Observatory beobachten wir eine Gruppe chinesischer Frauen bei ihren wenig grazilen Synchronbewegungen. Gleich daneben übt eine junge Japanerin den Schwerttanz. In voller Konzentration trainiert sie stilisierte Bewegungen, in denen die Zeit eingefroren zu sein scheint. Der Griff kunstvoll gestaltet, die Klinge schmal und blitzend, Mensch und Schwert verschmelzen zu einer Einheit. Auf den ersten Blick sieht es aus, als kämpfe die grazile Frau in Zeitlupe mit einem unsichtbaren Gegner. Doch allmählich wird klar, im Zentrum ihres Tuns steht das Schwert als rituelles Stilmittel und Partner einer ästhetischen Choreografie.

Die kanadische Gesellschaft gibt sich multikulturell und aufgeklärt. Staat und Religion werden strikt auseinandergehalten. Welch ein Kontrast zu den unmittelbaren Nachbarn, die es beispielsweise im nahen US-amerikanischen Seattle gänzlich anders halten. Die kanadische Bevölkerung sucht sich als Einheit zu erfahren, die ohne religiöse Bindungen auskommt. Sie fragt nach den Grundfesten der Demokratie, dem Gemeinsamen in der Vielfalt, nach dem Verbindenden im Multikulti der Vergangenheit und Gegenwart. Auf welchen Umgang mit der Geschichte kann man sich einigen? Wohin will man gehen? Zwei Kirchen in Vancouver lassen mich deutlich spüren, wie individuell Kanadier mit Religion umgehen.

Nahe des Queen Elisabeth Parks kommen wir an der „Holy Name Roman Katholic Church" vorbei. Neugierig treten wir ein und merken sogleich, dass wir in dem modern gestalteten Kirchenraum allein sind. Nein, nicht ganz. Wie aus dem Nichts taucht eine unscheinbare Frau auf und lädt uns zum gemeinsamen Gebet ein. Freundlich aber energisch drückt sie mir eine Broschüre in die Hand. Diese enthält „the Legend of Mother Mary". Auf die Frage, woher wir seien, gebe ich uns als Österreicher zu erkennen, worauf die Frau augenblicklich ihren missionarischen Eifer ablegt und von Sound of Music[155] zu schwärmen beginnt. Augenscheinlich kann die Mutter Gottes warten, wenn sie an die schmelzenden Melodien einer heilen Welt denkt, die bereits hier, im Diesseits erklingen. Ihre Vorstellung von der alpenländischen Idylle, jenseits des großen Wassers ist intakt wie ihr Bild von der reinen Jungfrau Maria und dem Paradies, das auf jene wartet, die deren Beispiel folgen. Bei unserem Abschied bin ich jedenfalls geistlicher gestimmt als die fromme Frau. Mag sein, ich tue ihr Unrecht mit meiner Interpretation ihres Verhaltens. Beim Verlassen der Kirche drehe ich mich um. Sie blickt uns nach und summt ein Lied.

Im Zentrum Vancouvers befindet sich mit der Christ Church Cathedral die älteste Kirche der Stadt. Das 1889 geweihte, anglikanische Gotteshaus gefällt mir ausnehmend gut. Neugotik, Sandsteinornamente auf der Außenfassade wie im Innenraum, schöne Glasfenster und eine imposante Orgel muten europäisch

---

155 *Sound of music: Musical (Musik von Richard Rodgers, Texte von Oscar Hammerstein); 1959: Broadway-Premiere, 1443 Aufführungen; die Handlung: angelehnt an das Leben der Salzburger Musikerfamilie Trapp, die sich während des zweiten Weltkriegs entschloss, von einer Konzertreise nicht mehr heimzukehren. Sie ließ sich in Vermont (USA / Neuengland) nieder und tourte mit ihren zehn Kindern jahrelang durch Amerika; der gleichnamige Film mit dem deutschen Verleihtitel "Meine Lieder – meine Träume" ist bis heute weltweit einer der am meisten gesehenen Filme;*

an. Im Zentrum des Kirchenschiffs liegt ein großes weißes Tuch ausgebreitet, auf das ein begehbares Labyrinth gedruckt ist. Dieses Mal sind es *zwei* Frauen, die uns willkommen heißen. Wieder sind wir hier nahezu allein, während draußen, vor den Toren der Kirche die Straßen vor Menschen überquellen. Während ich das Labyrinth abschreite und mich dessen Mittelpunkt nähere, muss ich an den Heiligen Reifen denken, der nach indianischer Überlieferung das Kreisen des Menschen um das kosmische Zentrum darstellt. Anders als in der christlichen Lehre, die in der Dreifaltigkeit die Zahl Drei zum Prinzip allen Seins erhebt, übernimmt diese Funktion bei den Indigenen Amerikas die Vier. Der Reifen umschließt ein Kreuz, auf dessen Berührungspunkten die Himmelsrichtungen liegen. Sie werden als Ausstrahlung des Allgeistes gesehen, der sich als Feuer der Mitte manifestiert. In dem Buch „Black Elk speaks"[156] drückt es Schwarzer Hirsch, der Medizinmann der Lakota, so aus: „Der Osten gab den Frieden und das Licht, der Süden die Wärme, der Westen den Regen und der Norden mit seinen kalten, mächtigen Winden die Kraft und Ausdauer… Das Feuer der Mitte ist der Geist, das heißt die erleuchtende Gottesgegenwart in der Welt, also gewissermaßen der Himmel auf Erden". Zu den vier ursprünglichen Bestimmungen des Weltalls kommen nach indianischem Verständnis somit Himmel und Erde hinzu, wobei der Himmel die göttliche Ursache darstellt, die Erde den kosmischen Urstoff, der allem sein Dasein verleiht.

Im Zentrum des Labyrinths der Christ Church Cathedral Vancouvers angelangt, versuche ich das Verbindende zwischen der abendländisch geprägten und der indianischen Spiritualität nachzuempfinden. Für mich sind es zwei zutiefst menschliche Wege,

---

156 *Black Elk speaks: Der Buchautor, Black Elk (Schwarzer Wapiti), war ein Shamane der Oglala-Lakota-Indianer und katholischer Katechist in der Pine-Ridge-Reservation in South Dakota / USA. Die erste deutsche Übersetzung des Buches erschien 1955 unter dem Titel "Ich rufe mein Volk". Die Neuauflage 1961 machte Black Elk Speaks zu einem der erfolgreichsten Bücher über die Ureinwohner Nordamerikas im deutschsprachigen Raum. Black Elks positive Einstellung zum Missionskatholizismus seiner Zeit bleibt in dem Buch ausgespart, was heute kontrovers diskutiert wird.*

die um das Große Geheimnis kreisen. Weil das Gesuchte im Zentrum sich ohnehin jeglicher Vorstellungskraft entzieht, sind die Suchenden in ihrer Suche verbunden. Der wahre Gegensatz liegt in dem, was draußen vor den Toren der Kirche geschieht. Denn vom Portal des Gotteshauses sind es nur wenige Schritte zur Robson-, und Granvillestreet, wo in den Konsumpalästen der Mammon regiert. Im Robsonsquare treten die gläsernen Wolkenkratzer zurück und geben den Blick zum Himmel frei. Er ist blau und leer. Die Hochhaus-Schönheiten an seinem Rand beeindrucken. Nähert man sich ihnen, weichen sie nicht zurück und lassen sich sogar angreifen. Irgendwie sehen sie aus wie die Türme einer Kathedrale, wie die Verkörperung einer Dreifaltigkeit aus Kommerz, Technologie und selbstherrlicher Wissenschaft.

Spurensuche – Indigenous People Day

Ein weiterer Tag in Vancouver; es ist der letzte unserer fünfwöchigen Reise. In Anbetracht dessen, beschließen wir, ihn nicht vollzupacken mit dem, was die Stadt noch zu bieten hätte, sondern zeigen Mut zur Lücke. Heute, am 21. Juni, wird im gesamten Land der „National Indigenous Poeple Day" begangen, naheliegend deshalb, dass wir uns noch einmal auf das indianische Erbe Kanadas konzentrieren wollen. Weil sich das Wetter am Vormittag von seiner unfreundlichen Seite zeigt, nehmen wir uns zuerst die „Gallery of Northwest Coast Art" vor. Unter den Galerien Vancouvers steht sie für mich an erster Stelle, setzt sie doch den Schwerpunkt auf die Werke zeitgenössischer, indigener Künstler; allen voran auf jene von Bill Reid. der im Laufe von fünfzig Jahren über tausend Werke schuf. Zu diesen zählen Schmuck, Skulpturen, Siebdrucke und Gemälde. Sein Schaffen wird als richtungsweisend für die nachfolgenden Künstler der Nordwestküste bezeichnet. Es erklärt sich aus einem ungewöhnlichen Leben.

Exkurs Bill Reid:

William Ronald Reid wurde am 12. Jänner 1920 in Victoria, der Hauptstadt von British Columbia, geboren. Seine Mutter, Sophie Gladstone Reid, entstammte dem Raben-/Wolf-Clan, der unter dem Namen Haida bekannt ist. Reids Vater, William Ronald Reid, Amerikaner mit schottisch-deutscher Abstammung, verheimlichte seinem Sohn lange dessen indianische Herkunft. Er folgte damit dem Indian Act, dem Gesetz aus dem Jahre 1876, welches die indianische Kultur als minderwertig betrachtete und verdrängt wissen wollte. Im Alter von zwanzig Jahren besann sich Bill endgültig seiner indigenen Wurzeln und besuchte zum ersten Mal das Stammhaus Skidegate auf der Insel Haida Gwaii. Er lernte seinen Großvater, Charles Gladstone, kennen, einen traditionellen Haida-Silberschmied. Dieser führte Reid in die Haida-Kunst ein und vererbte ihm die Werkzeuge seines Urgroßonkel Charles Edenshaw, einem ebenfalls berühmten Künstler, der im Jahr von Reids Geburt starb. In seinem indigenen Erbe fand Reid, nach eigenen Worten, eine Art von Identität, wie er sie in der modernen westlichen Gesellschaft vermisst hatte. Dem Brauch seines Volkes gemäß, verliehen ihm die Stammesmitglieder Namen, die seinem Charakter entsprachen. Reid wurde fortan Fürstlicher (Iihljiwaas), Einer, der gut spricht (Kihlguulins) und Einsamer Rabe (Yaahl SG_waansing) genannt.

1948 zog Reid nach Toronto, wo er sein großes Interesse an der Haida-Kunst weiterentwickelte. Während er als Radiosprecher für CBC [157]arbeitete, studierte er am Ryerson Institute of Technology Schmuckherstellung. 1951 kehrte Reid nach Vancouver zurück und gründete ein Kunststudio auf Granville Island. Weil er erkannte, dass die Traditionen der Haida verloren zu gehen drohten, arbeitete er fortan daran, die Symbolik ihrer Kunst zu verstehen.

---

157 *CBC: ältester öffentlicher Fernsehsender Kanadas, zur Canadian Broadcasting Corporation gehörend*

Er barg Artefakte, darunter viele Totempfähle, die in verlassenen Dörfern vermoderten, und unterstützte den teilweisen Wiederaufbau eines Haida-Dorfes im Museum of Anthropology (MOA) der Universität von British Columbia in Vancouver. Reid arbeitete mit traditionellen Formen, die er mit Werkstoffen verband, die der Haida-Kunst teilweise fremd waren. Gold, Silber und Argillit[158] fanden in der Schmuckherstellung Verwendung, Bronze, Rote und Gelbe Zeder in großen Skulpturen.

158 *Argillit: feinkörniges Sedimentgestein; auf die Verarbeitung des harten Schluff-Argillit, manchmal auch „schwarzer Schiefer" genannt, haben die Haida ein Monopol, der Werkstoff kommt ausschließlich auf Graham Island vor*

Reids bevorzugte Motive waren Menschenfiguren, Tiere und Szenen aus der Haida-Mythologie, wie wir sie unter anderem in seinen berühmtesten Werken, drei großen Bronzeskulpturen, finden. Zwei von ihnen stellen ein Kanu voller Menschen- und Tierfiguren dar: The Spirit of Haida Gwaii in Schwarz (vor der kanadischen Botschaft in Washington / USA) und das Jade Kanu in Grün (auf dem Abflugterminal von Vancouvers International Airport). Die dritte Skulptur, „Chief of the Undersea World", zeigt einen durchbrechenden Orca und ist auf dem Vorplatz des Vancouver Aquariums zu bewundern (siehe Seite 30).

In reiferen Jahren unterstützte Reid Proteste der Indigenen und Umweltschützer. So beteiligte er sich an der Blockade von Forststraßen, was zur Rettung der Regenwälder von Haida Gwaii beitrug. Um dem Anliegen Nachdruck zu verschaffen, stellte er die Arbeit an der Spirit of Haida Gwaii-Skulptur in Washington ein. Als Reid im Jahre 1998 in Vancouver an Parkinson starb, begaben sich, seinem Wunsch gemäß, Freunde und Verwandte auf ein großes Zedernboot, das er für die Expo 86 geschnitzt hatte. Nach einer zweitägigen Reise entlang der Pazifikküste traf das letzte Geleit beim Dorf von Reids Mutter in Haida Gwaii ein und übergab seine Asche dem Meer.

Wie so oft, wenn ich unterwegs bin und meine Eindrücke niederschreibe, spüre ich auch heute, wie sehr das Buch meiner Reise von der Reise selbst geschrieben wird. Dieses Mal, im kanadischen Westen, erfüllt es meinen Wunsch, dem Unverwechselbaren des Landes nahezukommen, dem Spirit seiner Menschen und seiner Natur. Mein Road Movie setzt das letzte Kapitel in den Indigenous People Day, ungeplant aber von der Autorin mit Freude aufgenommen. Es eröffnet mir die Welt eines Künstlers der First Nations, der die indianische Kultur und deren Animismus verinnerlicht hat, um beides für zukünftige Generationen zu bewahren.

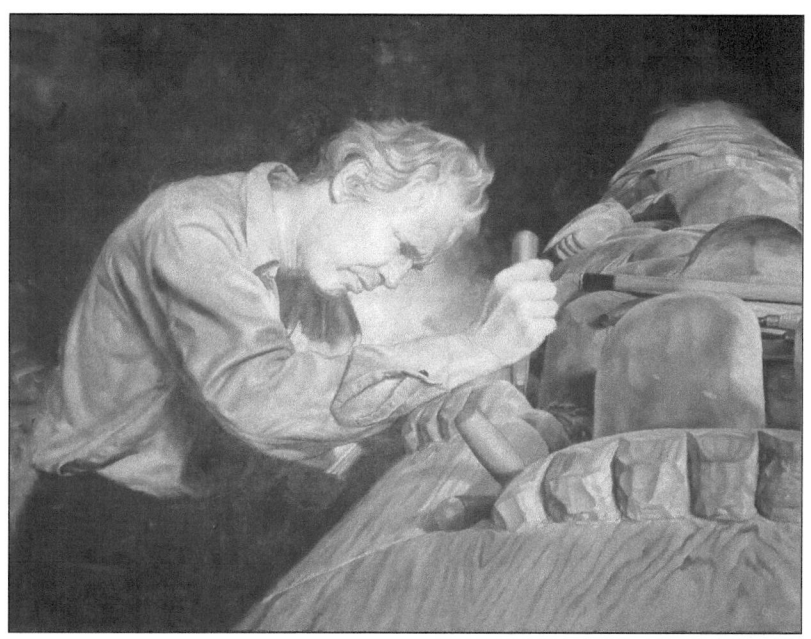

Im Bann von Reids Werken wird mir bewusst, dass seine künstlerische Formensprache uns die gesamte Zeit über begleitet hat. Wir fanden sie abgebildet und nachempfunden auf Verwaltungsgebäuden und Schulen, auf Hauseingängen und an Ortseinfahrten. Im ganzen Land machen Souvenirläden gutes Geschäft mit Reids mythologischen Gestalten, die Kunstkarten, Sweater, Kappen und allerlei Alltagsgegenstände zieren. Ich bin froh, die Ausstellung erst jetzt, am Ende meiner Reise, besucht zu haben, denn nun erfasse ich die den Werken innewohnende Spiritualität besser. Ich bin den Vorbildern für seine mythologischen Tiergestalten begegnet, dem Bären, Raben und Killerwal. Sie haben geholfen, die geistigen Prinzipien nachzuvollziehen, für die sie in der Mythologie stehen und schufen zugleich eine geistige Brücke zu meinem europäisch geprägten Denken und Fühlen.

Aus dem Jahr 1967 ist Reids folgende Aussage überliefert: „Ich habe mit den seltsamen, schönen Tieren und Helden der Haida-Mythologie gelebt und gelernt, sie als einen Teil meiner selbst anzuerkennen."

Die Inspiration, die Bill Reid aus der Kultur seiner Ahnen erfuhr, empfand er als Geschenk. So enthält die aufwendig gestaltete Broschüre der Galerie[159], in der auch der zuvor zitierte Satz zu lesen ist, folgendes Bekenntnis: „Ich betrachte mich als einen der glücklichsten Männer, zu einer Zeit gelebt zu haben, als einige der alten Haidas unter den Völkern der Nordwestküste noch lebten, und das Privileg gehabt zu haben, sie kennenzulernen."

---

159 *„Bill Reid / To speak with a golden voice"; Bill Reid Gallery; @ 2021; ISBN: 978-0-9812341-9-9*

Um das Verstehen seiner Kunstwerke zu erleichtern, schrieb Reid zu einigen Darstellungen Ergänzungen, die durchaus literarischer Natur sind. Zu der prominent im Raum der Galerie stehenden Onyx-Skulptur „Raven and the first men" erklärt er den Raben als doppeldeutiges Wesen, das den Betrüger und Schöpfer in sich vereint.

Dem Mythos zufolge fand und befreite der Rabe einige in einer Muschel gefangene menschliche Wesen. Die ängstlichen und schüchternen Kreaturen langweilten ihn bald, weshalb er plante, sie in ihr Muschelhaus zurückzubringen. Als er jedoch einige weibliche Gegenstücke fand, befreite er auch diese aus dem Stoffkleid, in das sie eingeschlagen waren. Nun unterhielten ihn die beiden Geschlechter mit ihrer Interaktion. Fortan empfand der Rabe einen starken Beschützerinstinkt für die kleinen Wesen, denen er die Freiheit geschenkt hatte. Ihre Nachkommen fanden in ihm einen Schutzgeist.

274

Nach unserem Galeriebesuch haben wir Gefallen daran gefunden, ausgerechnet in der Glas- und Betonwüste der Stadt auf den Spuren kanadischer Indigener unterwegs zu sein. Deshalb begeben wir uns nach einer ausgiebigen Pause in die „Vancouver Art Gallery", wo heute die Aufmerksamkeit auf die Kunst der First Nations gelenkt wird. Bedauerlicherweise ist die Dauerausstellung des Hauses geschlossen und wir müssen deshalb auf die nationalen und internationalen Werke moderner Kunst, insbesondere auf die Abteilung Emily Carr verzichten. Nachdem wir interessiert und zugegebenermaßen amüsiert eine digital unterstützte Schau skurriler Cross-over-Mode besucht haben, wenden wir uns der Sonderausstellung zur amerikanisch-kanadischen Filmemacherin, Sängerin, Künstlerin und Aktivistin Alanis Obomsawin zu.

Die indigene Frau verbrachte ihre Kindheit im Odanak-Reservat nahe Quebec, wohin ihre Familie freiwillig zurückgekehrt war. Die Mutter führte dort eine Pension, der Vater arbeitete als Arzneimittelhersteller und Leiter der indianischen Community. Die Cousine von Alanis Mutter, weihte sie in die Geschichte der Abenaki-Nation[160] ein und lehrte sie zahlreiche Lieder und Legenden ihres Volkes. Im Alter von 22 Jahren zog Alanis Obomsawin nach Montreal und führte dort als Sängerin und Filmemacherin ein selbstbestimmtes Leben. Ihr Name bedeutet „Pfadfinder" und weist auf ihr Bestreben hin, das indianische Erbe mit der Moderne zu verbinden. Die neuen Pfade, die sie im Rahmen ihres beruflichen Wirkens beschritt, machten sie zu einer der bedeutendsten Dokumentarfilmerinnen des Landes.

Zu ihrem filmischen Werk und ihren Liedern sagte Obomsawin, sie wolle ihrem Volk eine Stimme verleihen. „[...], egal, worüber wir reden, ob es damit zu tun hat, dass unsere Existenz anerkannt wird, oder nicht. Wir sprechen über unsere Werte, unser Überleben, unsere Überzeugungen, dass wir zu etwas Schönem gehören, dass es in Ordnung ist, ein Indianer zu sein, ein indigener Mensch in diesem Land."

---

160 *indigenes Volk der nordöstlichen Waldgebiete Kanadas und der USA; zu den Algonkin-Stämmen gehörig*

Die Tatsache, dass die First Nations seit über 11.000 Jahren in Kanada leben, die Pionierzeit der europäischen Besiedlung hingegen erst 200 Jahre zurückliegt, verleiht den Worten Obomsawins eine tragische Note. Von den vielen in der Ausstellung gezeigten, historischen Filmmitschnitten ihrer Auftritte und Reden bleibt mir eine besonders in Erinnerung. Darin weist sie im Rahmen einer Ansprache vor dem Parlament von Otawa darauf hin, wie ihr Stamm mit kriegerischen Konflikten umging. Vor dem gewaltsamen Aufeinandertreffen der Männer seien die Regeln, der Beginn und das Ende (!) des Krieges festgelegt worden. Wer dagegen verstieß, wäre von den eigenen Leuten mit dem Tod bestraft worden. Bemerkenswert finde ich auch, dass die berühmte Weissagung der Cree auf einen Dokumentarfilm (1972) von Obomsawin zurückgeht. Die eindringlichen Worte haben nichts an Aktualität eingebüßt und ihren Weg ins Kulturgut der Menschheit gefunden.

Only after the last tree has been cut down
Only after the last river has been poisoned
Only after the last fish has been caught
Then will you find that money cannot be eaten.

Unklar bis heute, ob die Worte indianischen Ursprungs sind, Auf alle Fälle zeigen sie Parallelen zu einer Rede des Suquamish-Häuptlings Seattle aus dem Jahr 1854, die 1972, vom Filmressigeur Ted Perry leicht abgeändert, als ökologische Botschaft um die Welt ging:

When the last red man
disappeared with its wilderness
and the memory of him
is just the shadow of a cloud
that moves across the prairie
will these coasts and forests still be there?
Will there be anything left of the spirit of my people?

Für den letzten Teil unserer Spurensuche am Tag der Indigenen kehren wir dem Stadtzentrum den Rücken. Es ist bereits später Nachmittag als wir mit dem Bus 257 über die Lions Bridge nach West Vancouver fahren. Hier wollen wir einem Fest der First Nations beiwohnen, das im Ambleside Park stattfinden soll. Glücklich bemerken wir, dass es aufgeklart hat und uns während der letzten Stunden in Kanada wieder die Sonne scheinen wird. Die Freude am schönen Wetter teilen wir wohl mit den Indigenen, die nicht von ungefähr den Feiertag auf das Datum der Sommersonnenwende gelegt haben.

Als wir im Festgelände eintreffen, erkennen wir auf den ersten Blick, dass hier Klischees nicht bedient werden – kein Federschmuck, keine wilden Tänze, weder Friedenspfeife noch Tomahawk; stattdessen eine Musikband, bestehend aus Männern, augenscheinlich indigener Abstammung, die den Strand mit rockigen Klängen beschallen, ein offenes Feuer, auf dem Lachs gegrillt wird, und Festgäste unterschiedlichster Abstammung; unter ihnen mehr Menschen mit europäischen Vorfahren als Indigene. Während man die in traditioneller indianischer Kleidung Gekommenen an einer Hand abzählen kann, tragen viele Anwesende das im ganzen Land erhältliche orange Shirt mit dem Aufdruck „Every child matters". Die Geschichte zu dem auffälligen Kleidungsstück, das an das katastrophale Unrecht erinnert, welches den Indigenen in den Residential Schools zugefügt wurde, ist interessant. Die Farbe geht nämlich auf ein Erlebnis von Phyllis Webstad zurück. Ihr wurde bei der Einweisung in die Missionsschule das orangefarbene Hemd weggenommen, das sie von ihrer Großmutter geschenkt bekommen hatte. Das einschneidende Erlebnis des kleinen Mädchens fand fast schicksalshaft den Weg in die öffentliche Aufmerksamkeit und führte zur Einführung des „Orange Shirt Day". Dieser heißt auch „Nationaler Tag für Wahrheit und Versöhnung" und wird sowohl in Kanada als auch in den USA am 30. September begangen.

Heute, im Ableside Park, scheint der Farbe Orange ein stärkeres Identifikationspotential zuzukommen als irgendeiner Tracht. Nur bei den mehrheitlich im Sommer stattfindenden prachtvollen Powwows[161] zeigen sich die Indigenen des Landes in Federschmuck und kunstvollen Gewändern. Im Zuge dieser effektvollen Events, die auf Bräuchen der mittleren Great Plains basieren, werden Kriegstänze, aber auch rituelle Handlungen der Schamanen gezeigt. Wenngleich die Besucher angehalten sind, Zurückhaltung zu üben, werden sie bei den Powwows in jedem Fall schaulustige Fremde bleiben. Das Verständnis für das Schamanistische in der Anrufung von Vorfahren und geistigen Führern fehlt ihnen in jedem Fall. Der Gedanke, dass die heutige Zusammenkunft im Ambleside Park dem alltäglichen Leben der First Nations näher kommt als jedes Powwow, gefällt mir.

161 *Powwow: übersetzt: „er träumt"; der Begriff aus der Sprache der Narragansett (auf Rhode Island, südlich von Boston beheimatet) bezieht sich auf die Trance des Medizinmanns*

279

Auf dem Weg zum Lonsdale Quay, an dem die Personenfähre Seabus nach Vancouver City ablegt, wandern wir über einen aussichtsreichen Sandstrand. Nicht nur das Meer hinterlässt hier seine Spuren. Da sind barfüßige Schritte, kleine von Kindern und große von Erwachsenen, eine Stelle mit starken Vertiefungen, an der vielleicht getanzt wurde, die verkohlten Reste eines Lagerfeuers, das, so hoffe ich, eine der Geschichten vernommen hat, die die stolze wie demütige Ethik der Indigenen unserer Zivilisation geschenkt hat. Draußen vor den Frachtschiffen der Hafeneinfahrt zieht ein traditionelles Kanu vorbei.

In Lonsdale sind wir wieder im prallen Leben der Moderne zurück. Die tiefstehende Sonne taucht den Abend in warmes Licht. Klar, dass es nach den letzten grauen Tagen die Menschen hier ins Freie treibt. Die vornehmen Kaianlagen sind ebenso gut besucht wie die Speiselokale und großflächigen Terrassen. Da der wenig romantische Seabus zum öffentlichen Verkehrsnetz von Vancouver gehört, ist die Fahrt im günstigen Dayticket inkludiert. Leider dauert es nur 12 Minuten, bis die fantastische Skyline aus Glas erreicht ist; wenig Zeit zu staunen und vom Innenraum des Bootes aus durch matte Scheiben zu fotografieren.

Unseren letzten Tag in Kanada lassen wir in der Brewery Steamworks, einem Lokal mit angeschlossener Brauerei, ausklingen. Bei Bier, Biersuppe und Bieramisu[162] lernen wir ein junges österreichisches Pärchen kennen – es ist die erste Begegnung mit Landsleuten während unserer fünfwöchigen Reise. Wir tauschen unsere Erfahrungen von unterwegs aus und ich stelle fest, wie unterschiedlich die Erlebnisse auf ein und derselben Route sein können. Zwei Wochen später und wir wären, wie die beiden jungen Leute, in den Nationalparks der Rockies fast nur schlechtem Wetter ausgesetzt gewesen. Auf Vancouver Island wären wir einem Waldbrand gegenübergestanden, der uns von der so wilden wie beeindruckenden Pazifikküste abgeschnitten hätte. Morgen dürfen wir nun die Heimreise antreten, im Bewusstsein, wie viele unserer Vorhaben gelungen sind. Planung ist wichtig, sehr wichtig sogar. Aber erst das Quäntchen Glück und die Gabe, Geschenktes aufzulesen, lässt die Unternehmung letztlich gelingen; lässt zu, dass das Road Movie in weiten Teilen die Regie übernimmt.

---

162 *Bieramisu: Tiramisu mit Bier*

Kanada wie es im Buche steht
Fare well

Keine Zeit, traurig zu sein. Heute gilt es zu funktionieren, Zeitabläufe zu beachten und uns ins Unvermeidliche zu fügen. Wer einen Tag zur Anreise benötigt hat, muss mühevolle Stunden auch bei der Rückkehr in Kauf nehmen. Die Canadaline des Skytrain bringt uns zum internationalen Flughafen von Vancouver. Hier, in der Abflughalle, steht wie ein letzter Gruß Bill Reids Skulptur „The Spirit of Haida Gwaii". Das ausdrucksstarke Ensemble aus Bronze zeigt einen traditionellen Einbaum mit Passagieren. Weil die Legierung von einer grünen Patina überzogen ist, sieht sie wie Jade aus. Das Kanu befördert mythologische Gestalten der Haida-Tradition. Es misst in der Länge sechs Meter, von der Basis bis zur Spitze des Schamanen-Stabes fast vier Meter. Ihr Gewicht liegt bei 5 Tonnen.

Mit der Betrachtung der „Spirit of Haida Gwaii" schließe ich mein Buch. Das Leben eines schreibenden Menschen vollendet sich erst in der Literatur, weiß ich und wussten schon andere vor mir. Die Suggestivkraft der sprachlichen Wendung „Kanada wie es im Buche" schien mir in seinem doppeldeutigen Informationsgehalt bald als der passende Titel. Vordergründig bezieht er sich auf das schöne Gewand, in dem Kanada sich uns präsentierte. Manches Mal kam es mir vor, als reiste ich nicht durch sonnige Tage sondern durch die Fotolandschaft eines Bildbandes, die jemand mit technischer Finesse zuvor perfektioniert hatte. „Kanada wie es im Buche steht" meint aber auch das Wissen und nicht zuletzt die Weisheit der indianischen Überlieferung, die sich mir über die Lektüre von Büchern erschloss und die ich dankbar in mein Buch einfließen ließ.

In meiner Erzählung blieben viele lohnende Ziele und Möglichkeiten einer Reise in den kanadischen Westen ausgespart. Die meisten der Unternehmungen, die in unserem Zeitplan keinen Platz fanden, erwähnte ich. Eigentümlicherweise empfinde ich es als schön, so vieles nicht gesehen, nicht erlebt zu haben. Da ist etwas, das ich nicht erfassen konnte, ein Gedanke dahinter, ein Blick auf etwas Unvollständiges, eine Erwartung, die ich selbst nicht erfüllen konnte. Kanada bleibt somit offen, ein Versprechen, mehr zu sein, als ich weiß. Deshalb werde ich auch nicht heimkehren, eine Nadel in meine Weltkarte setzen und das Land und seine Menschen als erledigt abhaken. Vielleicht werde ich wiederkommen und anknüpfen an dem Buch meines Erlebens. Sicher ist, dass ich in diesem Fall eine veränderte Welt vorfinden werde.

Zwei Wochen nach meiner Rückkehr stehen weite Teile von British Columbia in Flammen. Wir erfahren, das eine beachtliche Zahl der Brände auf die industrielle Forstwirtschaft zurückzuführen ist oder gar von Menschen gelegt wurde. Von einem Schamanen und Bewahrer der heiligen Pfeife aus dem Stamm der Atsina sind folgende Worte überliefert:

Obwohl wir auf jede mögliche Weise vom Weißen Manne zerschmettert wurden, haben wir doch noch viel Ursache, dem Großen Geist dankbar zu sein. Denn selbst in der Zeit der Finsternis bleibt sein Werk in der Natur unberührt, als ständige Erinnerung an die göttliche Gegenwart.

Ganz zuletzt mag er recht behalten, geht es doch beim Natur-, wie Klimaschutz nur vordergründig um den Erhalt von Naturräumen und austariertem Klima. Letztlich gilt es, uns selbst zu schützen und sicherzustellen, von der Natur als ein Teil ihrer selbst weiterhin akzeptiert zu werden. Ein animistischer Ansatz, ich weiß – Kanada wie es in meinem Buche steht

Als Verneigung vor Bill Reid überlasse ich ihm die letzten Worte meines Buches. Am Abflugterminal ist die Eigeninterpretation des Künstlers zu seiner „Spirit of Haida Gwaii" zu lesen:

Spirit of Haida Gwaii

Hier sind wir endlich, ein langer Weg von Haida Gwaii, nicht ganz sicher, wo wir sind oder wohin wir gehen. Wir streiten uns immer noch und verändern unsere Position im Boot, schaffen es dennoch irgendwie, den Anschein zu erwecken, irgendwie in irgendeine Richtung unterwegs zu sein. Zumindest sind die Paddel zusammen, und der Mann in der Mitte mag eine Vorstellung vom Ziel haben … Der Bär im Boot, den Blick fest und für immer auf die Vergangenheit gerichtet, versucht zu glauben, dass die Dinge immer noch so sind, wie sie waren. Seine Geschichte ist die vom guten Bären und dem schlechten Hören auf das, was sich verändert. Da ist der Biber, der immer noch fällt und staut mit seinen starken Zähnen. Da ist der Wolf, für die Haidas eine erfundene Kreatur, die drüben auf dem Festland existierte, aber auf ihrer Insel Haida Gwaii nie gesehen wurde. Er ist lästig, sprunghaft aber auch fürsorglich und äußerst verspielt. Da ist die erste Frau, die verehrteste; geschlitzt die Kiemen wie monströse Narben auf den Wangen ihres Hundefischkopfs. Sie hält die Gedanken in ihrem Inneren verschlossen, in lichtlose Höhlen und andere Orte der Dunkelheit. Am anderen Ende des Bootes endlich der Rabe, der Trickster, der Schlaue, der Steuermann … Keiner ist den Gestalten des mythologischen Bildes je in Fleisch und Blut begegnet, also können sie auch so aussehen, wie sie hier sind. Dem Schiff mangelt es nicht an Aktivität, aber gibt es einen Zweck zu dieser Geschäftigkeit? Fest steht, wir alle sitzen im gleichen Boot, suchen einen geschützten Strand, jenseits des Randes der Welt. Oder ist es nur Schein, ein Traum, verloren, abgeschieden von den eigenen Träumen? Das Boot fährt weiter, für immer am selben Ort verankert.

Bill Reid / November 1991

Übersetzungen der englischen Texte

Seite 29
Killerwal Gedicht
Bill Reid

Ein tönender, wieder klingender, erstaunlicher,
verwirrender, zurückprallender Wal.
Ein magnetischer, prophetischer, beweglicher Wal.
Ein magischer, tragischer Wal.
Ein ausgelassener, herumtollender, übertreibender Wal.
Ein ängstlicher, fröhlicher Wal im vollen Lauf.
Ein aufspringender, schlafloser, achtsamer, zuinnerster Wal.
Ein zerbrechlicher, agiler, hochgestylter, lohnender Wal.
Ein eigensinniger, singender, längst vergangener Wal.
Ein brüderlicher, nachtaktiver, übernatürlicher, ewiger Wal.
Ein entspannter, tötungsbereiter, aufregender Wal.
Ein ansprechender, angreifender, herankommender Wal.
Eine weitreichender, unveränderlicher ...
schneller, schneidiger, Hindernis zerschlagender,
zufällig krachender, Stern spritzender Wal.
Ein Traum bringender, Lied singender,
frei schwingender, Veränderung einläutender Wal.
Ein aufsteigender, strahlender, transzendenter Wal.
Ein bedeutender, großartiger Wal
eines Haida-Wals.

Seite 48
aus Hundreds and Thousands
Emily Carr

… Fühlst du nicht
dass, je tiefer
du gräbst
in irdische Dinge
umso mehr Geist
findest du?

Seite 53
Und einfach so
Garry Gottfriedson

und einfach so
kommt alles heraus

mehr als nur eine Geschichte, die Wahrheit
tief im Inneren

der Internate
die Geschichten ihrer Überlebenden

die Sonne sieht alles
zum Vorschein kommen

ermordete und vermisste Frauen
jetzt von blutroten Liedern getrieben

„Versöhnung" wie sie es nennen,
heißt nicht Schwarz-Weiß-Wörter

die dünne Schichten
von der Zunge häuten

Versöhnung heißt zuzugeben
dass es um Beute ging

im Namen der Kirche und Krone
zusammengeschossene Leben

und einfach so
kommt alles heraus

Seite 80
aus Anthrazit
Duanna Mund

Rote Zeder

Wenn ich falle
wirst du deine Wurzeln
in mich senken
meine blutigen Runen lesen
gekerbt mit meiner Tiefe
meinen vergangenen
meinen weinenden
Worten.

Seite 145
aus Anthrazit
Duanna Mund

Durchschreiten der Spiegelung

Nebel ziehen
und Felswände
mit weit geöffneten Mündern
matt die Morgendämmerung
wie ein Kissen aus Flechten
schwächt den Schein
der Trennung

Seite 147
aus Hundreds and Thousands; 1940
Emily Carr

Gott ist spießig geworden
in eine Kirche gequetscht …
Im Freien hatte er keine Form;
Er war einfach, und
erfüllte das ganze Universum

Seite 167
aus Hundreds and Thousands 1939
Emily Carr

Der Wald ist
randvoll mit Gedanken …
Der Trick ist,
die Ohrtrompete zu justieren.

Seite 168
aus Anhrazit
Duanna Mund

Pinie

Aufrichten
stark bleiben
und beherzt zurückkehren
deine Zweige wie Wege
die im Dunkel irren

aber immer noch Halt geben
Platz schenken
so vielen lustigen Dingen
wie dem Eichhörnchen
das springt

und dich lieb hat
mit den alten
schäbigen Ästen
deiner vergangenen
jugendlichen Weisheit

Seite 192
aus Anthrazit
Duanna Mund

Schau zweimal

Birkenweiß
geschaukelt vom Wind
mit Schwärmen aus Rotkehlchen
die hochsteigen
lobsingen
das Lied des ewig währenden
glücklichen Sommers

Und Beeren auf dem Weg
nisten rundum
dem Geistbären Appetit zu machen
weiß und einzigartig
wie du
wie ich

Seite 212
aus Soultracker
Leo Downey

Inspiration

Eines der schönsten Geheimnisse ist,
dass ich in das Geheimnis des Büffels eingetreten bin.
Als Geschöpfe sind sie ein „Volk",
als Büffelnation
mit einem großen Geist.
An meiner Hand habe ich eine Ader aus rotem Ton,
die ihre Roben wie Blut befleckt.
Sie sind eine Kette,
die durch uralte Liebe verbunden ist,
von der Art, aus der Legenden gemacht sind.
Und ich kannte eine von ihnen.

Ich habe gesehen, wie er Bullen tötete und Kälber leckte.
In seiner Gegenwart zu sein war immer eine Begegnung.
Er brauchte etwa sechs Jahre, um zu sagen:
„Okay, du kannst näherkommen."
Ich habe ihn in meinen Träumen gesehen.
Sie sind die einzigen, die alleine wandern,
weil sie vor nichts Angst haben.
Sie gewinnen jeden Kampf, den sie jemals haben,
solange sie leben, werden sie nicht aufgeben.
Der erste, den sie verlieren, ist der letzte.
Er hat mich mehr als nur inspiriert.
Er war die lebendige Inspiration.

Als er starb, tat ich seinen letzten Atemzug.
Er schloss die Augen und weinte eine Träne.
Meines fühlte sich an wie das Meer.
In Träumen hatte er versucht,

mir seine Kraft zu geben.
Aber ich hatte Angst,
ich hatte nicht den Mut sie anzunehmen.
Was ich gerne gegeben hätte.
Ich lerne: Bei Gott ist es genauso.
Seine Stärke ist seine Inspiration.

Unserem Körper wachsen Flügel
und unserer Seele wächst der Mut
Das Leben ist etwas, wofür jedes Lebewesen stirbt.
Was wir als Trennung wahrnehmen,
ist mehr als eine Illusion.
Es ist unsere eigene Einheit,
unsere Ähnlichkeit mit Gott.
Für mich
ist ein Künstler zu sein,
ein Betender zu werden.

Seite 232
Ich hatte einen Traum
Zhao Llei

„…Ich sah einen Stein in der Wildnis
Wasserwellen waren auf seiner Oberfläche eingefroren
genau wie Fossilien …
aber dahinter steckt für immer
eine traurige Geschichte –
die Tragödie der Menschheit
Ich hoffe, dies wird nicht unsere Zukunft sein
und ein Traum bleiben."

Seite 260
aus Anthazit
Duanna Mund

Vancouver

Wieder in der Stadt
Menschen wohin ich auch blicke
Füße in Schuhen
Gesichter in Displays und Spiegeln

Treibgut Mensch am Strand
der Fallen Fehler Irrtümer
zwischen Glashäusern
in den Äther ragend
menschlicher Stolz und Jahrmarkt

Gras Baum und Blüte
arrangiert wie ein ordentliches Zimmer
und Vögel die zum Meer fliehen
wie ich

Bildbeschreibung

© Birgit und Franz Winkler

Cover:	Icefields Parkway / Jasper Nationalpark Thunderbird / Duncan, Vancouver Island
Seite 13	verfremdetes Foto / Vancouver City
Seite 14	im Hafen von Victoria
Seite 20/21	City of Glass
Seite 24	Historische Aufnahme (fotografiert an einer Fassade in Gastown)
Seite 30	Killerwhale – Skulptur von Bill Reid, vor dem Aquarium im Stanley Park / Vancouver
Seite 37	Cloverdale Rodeo
Seite 45	Highland Games in Victoria
Seite 47	Flagge von British Columbia
Seite 51	Mural in Chemainus
Seite 52	Indianer-Standbild vor dem Nk´mip Desert Cultural Centre / Osoyoos
Seite 57	Orcas vor den Shaw Islands
Seite 69	Willkommenspfahl mit Donnervogel in Duncan
Seite 71	Totempfahl mit Bär, Killerwal und Donnervogel in Duncan
Seite 72	Thunderbird auf Totempfahl im Stanley Park / Vancouver
Seite 74	größter Totempfahl in Duncan
Seite 78	Rote Zeder im Cathedral Grove auf Vancouver Island
Seite 86/87	Pazifikküste / Vancouver Island
Seite 92/93	Gezeitenbecken / Vancouver Island
Seite 107	Indigener Mann mit einem Canadian Jay / Wanderung vom Cayoosh Pass zu den Joffre Lakes
Seite 108	Chipmunk / nahe dem Cayoosh Pass

Seite 113   im Saloon / Historical Hat Creek Ranch / nahe
                Cache Creek
Seite 115   Indianerdorf / Historical Hat Creek Ranch
Seite 122   Helmcken Falls / Wells Gray Provincial Park
Seite 125   Mount Robson Viewpoint / Yellow Head
                Highway
Seite 127   Gefahrenhinweis auf dem Whistler Campground
                bei Jasper
Seite 131/132   Bärenfamilie im Whistler Campground / Jasper
                Nationalpark
Seite 135   unterwegs auf dem Icefields Parkway
Seite 136   im Valley of the Five Lakes
Seite 139   der Athabasca Glacier / Columbia Icefield
Seite 141   Saskatchewan Glacier / Columbia Icefield
Seite 142/143   am Campground Rampart Creek
Seite 149   am Bow Lake / Banff Nationalpark
Seite 153   Lake Moraine im Valley of Ten Peaks
Seite 159   Chipmunk vor dem Teehaus am Lake Agnes
Seite 161   Spektrolith
Seite 163   die Pacific Railway im Bow Valley
Seite 165   historische Aufnahme: Badebetrieb in den Hot
                Springs am Fuße der Sulphur Mountains
                (fotografiert in der Cave and Basin National
                Historic Site)
Seite 171   Bear paws (Bärentatzen – lokale Süßspeise)
Seite 173   Ground Squirrel (Ziesel) „Quief Quickfoot"
Seite 177   unterwegs im Kootenay Nationalpark
Seite 180   Wanderweg zu den Paint Pots im Kootenay NP
Seite 184   historische Aufnahme: Dampflokomotive der Pa-
                cific Railway (fotografiert im Railway Museum
                von Revelstoke
Seite 187   historische Aufnahme: Einschlagen des letzten
                Nagels zur durchgehenden Trans Canada Railway
                (fotografiert in der Last Spike Historical Site
                von Craigellachie)

Seite 190/191   Blütenpracht am Emerald Lake nahe dem
                Kicking Horse Pass / Yoho Nationalpark (links
                oben: Paint Brush)
Seite 195   Diademhäher auf dem Rogers Pass
Seite 198   in der Geisterstadt des Three Valley Lake
                Chateau
Seite 203   Bild zur Legende von der Weißen Büffelfrau
                (fotografiert auf der Rocky Mountain Buffalo
                Ranch)
Seite 204/205   historische Aufnahmen von Chiefs mit Insignien
                der weltlichen wie spirituellen Macht (fotografiert
                im Buffalo Nations Luxton Museum / Banff)
Seite 209   Leo Downey
Seite 211   Bisonbulle Chester Junior
Seite 215   historische Aufnahme: Chief Walking Buffalo
                (fotografiert im Nk´mip Desert Cultural Centre /
                Osoyoos)
Seite 222   The Wolf von Sue Coleman (fotografiert im
                Nk´mip Desert Cultural Centre / Osoyoos)
Seite 226   Rotflügelstärling
Seite 229   Regenbogen über dem Okanagan Lake
Seite 233   Ogopogo / Kulturpfad in Kelowna
Seite 236   Linden Gardens / Kaleden
Seite 238   Obststand im Okanagan Valley
Seite 241   historische Aufnahme: Chief Leo Pretty Young-
                man (fotografiert im Nk´mip Desert Cultural
                Centre)
Seite 243   Rattlesnake / Klapperschlange (fotografiert im
                Nk´mip Desert Cultural Centre)
Seite 244   im Owl Pub / Osoyoos
Seite 245   Haynes Point Provincial Park Campground
Seite 246   Weißkopfseeadler (fotografiert im Haynes Point
                Provincial Park)
Seite 249   Spottet Lake / Crowsnest Highway
Seite 251   Autokennzeichen eines Veteranen

Seite 252/253 Country Fair / Keremeos
Seite 257 Kreuzungspunkt von Trans-Canada Highway, Yellow Head Highway, Crowsnest Highway in Hope
Seite 263 Seabus im False Creek / Vancouver
Seite 269 Bill Reid – Argillit-Statue / Gallery of Northwest Coast Art in Vancouver
Seite 271 historische Aufnahme: Bill Reid
Seite 272 Rabe (fotografiert auf dem Icefields Parkway)
Seite 273 Raven von Sue Coleman (fotografiert im Nk´mip Desert Cultural Centre / Osoyoos)
Seite 274 Bill Reid – Raven and the first men / Gallery of Northwest Coast Art in Vancouver
Seite 278/279 Indigenous People Day im Ambleside Park / West Vancouver
Seite 280 Kanu / Ambleside Park / West Vancouver
Seite 284 Bill Reid – Spirit of Haida Gwaii / Abflugterminal Flughafen Vancouver

Ein Buch aus der Reihe

Poesie des Reisen
von Duanna Mund

Band 1	Haere Mai / Neuseeland
Band 2	Circuito grande / Chile, Argentinien, Bolivien
Band 3	Kleingeld für die Götter / Singapur, Indonesien
Band 4	Kanada wie es im Buche steht / der Westen

www.birgitwinkler.at